KB038900

자폐스펙트럼장애를 가진 학령기 아동 · 청소년을 위한

자폐 부모교육 2

김봉년 · 이가영 · 김가향 · 박하늘 · 윤나래 · 장수민 공저

학지사

머리말

김붕년
서울대학교 의과대학/서울대학교병원 소아청소년정신과

첫 번째 『자폐 부모교육』책이 나오고 벌써 4년이 지났습니다. 세월은 쏘아 놓은 화살 같다는 옛 어른의 말씀이 정확하다는 것을 실감합니다. 하루하루를 힘들고 고되게 보내다가도 문득 돌아보면, 벌써 봄바람이 가을바람으로 바뀌어 있음을 깨닫게 됩니다. 아이를 키우는 경험도 비슷한 것 같습니다. 신생아실에서 눈을 맞추어 보려고 노력하고 조심스럽게 가슴에 안던 내 아이를 하루하루 힘들게 돌볼 때는 '이 아이를 언제 키워서 어른이 되게 할까.' 하고 생각하다가, 어느덧 군대 걱정을 하는 아이가 내 앞에 앉아 있게 되는 그런 상황 말입니다.

제가 첫 번째 『자폐 부모교육』책의 서문을 쓸 때 두 번째 책을 약속드렸습니다. 첫 번째 책은 주로 처음 자폐 진단을 받은 아이를 돌보는 부모님이 아셨으면 하는 핵심 내용과 집에서의 양육, 어린이집-유치원 생활을 경험하는 아이를 보살피는 부모님을 위한 책이었습니다. 이번 두 번째 책에서는 유치원을 떠나 학교를 준비하고, 초등학교에 입학해 생활하다가, 청소년으로 훌쩍 성장해 가는 자폐 아이가 각 발달 과정에 적응하기 위해 필요한 내용을 담았습니다. 마지막 부분에는 어른으로서의 독립된 생활을 준비하는 내용도 조금 포함되어 있습니다.

지난 몇 년 동안 서울대학교병원의 자폐치료 시스템도 일취월장하였습니다. 보건복지부 수탁기관인 발달장애인거점병원과 행동발달증진센터 그리고 중앙지원단으로 지정되면서, 서울대학교병원이 병원중심 자폐치료센터의 역할에 대한 종합적인 디자인과 미래 발전을 도모하고 구상해야 하는 역할을 맡게 되었습니다. 어깨에 큰 짐이 놓인 것 같은 막중한 부담감을 함께 나눌 각 분야의 전문가분들도 거점병원과 센터에 같이 참여하게 되어, 자폐 아이들을 위한 치료인력이 꽤 많이 늘어나는 과정 중에 있습니다. 『자폐 부모교육 2』는 이러한 새로운 치료시스템의 도입과 더불어 만들어진 책으로 의미가 깊습니다. 장기적인 비전을 거론하기는 아직 이르지만, 2015년에 제정된 「발달장애인 지원법」에 근거하여 전국적으로 주요 거점도시에 만들어지고 있는 발달장애인거점병원들을 보면서, 부모님과 자폐 아이들에게 보다 도움이 될 수 있는 역할을 하게 되기를 기원해 봅니다. 그 마음이 이 책자에 담겨 있다고 이해해 주시면 감사하겠습니다.

저희 저자들은 자폐를 가진 '특별한 아이'를 돌보고 있는 부모님과 가족분들이 아이의 성장과 적응에 대해, 특히 신체적 변화와 동반된 심리적·정신적 어려움에 대해 고민되고, 학교 적응 과정과 청소년기–사춘기 적응에 대해 걱정되실 때 이 책이 참고가 되고 하나의 가이드가 되기를 마음 깊이 희망합니다.

마지막으로, 바쁜 일과와 많은 역할 속에서 흔쾌히 집필에 참여해 주시고, 함께 힘을 낼 수 있게 도와주신 집필진 선생님들께 감사의 말씀을 드립니다. 집필진 선생님들의 진심 어린 마음이 잘 전달될 수 있도록 원고를 보완해 주시고 의견을 주신 학지사 출판사에도 감사의 말씀을 전합니다.

2021년 12월
서울 대학로 연구실에서 김붕년 올림

차례

제3장 가정환경 • 95

제1장

아동·청소년기의
자폐스펙트럼장애

자페스펙트럼장애(Autism Spectrum Disorder: ASD)는 발달 초기부터 공통적인 특징을 나타내는 발달장애를 일컫는 용어입니다. 대표적인 두 가지 증상으로는 ① 다른 사람과 적절한 의사소통과 사회적 상호작용이 어려움, ② 제한적이고 반복적인 행동이나 관심분야 혹은 활동을 보이는 것입니다.

자폐증(autism)은 1943년 미국 소아정신과 의사인 Leo Kanner가 다른 사람에게 거의 관심을 보이지 않고, 언어 발달과 의사소통의 문제, 반복적이고 특이한 행동을 보이는 아이들을 기술하며 처음으로 세상에 알려지게 되었습니다. 이와 비슷한 시기인 1944년, 독일 의사인 Hans Asperger 박사는 언어 능력이 비교적 좋지만 특정 분야에만 매우 제한적인 관심을 가지며 사회적 상호작용에 어려움을 가지는 아이들을 묘사하였고, 이를 기반으로 과거에는 언어 발달의 지연 유무에 따라 자폐장애(autistic disorder) 혹은 아스퍼거 증후군(Asperger's syndrome)으로 구분하여 진단하였습니다.

이후로 여러 연구가 진행되면서 앞의 두 가지 진단에서 많은 공통점을 발견하였습니다. 각각의 아동마다 사회성의 결핍과 반복적이고 제한된 행동이라는 핵심 증상의 형태나 심각도가 다르게 나타날 수 있지만, 모두 연속된 하나의 범주 내에서 진단하고 이해할 수 있다고 생각하게 되었습니다. 이를 표현하기 위해 '자폐스펙트럼장애'라는 용어가 등장하여 널리 사용되고 있습니다[스펙트럼(spectrum)의 사전적 정의는 '추상적 개념이나 견해 따위에서 여러 가지 갈래로 나뉠 수 있는 범위'입니다].

1. 자폐스펙트럼장애의 진단기준

1) 새로운 진단기준

일반적으로 자폐스펙트럼장애를 진단하기 위해 특정한 혈액검사나 영상검사, 유전자 검사가 필요하지는 않습니다. 전문적 수련을 받은 숙련된 임상가가 보호자를 통해 아동의 주산기, 발달 초기를 포함한 포괄적이고 구체적인 면담을 시행하며, 아동이 나타내는 특징적인 증상들을 관찰하고, 필요시 여러 평가 도구의 도움을 받아 진단을 내릴 수 있습니다.

표준적인 진단기준 지침으로 미국정신의학회(APA)에서 발간한『정신장애 진단 및 통계 편람(Diagnostic and Statistical Manual of Mental Disorders, 이하 DSM)』이 가장 많이 활용됩니다. DSM은 정신건강과 관련된 새로운 연구 결과들을 반영하여 10년이나 20년마다 새로운 개정판이 나오며, 최신판으로 2013년에 DSM-5가 발간되어 사용되고 있습니다.

자폐스펙트럼장애 관련 기준은 1980년 발간된 DSM-III에서 처음 별개의 진단기준으로 등장했습니다. 1994년 발간된 DSM-IV에서는 전반적 발달장애(pervasive developmental disorder)

범주 안에서 자폐장애, 아스퍼거장애(Asperger's disorder), 달리 분류되지 않는 전반적 발달장애(pervasive developmental disorder, not otherwise specified)의 진단명으로 구분되었습니다. 앞의 세 가지 진단은 모두 의사소통과 사회적 상호작용의 어려움, 반복적이고 제한적인 관심과 행동이라는 특성을 공유하지만, 진단기준으로 표현되는 증상의 개수와 패턴에 따라 나뉘었습니다. 자폐장애는 사회적 상호작용과 의사소통의 어려움, 제한적인 관심 및 행동과 관련된 12가지 기준 가운데 6개 이상의 증상을 갖고 있어야 하며, 아스퍼거장애는 언어 및 인지 발달의 지연이 없어야 합니다. 달리 분류되지 않는 전반적 발달장애는 증상이 경해서 6개의 기준을 만족하지는 않지만, 언어 지연이 동반되어 다른 두 가지 진단이 불가능할 경우에 사용하였습니다.

DSM-5에서 가장 큰 변화는 앞의 세 가지 진단명을 하나로 통합하여 자폐스펙트럼장애라는 단일 진단을 만든 것입니다. 진단이 통합된 이유에 대해서는 다음 장에서 간략하게 설명드리겠습니다.

과거에는 자폐장애가 냉정하고 차가운 부모의 양육 환경 때문에 생긴다는 오해를 받기도 했습니다. 이로 인해 '냉장고 엄마(refrigerator mother)'라는 용어가 생기고 자폐 아이들의 부모님이 죄책감을 호소하는 경우도 많았으나, 여러 연구를 통해 자폐에는 선천적으로 뇌 발달상의 문제가 동반된다는 것이 확인되었습니다. 이러한 신경발달학적 측면을 고려하여 DSM-5에서는 신경발달장애(neurodevelopmental disorder)라는 새로운 범주가 만들어졌고, 뚜렛장애(Tourette's disorder), 주의력결핍 과잉행동장애(Attention Deficit and Hyperactivity Disorder, 이하 ADHD), 의사소통장애(communication disorder) 등과 더불어 자폐스펙트럼장애가 이 안에 포함되었습니다.

또한 대인관계 및 사회적 의사소통에 어려움을 보이지만, 제한적이고 반복적인 행동이나 관심사를 보이지는 않는 아동에 대해 사회적(실용적) 의사소통장애[social(pragmatic) communication disorder] 진단명이 새로 추가되었습니다.

자폐스펙트럼장애의 DSM-5 진단기준

다음 A, B, C, D, E 진단기준을 모두 만족해야 한다.

A. 다양한 분야에 걸쳐 나타나는 사회적 의사소통 및 사회적 상호작용의 지속적인 결함으로 현재 또는 과거력상 다음과 같은 특징으로 나타난다 (예로 든 것들은 실제 예를 보여 주기 위함이며, 증상을 총망라한 것이 아님).

　(1) 사회적-감정적 상호작용의 결함(예: 비정상적인 사회적 접근과 정상적인 대화의 실패, 흥미나 감정 공유의 감소, 사회적 상호작용의 시작 및 반응의 실패)

　(2) 사회적 상호작용을 위한 비언어적인 의사소통 행동의 결함(예: 언어적 · 비언어적 의사소통의 불완전한 통합, 비정상적인 눈맞춤과 몸짓 언어, 몸짓의 이해와 사용의 결함, 얼굴 표정과 비언어적 의사소통의 전반적 결핍)

  ⑶ 관계 발전, 유지 및 관계에 대한 이해의 결함(예: 다양한 사회적 상황
   에 적합한 적응적 행동의 어려움, 상상 놀이를 공유하거나 친구 사
   귀기가 어려움, 동료들에 대한 관심 결여)
B. 제한적이고 반복적인 행동이나 흥미, 활동이 현재 또는 과거력상 다음
 항목들 가운데 적어도 두 가지 이상 나타난다(예로 든 것들은 실제 예를
 보여 주기 위함이며, 증상을 총망라한 것이 아님).
  ⑴ 상동증적이거나 반복적인 운동성 동작, 물건 사용 또는 말하기(예:
   단순 운동 상동증, 장난감 정렬하기, 또는 물체 튕기기, 반향어, 특이
   한 문구 사용)
  ⑵ 동일성에 대한 고집, 일상적인 것에 대한 융통성 없는 집착, 또는 의
   례적인 언어나 비언어적 행동 양상(예: 작은 변화에 대한 극심한 고
   통, 변화의 어려움, 완고한 사고방식, 의례적인 인사, 같은 길로만 다
   니기, 매일 같은 음식을 먹기)
  ⑶ 강도나 초점에 있어서 비정상적으로 극도로 제한되고 고정된 흥미
   (예: 특이한 물체에 대한 강한 애착 또는 집착, 과도하게 국한되거나
   고집스러운 흥미)
  ⑷ 감각 정보에 대한 과잉 또는 과소 반응, 또는 환경의 감각 영역에 대
   한 특이한 관심(예: 통증/온도에 대한 명백한 무관심, 특정 소리나 감
   촉에 대한 부정적 반응, 과도한 냄새 맡기 또는 물체 만지기, 빛이나
   움직임에 대한 시각적 매료)
C. 증상들은 어린 시절부터 나타나야 한다(하지만 사회적인 요구가 개인의
 제한된 능력을 넘어서기 전까지는 완전히 드러나지 않을 수 있고, 나중
 에는 학습된 전략에 의해 증상이 감춰질 수 있다).
D. 이러한 증상은 사회적, 직업적 또는 다른 중요한 현재의 기능 영역에서
 임상적으로 뚜렷한 손상을 초래한다.
E. 이러한 장애는 지적장애(지적발달장애) 또는 전반적 발달지연으로 더
 잘 설명되지 않는다. 지적장애와 자폐스펙트럼장애는 자주 동반된다.

> 자폐스펙트럼장애와 지적장애를 함께 진단하기 위해서는 사회적 의사
> 소통이 전반적인 발달 수준에 기대되는 것보다 저하되어야 한다.
> *주의점: DSM-IV의 진단기준상 자폐장애, 아스퍼거장애, 또는 달리 분류
> 되지 않는 전반적 발달장애로 진단된 경우에서는 자폐스펙트럼장애의 진
> 단이 내려져야 한다. 사회적 의사소통에 뚜렷한 결함이 있으나 자폐스펙
> 트럼장애의 다른 진단 항목을 만족하지 않는 경우에는 사회적(실용적) 의
> 사소통장애로 평가해야 한다.

출처: APA (2013).

이러한 변화를 이끌어 낸 가장 큰 발견은 DSM-IV(APA, 2000)까지는 다르게 진단되었던 고기능 자폐와 아스퍼거장애가 구분이 어려울 정도로 비슷한 특성을 공유한다는 연구들이었습니다. 고기능 자폐는 자폐장애 진단기준을 만족하면서 비교적 정상적인 인지 능력과 언어 능력을 갖춘 사람들을 지칭하기 위한 용어로 사용되기 시작했습니다. 고기능 자폐와 아스퍼거장애는 증상의 개수와 발달 초기의 언어 지연 여부에 따라 분류되었지만, 여러 연구가 진행되며 두 그룹 간 차이가 미미하다는 주장에 힘이 실리게 되었습니다. 실제로도 한 아동에 대해 여러 전문가마다 아스퍼거장애와 고기능 자폐를 다르게 진단하는 경우가 종종 생기다 보니, 아동과 가족들에게 혼란을 초래하기도 하였습니다.

2012년에 미국 12개 지역에서 진행된 연구는 각 진료 센터마다 임상의가 자폐장애, 아스퍼거장애, 달리 분류되지 않는 전반적 발달장애 진단을 내리는 비율이 매우 다르게 나타난다는 점

을 보여주었는데, 이를 통해 세 가지 진단을 구분하는 임상적 진단의 신뢰도가 높지 않다는 한계점을 확인하게 되었습니다 (Lord 등,* 2012). 이러한 여러 연구 결과를 바탕으로 미국정신의학회에서는 과거의 진단법이 부정확하며, 자폐스펙트럼장애라는 단일 진단하에 증상의 심각도를 구분하는 것이 이전 진단체계의 문제점을 개선하고 임상적 효율성을 높일 수 있다고 주장합니다.

하지만 이러한 변화에 대해 여전히 반대의 목소리를 내는 사람들도 있습니다. 아스퍼거장애 아동은 일반 자폐 아동보다 제한적이고 특별한 관심사와 높은 지식 수준을 가질 확률이 더 높다는 점을 근거로 내세웁니다. 또한 달리 분류되지 않는 전반적 발달장애 아동은 증상이 뚜렷하지 않고 일상생활에서의 기능 저하가 심하지 않기 때문에 기존의 자폐장애와 동일하게 진단되는 것이 합당하지 않다는 의견도 있습니다.

2) 사회적(실용적) 의사소통장애

사회적 의사소통장애는 DSM-5(APA, 2013)에서 새로 등장한 진단입니다. 과거 DSM-IV에서 자폐증으로 진단되었던 사람이

---

* APA 양식에 따르면, 본문에 논문 등을 인용할 경우 외국 문헌은 (~ 등), 국내 문헌은 (~ 외)라고 표기하는 것이 원칙이나, 이 책은 일반서임을 고려하여 국내외 문헌을 인용할 때 (~ 등)으로 표기하였습니다.

DSM-5에서 자폐스펙트럼장애 진단을 받기 위해서는 제한적이고 반복적인 행동, 관심 및 활동이 필수 증상으로 요구되었고, 이에 따라 달리 분류되지 않는 전반적 발달장애, 아스퍼거장애로 진단되었던 일부 아동이 DSM-5에서는 어떠한 진단도 받지 못하게 되었습니다. 이를 보완하기 위해 제한적이고 반복적인 행동이나 관심사를 보이지는 않지만, 사회적으로 적절하게 언어를 사용하고 의사소통하는 데 어려움을 보이는 아동을 사회적 의사소통장애로 진단하게 되었습니다. 사회적 의사소통장애는 자폐스펙트럼장애가 아닌, 언어장애(language disorder)와 함께 의사소통장애(communication disorder)의 범주에 포함되어 있습니다.

언어 발달 과정에서 아동은 '엄마' '아빠'와 같은 간단한 단어를 표현하는 것부터 시작하여 점차 문장을 만들어 나갑니다. 언어의 표현과 이해가 어느 정도 가능해지는 시기 이후부터는 조금 더 고차원적인 의사소통의 일종으로 유머를 사용하거나, 관용구 및 은유적 표현을 사용할 수 있게 됩니다. 또한 적절하게 비언어적 표현(예: 눈 맞춤, 표정, 몸짓 언어 등)을 활용하면서 자연스럽게 상대방과 주고받는 대화를 이어 나갑니다. 하지만 사회적 의사소통장애 아동은 단어나 문장을 글자 그대로 이해하고 표현하는 기초적인 언어 발달에는 문제가 없는 경우도 있으나, 이후에 발달되어야 할 사회적 상황에서의 언어 활용이나 고차원적인 언어적 이해에 어려움이 나타나서, 대인관계를 비롯한 학업 및 직업 수행에 문제를 보이게 됩니다.

사회적(실용적) 의사소통장애의 DSM-5 진단기준

다음 A, B, C, D 진단기준을 모두 만족해야 한다.

A. 언어적 · 비언어적 의사소통의 사회적인 사용에 있어서 지속적인 어려움이 있고, 다음과 같은 양상이 모두 나타난다.

(1) 사회적 맥락에 적절한 방식으로 '인사 나누기'나 '정보공유' 같은 사회적 목적의 의사소통을 하는 데 있어서의 결함

(2) 교실과 운동장에서 각기 다른 방식으로 말하기, 아동과 성인에게 각기 다른 방식으로 말하기, 매우 형식적인 언어의 사용을 피하는 것과 같이 맥락이나 듣는 사람의 요구에 맞추어 의사소통 방법을 바꾸는 능력에 있어서의 손상

(3) 자기 순서에 대화하기, 알아듣지 못했을 때 좀 더 쉬운 말로 바꾸어 말하기, 상호작용을 조절하기 위해 언어적 · 비언어적 신호를 사용하기와 같이 대화를 주고받는 규칙을 따르는 데 있어서의 어려움

(4) 무엇이 명시적 기술이 아닌지(예: 추측하기), 언어의 비문자적 또는 애매모호한 의미(예: 관용구, 유머, 은유, 해석 시 문맥에 따른 다중적 의미)가 무엇인지를 이해하는 데 있어서의 어려움

B. 개별적으로나 복합적으로 결함이 효과적인 의사소통, 사회적 참여, 사회적 관계, 학업적 성취 또는 직업적 수행의 기능적 제한을 야기한다.

C. 증상은 반드시 초기 발달시기부터 나타나야 한다(그러나 사회적 요구가 개인의 제한된 능력을 넘어서기 전까지는 증상이 완전히 나타나지 않을 수 있고, 나중에는 학습된 전략에 의해 증상이 감춰질 수 있다).

D. 증상은 다른 의학적 또는 신경학적 상태나 부족한 단어 구조 영역과 문법 능력에 기인한 것이 아니며, 자폐스펙트럼장애, 지적장애(지적발달장애), 전반적 발달지연 또는 다른 정신질환으로 더 잘 설명되지 않는다.

출처: APA (2013).

2. 기능별 특징

자폐스펙트럼장애라는 단일 진단 안에는 광범위한 증상과 기능 수준의 차이가 포함되어 있습니다. 어떤 자폐 아동은 의미 있는 사회적 교류나 의사소통이 거의 불가능할 정도로 심한 증상을 동반합니다. 또 어떤 자폐 아동은 약간의 사회적 의사소통에 어려움이 있지만, 언어나 인지 능력에서는 거의 문제가 없는 가벼운 증상만을 보이기도 합니다.

자폐스펙트럼장애에 대한 DSM-5의 변화를 찬성하거나 반대하는 사람들 모두 자폐 아동이 증상의 심각도나 기능 수준에 따라 어느 정도 구별될 수 있다는 점에는 공통된 의견을 보입니다. 증상이나 기능 수준에 따른 심각도를 구분하는 것은 자폐 아동의 유사점이나 차이점을 설명하거나, 예후를 예측하거나, 개인 내에서의 변화를 측정하는 데 중요하게 적용됩니다.

임상적으로는 예후를 예측하고 각 아동의 수준에 맞는 지원을 제공하기 위해, 기능 수준을 고기능 자폐, 일반 자폐 두 가지로 나누어서 접근하고 있습니다. 일반적으로 자폐스펙트럼장애를 진단할 때 자폐에 특징적인 증상들과 함께 지능(인지 능력이나 학습 능력), 언어 능력, 유전적 질환 여부(다운증후군이나 취약 X 증후군 등) 등을 함께 평가하게 되는데, 기능 수준을 구분하기 위해 지능과 언어 능력이 중요한 지표로 사용됩니다.

자폐증을 진단할 때 함께 평가하는 항목

• 자폐 증상의 심각도

 －사회성의 결핍

 －반복적이고 제한적인 행동, 관심, 활동

• 지적 능력 및 적응 기능

• 언어 능력

• 유전 질환 여부(의심될 경우)

• 청력, 시력 등 감각기관 이상 여부(의심될 경우)

• 기타 공존 질환 및 동반되는 문제 행동 평가(ADHD, 공격적 행동 등)

1) 고기능 자폐

'고기능(high function)'은 여러 가지 방법으로 정의되지만 일반적으로 IQ 70~80 이상의 지능을 가지고 비교적 의사소통이 가능한 언어 능력을 습득한 경우를 말합니다.

고기능 자폐 아동의 경우 초기 언어 발달에 거의 문제가 나타나지 않는 경우도 있고, 일반 자폐 아동에 비해 좋은 언어 능력을 갖고 있기도 합니다. 그러나 사회적 맥락에서 적절하게 언어를 활용하고 이해하는 방식에서 정상발달(typically developing) 과정의 아동과는 차이를 보이게 됩니다. 앞에서 소개한 사회적 의사소통장애 아동과 비슷하게, 다른 사람과 대화할 때 적절하게 첫 인사나 끝마무리를 하지 않거나, 상호 주고받는 대화가 아닌 본인이 관심 있는 이야기만 계속 한다거나, 과도하게 현학적이거나 나이에 맞지 않게 조숙한 표현을 사용하기도 합니다. 아스퍼거 증후군을 발견한 Hans Asperger 박사는 이러한 특성의 아동을 "작은 교수(little professor)"라고 묘사했습니다. 또한 타인의 말을 문자 그대로 해석하면서 은유법이나 비꼬는 말투 속에 내포된 의미를 읽어 내기 어려워하는 경우도 있습니다. 유명 미국 드라마 〈빅뱅이론(The Big Bang Theory)〉에서는 주인공인 천재 물리학자 Sheldon이 친구들의 냉소적 말투를 이해하지 못해서 친구들에게 직접적으로 물어보는 내용이 웃음의 소재로 등장하기도 합니다. 매우 빠르거나 느린 속도로 이야기하거나, 음조의 변화가 거의 없는 로봇 같은 말투나 하이톤과 같은 특이한 높낮이, 억양으로 말하는 경우도 있습니다.

제한적이고 반복적인 행동이나 특별한 관심분야를 가지는 특성은 일반 자폐 아동과 동일합니다. 주변에서 보기에 강박적이라 생각될 정도로 특정 분야에 몰두하고, 같은 일을 지루해하지 않고 집중하여 전문가 수준의 정보를 외우고 습득하기도 합니다. 하지만 특정 사실이나 정보에 대한 기억력은 뛰어난 반면, 추상적 개념을 이해하고 큰 그림을 보거나 새로운 상황에 적용하는 데 어려움을 갖는 경우가 많습니다.

이러한 특성들로 인해 본인의 어려움을 이해하고 수용해 주는 가족들이나 선생님 등 가까운 어른들과는 안정적인 관계를 맺기도 하지만, 또래를 비롯한 처음 만나는 사람들로부터 부적절하거나 이상하다는 오해를 받기도 합니다. 언어 발달이 양호하고 행동적 특성이 두드러지지 않은 경우, 친구 관계가 중요해

지는 청소년기에 대인관계 어려움으로 인한 우울감이 발생하여
기분증상을 주 호소로 병원에 방문하여 진료 후 처음으로 진단
되는 경우도 있습니다.

　고기능 자폐인은 일반 자폐인에 비해 예후가 양호한 것으로 알
려져 있습니다. 아스퍼거 증후군으로 진단받은 아동은 성인이
된 이후 50% 정도가 독립적 생활이 가능하다는 연구 결과도 있
습니다(Farley 등, 2009).

2) 특별한 재능

　자폐아동 중 일부(0.2~10%)는 특정 분야에서 기능 및 지능 수
준에 비해 뛰어난 능력을 가진 경우가 보고되고 있는데 이것을
서번트 증후군(savant syndrome)이라고 합니다. 사람들이 깜짝 놀
랄 정도의 놀라운 기억력이나 예술적 재능으로 인해 여러 영화
(〈레인맨(Rain Man)〉〈그것만이 내 세상〉〈말아톤〉 등)나 드라마(〈굿 닥
터〉 등)의 소재가 되기도 합니다.

영화 레인맨
(제작 MGM홀딩스, 배급 유나이티드 아티스트)

드라마 굿닥터
(편성 KBS)

실제로 임상 현장에서 복잡한 지하철 노선을 정류장 순서대로 모두 외워서 나열하거나, 좋아하는 책이나 영화의 긴 대사를 기억해서 똑같이 따라 하는 자폐 아동을 종종 볼 수 있습니다. 어떤 아동은 시공간 인지 능력이 뛰어나서 큐브 같은 퍼즐 맞추기나 전자 기기 작동을 또래보다 훨씬 잘하는 경우도 있고, 음악적 재능이 뛰어나 악기를 매우 잘 다루는 아동도 있습니다. 한 가지 주제에 몰두하여 집중하고 파고들 수 있는 능력을 잘 활용할 경우, 그 분야로 진로를 선택하고 전문가가 되어 주변의 인정을 받는 큰 장점이 될 수 있습니다. 실제로 미국 콜로라도 주립대학 동물과학 교수인 Temple Grandin 박사는 어린 시절 자폐스펙트럼장애 진단을 받고 여러 어려움을 경험했으나, 동물에 대한 강한 관심과 뛰어난 시공간 인지 능력을 활용하여 전 세계적인 전문가로 인정받고 있습니다. 이러한 경우에는 자폐 아동이 사회적으로 인정받는 적절한 방식으로 자신의 특별한 재능을 펼치고, 이 과정에서 성취감을 맛볼 수 있도록 돕는 양육 및 교육 환경을 조성하는 것이 중요하겠습니다.

자폐 아동에게서 주로 나타나는 특별한 재능

- 구체적 개념, 규칙, 순서를 이해하는 능력
- 장기 암기력
- 수학 능력
- 컴퓨터 기술 능력

- 음악적 재능
- 예술적 재능
- 시각적 사고력
- 문자를 해독하는 능력
- 자신이 좋아하는 활동에 지나칠 정도로 집중함
- 뛰어난 방향감각

출처: Ozonoff, Dawson, & McPartland (2002).

3) 일반 자폐

흔한 자폐장애는 IQ 70 미만의 지능과 언어 발달 지연의 지속적인 어려움을 동반합니다. 자폐 아동의 대부분인 약 70~75%는 70 미만의 IQ를 보입니다. 일반 자폐 아동은 고기능 자폐 아동에 비해 언어 발달이 더디게 진행되다 보니, 일찍 병원에 방문하여 진단되는 경우가 많습니다.

자폐 아동이 자라서 어느 정도의 기능 수준을 보일지 예측하는 것은 매우 어렵습니다. 일반 자폐 아동 중 일부는 고기능 자폐 아동과 거의 유사한 정도로 언어 기능이 발전하여, 사회적 의사소통에서의 어려움은 남아 있지만 일상생활에서 본인의 의사를 표현하고 대화하는 데 거의 어려움이 없게 되기도 합니다. 그럼에도 여전히 간단한 몇 가지 단어나 문장 표현만 가능하여, 의사소통을 위해 그림 같은 보조 도구를 활용해야 하거나 지속적인 보호자의 돌봄이 필요한 경우도 있습니다.

　　과거에는 제한적이고 반복적인 행동이 낮은 인지 기능과 연관된다고 생각되기도 했지만, 최근에는 반복적인 행동이 자폐스펙트럼장애 전반에 걸쳐 나타나는 특성이라고 보고되고 있습니다. 다만 지능이 저조할수록 머리를 박거나 깨무는 등의 자해 행동을 포함한 문제 행동이 많이 나타날 수 있어 주의가 필요합니다.

　　인지 및 언어 능력이 자폐 아동의 전반적인 기능과 밀접하게 관련되는 것은 맞지만, 비슷한 인지 혹은 언어 기능 수준을 보이는 일반 자폐 아동 중에서도 자폐 증상의 심각도나 일상생활에 대한 적응 기능 수준은 매우 다양하게 나타납니다. 예를 들어, 동일하게 IQ 68 정도의 지능으로 평가된 두 명의 일반 자폐 아동이 있다고 가정해 봅시다. 한 명은 (부모님의 도움이 필요하겠지만) 초등학교에 등교해서 특수교사의 도움을 받아 글쓰기를 배워 나갈 수 있지만, 다른 한 명은 새로운 환경에 적응하는 것에 대한 거부감으로 반복적으로 소리를 지르거나 머리를 박는 문제 행동을 보여 등교조차 어려울 수 있습니다.

3. 자폐 아동·청소년의 특징

　　일반적으로 자폐 증상은 발달 초기에 시작하여 학령 전기까지 점차 증가하는 경과를 보입니다. 보통의 일반 아동이 자연스러운 발달 과정을 거치면서 할 수 있는 행동이 많아짐에 따라,

이와 대조적으로 자폐 아동은 눈맞춤이 잘 되지 않고, 불러도 잘 대답하지 않으며, 언어 발달의 지연이 보이거나 반복적인 행동을 보이는 등의 발달지연 증상들이 더욱 눈에 띄게 됩니다. 이런 증상들은 유치원 기간에 최고조에 달하며, 자폐스펙트럼장애를 진단받고 치료적 개입을 시작하면서 학령기부터는 단계적으로 증상의 심각도가 감소하기 시작합니다. 사회적 관계에 조금씩 관심을 보이고 눈맞춤과 상호작용을 시작하며, 언어적인 표현을 통해 자신의 생각과 욕구를 나타내고, 사회적 상황에 맞는 의사소통 능력을 배워 여러 사람들과 관계를 맺고, 새로운 환경에 적응하는 능력을 습득합니다. 하지만 대부분의 자폐 아동은 학령기 및 청소년기가 되어서도 자폐스펙트럼장애로 진단받을 만한 특성을 지속적으로 보이게 되며, 이로 인해 새로운 난관에 부딪히게 됩니다.

최근 연구에서 아동 · 청소년기 시절 자폐스펙트럼장애를 진단받은 사람들을 성인기까지 추적 관찰한 결과, 나이가 들수록 인지 기능이나 적응 기술, 사회적 의사소통 기술에서 증상의 심각도가 유의미하게 호전되었으나, 약 75~97%의 사람들에서 자폐스펙트럼장애 진단이 유지될 정도의 증상이 남아 있는 것으로 나타났습니다(Howlin 등, 2013). 다른 연구들에서도 시간이 지날수록 의사소통 능력이나 사회적 상호작용 능력은 많이 호전되지만, 반복적인 행동이나 제한된 관심사는 지속되는 경우가 많았습니다. 그리고 이때 어린 시절의 지적 능력과 언어 능력이 후기 경과를 예측하는 강력한 요소임이 확인되었습니다(Seltzer

등, 2004; McGovern & Sigman, 2005; Shattuck 등, 2007). 특히 청소년기
에는 사회적 관계나 호르몬의 변화로 인해 감정 조절의 어렵고,
충동성이 증가하며, 성적 관심이나 행동이 문제를 야기할 수 있
어 더욱 주의가 필요합니다.

1) 사회기술의 결여:
사회기술이 이전보다 증가하지만
일상에서 친구 만들기가 아직 어렵습니다

아동이 학교에 다니기 시작하면 부모와 분리되어 또래들과
함께하는 시간이 증가합니다. 유치원 시절까지는 부모와 치료
사의 적극적인 도움을 받아 소규모 그룹 활동이나 놀이에 참여
하며 친구 관계를 시작하는 방법, 관심을 주고받는 방법, 문제
가 생겼을 때 해결하는 방법 등에 대해 즉각적 피드백을 받을
수 있었지만, 학교에 입학하면서 이제 스스로의 힘으로 해결해
야 하는 수많은 상황에 마주하게 됩니다.

사회적 의사소통에 어려움이 있는 자폐 아동은 새로운 친구
를 만들기 어려워하며 또래들과 구분되는 의사소통 방식, 행동
적 특성으로 인해 무시, 놀림, 괴롭힘, 따돌림과 같은 학교 폭력
의 피해자가 되기 쉽습니다. 자폐 아동이라고 해서 사회적 관계
에 대한 욕구가 전무하거나 다른 사람의 인정이 필요하지 않은
것은 아닙니다. 물론 친구가 없어도 전혀 외로워하지 않고 혼자
만의 시간을 즐기는 아동도 있습니다만, 관계에 대한 욕구는 있

음에도 새로운 친구를 사귀거나 관계를 유지하기 어려워하는 아동도 있습니다. 그리고 이로 인해 소외감, 우울감, 불안감을 경험하기도 하고, 감정 조절의 어려움으로 폭력적 행동이 나타날 경우에는 의도치 않게 학교 폭력의 가해자가 되기도 합니다. 초기 아동기에는 이러한 상황을 만드는 본인의 특성이나 사회적 반응을 잘 인식하지 못하기도 하지만, 양호한 기능의 아동은 후기 아동기나 청소년기에 본인이 다른 친구들과 조금 다른 특성을 갖고 있다는 것과, 다른 친구들은 자연스럽게 할 수 있는 상호작용이 본인에게는 유난히 어렵고 혼란스러운 과제처럼 느껴지는 상황을 인지하고 좌절감을 느끼기도 합니다.

2) 감정 조절의 어려움

감정을 조절하기 위해서는 본인이 어떠한 감정을 느끼고 있는지 감정을 '인식'하는 능력과 내가 느낀 감정을 적절하게 '표현'할 수 있는 능력이 필요합니다. 자폐 아동은 이러한 두 가지 능력에서 어느 정도 이상의 부족함이 있기 때문에, 감정 조절에 어려움을 겪게 됩니다.

자폐 아동은 주변에서 어떤 상황이 벌어지고 있고, 본인이 이 상황에 대해 어떤 감정을 느끼는지, 주변 사람들은 어떤 감정을 느끼고 어떤 관점에서 생각하고 있는지 잘 인식하지 못합니다. 또한 여러 다양한 감정을 구분하기 어려워하기 때문에 부정적이거나 불쾌한 감정은 모두 단순한 수준으로 '무섭다' 혹은

'화가 난다'고 표현하기도 하고 스스로의 감정을 언어적 · 비언어적 형태로 적절하게 표현하는 방법을 잘 알지 못합니다. 이로 인해 문제 상황에서 갑자기 엉엉 울거나 분노발작을 보이거나 공격적 행동을 보이기도 하는데, 주변 사람들은 그 이유를 알지 못하므로 뜬금없이 혹은 상황에 비해 과도하게 문제행동이나 부정적인 감정을 보인다고 오해하게 됩니다. 그리고 이는 자폐 아동이 학교 수업에 참여하거나 새로운 친구를 만들고 좋은 관계를 유지하는 데 방해가 되며, 본인과 주변 사람들에게 피해를 입히기도 합니다.

고기능 자폐 아동은 언어적 의사소통과 교육을 통한 학습이 어느 정도 가능하므로, 스스로 느끼는 감정과 이에 대한 표현 방법을 배워 나갈 수 있지만, 여전히 타인과의 상호작용에서 적절하게 표현하기 어려운 경우가 많습니다. 또한 사회적 상황과 그에 맞는 적절한 감정을 인식하는 능력은 부족한 반면, 언어 표현 능력 자체에는 현저한 결함이 없을 경우, 이러한 능력 간 불균형으로 인해 오히려 사회적 상황에 맞지 않는 감정 표현을 함으로써 타인에게 더 큰 오해를 받기도 합니다. 예를 들어, 같은 학급 내 친구들이 심하게 싸워서 선생님이 심각한 표정으로 친구들을 혼내고 있을 때, 이를 즐거운 놀이 상황으로 인지하고 웃음을 터뜨리며 '재미있다'고 표현할 경우, '비도덕적이며 친구들이 혼나는 것을 즐기는 나쁜 아이'로 인식될 수 있습니다.

언어 발달이 미성숙한 일반 자폐 아동은 언어를 통한 감정 표현에 제한점이 많기 때문에 이해할 수 없는 행동으로 감정이 나타나는 경우가 많습니다. 예상치 못한 상황에서 나타나는 행동들로 인해 보호자들의 혼란이 가중되고, 상황이 해결되지 않을 경우 머리를 벽에 박거나 본인 또는 타인을 깨무는 등의 심한 행동문제로 이어질 수 있으므로 주의가 필요합니다.

앞으로 우리 책에서는 부모님이 학령기, 청소년기에 진입하는 자폐 자녀의 기능 수준별 지원 방법에 초점을 맞추어 각 아동의 장점을 최대화하고, 동반되는 여러 어려움을 최소화할 수 있는 방법을 배울 수 있도록 지원할 예정입니다.

4. 평가

자폐 증상을 가지고 있음이 확인된 초등 고학년 이상의 아동·청소년이라면 이미 한 번쯤은 지능평가나 심리평가를 받은 경험이 있을 것입니다. 하지만 청소년기에는 사춘기를 거치면서 생물학적 측면을 포함하여 급격한 신체적·인지적 발달이 일어나게 됩니다. 나아가 다양한 사회적 장면에서 다면적인 대인관계를 맺는 과정에서 심리적·정서적 발달과 성숙을 이루게 됩니다. 아동기에는 '좋다' '싫다' 등 단순하고 막연하게만 감정을 경험했다면, 청소년기에 들어서면서 내면에서 여러 가지 세분화된 감정들을 경험할 수 있게 됩니다. 자폐 자녀의 경우, 다른 보통의 아동보다 표현이 둔할 수는 있겠지만, 호르몬 변화나 인지 발달, 주변 환경의 다양화에 따라 감정 경험 역시 아동기와 달라지는 것은 명백합니다. 따라서 종합적인 심리평가를 다시 진행하여 현재의 심리상태나 사회성에 대해 재점검하고, 어떻게 청소년기를 더 건강하게 보낼 수 있을지 방향을 설정해 볼 수 있습니다.

먼저, 종합심리평가는 다양한 객관적 · 주관적 검사들로 구성되어 있으며, 수검자의 특성이나 상태에 대해 다각도에서 평가함으로써 그를 입체적으로 이해할 수 있도록 도와줍니다. 평가방법에 따라 심리평가를 다음과 같이 대략 다섯 가지로 나눠 볼 수 있습니다(물론 제시된 방법 외에도 더 다양한 방법이 존재하고, 또 개발되고 있습니다).

- 임상가와의 대화를 통해 증상이나 상태를 파악하는 면담평가
- 임상가가 수검자의 행동을 관찰하여 증상을 평정하는 행동평가
- 수검자 혹은 수검자에게 중요한 주변 인물이 수검자의 상태에 대해 체크하여 보고하는 자기보고식 설문지
- 정답 · 정반응이 있는 문제를 풀고 결과를 비슷한 연령대의 사람들과 비교하여 기능 수행 수준을 확인하는 표준화된 수행평가
- 그림 등을 활용하여 수검자에게 최소한으로 개입하면서 수검자의 주관적인 내면세계나 무의식을 엿볼 수 있는 주관적 검사

평가 내용에 따라서는 대표적으로 다음과 같은 종류가 있습니다.

- 인지 능력[예: 지적 잠재력(지능), 주의집중력, 기억력 등]과 관련된 뇌 기능을 평가하는 신경인지기능 검사
- 수검자의 보고에 따라 점수를 합산하거나 혹은 수검자가 보고한 내용에 대해 임상가가 객관적으로 평정하여, 문제나 주 호소의 심각한 정도를 파악하는 증상평가
- 주변 환경에 대한 지각이나 반응을 포함하는 개인의 독특한 행동 특징이며, 증상의 발현에 영향을 미치기도 하는 기질 및 성격 평가
- 주어진 환경에 잘 적응하여 적응할 수 있는 정도를 평가하는 사회적응도평가 등

그리고 지면이 부족하여 모두 언급할 수는 없겠지만, 이외에도 다양한 검사들이 존재합니다.

그렇다면 각각의 검사들을 왜 다시 받아 볼 필요가 있을까요? 먼저, 지능평가를 포함하는 신경인지기능 검사의 경우는 본격적인 학령기에 들어서는 아동·청소년에게 최적의 학습 환경을 조성해 주기 위해 필요합니다. 아동·청소년이 보이는 학습 문제의 이유와 객관적인 수준에 대해 알 수 있기 때문입니다. 나아가 인지적 약점뿐만 아니라 인지적 강점을 파악하고 활용하여, 아동의 인지 발달을 효과적으로 도울 수 있을 것으로 기대

됩니다.

정서상태 및 성격에 대한 평가도 학교에서 본격적인 사회생활을 시작하는 아동·청소년에게 필요하겠습니다. 이들이 문제 행동을 보이거나 혹은 사춘기를 겪으면서 감정적인 어려움을 겪는 것처럼 보일 때, 충분한 언어 표현이 제한되기 때문에 주변 어른들이 쉽사리 파악하기는 어려울 수 있습니다. 이때 심리평가의 도움을 받는다면, 아동·청소년의 내면에서는 주변 환경이나 주위 사람들을 어떻게 받아들이고 있는지, 그리고 어떤 유형의 대처 전략을 사용하고 있는지 알아볼 수 있습니다. 그리고 이를 토대로 필요한 치료적 개입의 방법이나 강도를 결정할 수 있게 됩니다.

지금부터는 흔히 사용되는 심리검사들의 개요와 그 결과를 활용하는 방법에 대해 간단히 소개하려고 하며, 평가 내용에 따라 심리검사 목록을 제시하였습니다. 그런데 이 분류는 특정 검사가 측정하고자 하는 대표적인 속성이며, 평가 도중 다른 분류에 속해 있는 평가 내용과 관련된 특징을 보여 줄 수도 있습니다. 예를 들어, 지능검사는 수검자의 지적 잠재력을 평가하는 검사도구이지만, 검사 도중 아동의 상동 언어와 같은 증상이나 사회적 맥락을 파악하는 눈치 등을 추가로 관찰할 수도 있습니다.

심리평가 FAQ

Q. 어떤 심리평가가 좋은 검사인가요?

A. 수검자의 모든 것을 한번에 모조리 알아내는 황금 기준은 없지만, 종합적인 심리평가를 통해 문제의 원인을 다각도로 평가하여 입체적인 프로파일을 완성할 수 있게 됩니다. 다만, 사용되는 검사가 국내 혹은 해외에서 타당하다고 표준화된 검사인지, 임상 장면에서 활발하게 사용되는 검사인지 확인할 필요는 있겠습니다. 단순히 개인이 제작한 설문지로는 신뢰할 수 있는 객관적인 정보들을 얻는 데 제한이 따를 수 있습니다.

Q. 누구한테 심리평가를 받아야 하나요?

A. 아동·청소년을 대상으로 하는 종합심리평가의 경우, ① 검사자가 병원의 소아청소년정신과 혹은 발달 관련 센터에서 충분한 기간 동안 교육훈련을 받거나 일하면서 자녀와 비슷한 아동·청소년을 충분히 검사한 경력이 있는지, ② 합당한 자격증(보건복지부 공인 정신건강임상심리사 1·2급, 혹은 한국심리학회 공인 임상심리전문가)을 갖췄는지를 모두 확인해야 합니다. 대개는 임상심리학 석사 학위 이상을 가지고 있습니다. 또한 검사자가 자격증을 취득하는 교육훈련 과정 중일 수 있습니다. 이 경우에는 검사 실행 및 채점, 보고서 작성을 감독하는 수퍼바이저가 있기 마련입니다. 검사 결과를 최종적으로 확인해 주는 수퍼바이저의 자격이나 경력이 앞에서 설명한 ①, ②에 해당되는 경우, 혹여나

검사가 잘못 진행되지 않을지 걱정하지 않아도 됩니다.

Q. 그렇다면, 누구한테 심리평가를 받는지 어떻게 확인할 수 있나요?

A. 센터나 병원 홈페이지에 검사자의 자격증을 게시하는 경우
도 있고, 만일 확인이 어려울 때에는 검사자에게 직접 물어
보면 됩니다. 수검자가 검사자의 자격을 궁금해 하고 물어
보는 것은 소비자의 당연한 권리입니다. 다만, 검사자와 수
검자, 그리고 검사 결과를 제공받는 수검자의 보호자 간 상
호 신뢰하에 검사가 진행될 수 있도록 서로 존중하는 태도
로 의사소통이 이루어진다면 최선의 검사 결과가 나오지 않
을까 싶습니다.

Q. 심리평가 시 무엇을 준비하면 좋을까요?

A. 대부분의 평가 시 증상에 대해 문진하는 보호자 면담이 포
함되어 있을 것입니다. 이때 아동 · 청소년의 객관적 평가
를 위해서 이들의 특징적인 증상을 보여 줄 수 있는 자료를
준비해 가면 검사자에게 매우 도움이 됩니다. 가령, 직접 쓴
글이나 그림, 문제가 된다고 생각되는 행동을 녹화해 둔 휴
대전화 동영상 등이 있겠습니다.

종합심리평가는 비교적 오랜 시간 실시됩니다. 정해진
시간은 없지만, 아동 · 청소년의 신체적 컨디션이나 기분 상
태에 따라 검사자가 제시한 시간보다 더 많이 혹은 적게 걸
릴 수 있습니다. 따라서 평가 전날에는 일찍 잠자리에 들 수
있도록 도우면 좋습니다. 그리고 당일에는 좋은 컨디션으
로 검사에 임하여 잠재력을 잘 발휘할 수 있도록, 든든하게

식사를 챙겨 먹고 오면 좋습니다. 검사실에 입실하기 전에
는 화장실도 한 번 다녀오면 좋습니다.

자폐 아동ㆍ청소년은 변화에 대해 거부하거나 민감하게
반응하는 경우가 흔합니다. 따라서 검사 최소 1주 전부터
'병원ㆍ센터에서 선생님과 오래 대화하고 문제 풀고 그림
그려 보는 시간을 가질 것'이라고 미리 인지시켜 준다면, 검
사 당일에 아동ㆍ청소년의 긴장감이 조금이나마 완화되고
검사에 협조적인 태도로 임하게 될 수 있겠습니다.

Q. '풀배터리'를 받고 싶은데요. 이런 이름의 검사가 있나요?

A. '풀배터리(full battery)'는 특정 검사의 이름이 아닙니다! 여
러 영역을 종합적으로 측정하는 심리검사들의 집합입니다.
따라서 꼭 정해진 '풀배터리'가 있는 것이 아니고, 수검자가
검사를 필요로 하는 영역에 필요한 검사들을 한번에 실시하
면 그 목록이 '풀배터리'가 될 수 있습니다. 어떤 '풀배터리'
는 지능검사를 포함하여 주의력, 전두엽 실행 기능과 같은
신경심리검사들로만 이루어질 수 있습니다. 어떤 다른 '풀
배터리'는 인지 기능 말고 수검자의 정서 상태나 감정 조절
능력을 파악하는 검사들로만 이루어질 수도 있습니다. 수
검자가 한번에 일정 시간 동안 집중하여 받을 수 있는 검사
시간이 제한되어 있고 비용 문제도 있으므로, 무조건 가능
한 모든 검사를 포함하는 '풀배터리'를 받을 필요는 없습니
다. 수검자에게 객관적인 평가가 필요한 영역이 무엇인지
파악한 후, 이와 관련된 심리검사들로 평가 항목을 구성할
때 최적의 '풀배터리'가 될 수 있을 것입니다.

1) 증상평가

(1) 한국판 아동기 자폐 평정 척도 2
(K-CARS 2: Korean-Childhood Autism Rating Scale, 2nd)

검사자가 자폐스펙트럼장애의 진단과 관련된 주요 영역에 대해 심각도나 특이함, 지속시간을 근거로 총 15개 문항을 1점부터 4점까지로 평정하는 검사입니다. 먼저, 보호자는 '부모/양육자 질문지'를 작성합니다. 임상가는 이 질문지를 토대로 진행한 보호자와의 면담 내용, 그리고 대상자에 대한 직접적인 행동 관찰을 통해 수집된 정보로 각 문항을 평정합니다.

K-CARS 2 검사에는 표준형(ST)과 고기능형(HF) 두 가지 버전이 있습니다(Schopler 등, 2019). 고기능형은 IQ 80, 즉 평균 하 수준 이상의 지능을 가지고 있으며 언어적 의사소통이 어느 정도 가능한 만 6세 이상의 아동 · 청소년을 대상으로 합니다. 만일 나이가 만 6세 이상이라도 원활한 언어적 의사소통이 제한될 경우에는 표준형(ST)을 실시합니다.

학령기 이상의 자폐 아동 · 청소년을 대상으로 하는 우리 책의 성격을 고려하여 고기능형 위주로 설명하겠습니다. 15~60점의 점수 범위를 가지며, 점수는 다음과 같이 해석 가능합니다.

- 15~26점 = '자폐 아님' 범위(증상이 없거나 최소한의 자폐 관련 행동)
- 26.5~60점 = '자폐 범주'

　- 26.5~29.5점 = 경도에서 중등도의 자폐 관련 행동

　- 30~60점 = 중도 수준의 자폐 관련 행동

　그러나 검사 매뉴얼에서는 분할점에 따른 경직된 해석을 지양하도록 권고하고 있습니다. 가령, 다른 모든 검사를 통해 자폐스펙트럼장애를 이미 확실히 진단받았는데 K-CARS 2-HF 원점수 26.5점 미만의 결과(즉, '자폐 아님')가 나왔다면, 수검자의 전반적인 기능 수준에 따라 '경도' 혹은 '중등도'와 같은 수식어를 사용하는 것이 적절할 수 있겠습니다.

　검사 결과는 총점 외에도 각각의 문항 분석을 통해 다음과 같이 나눌 수 있습니다.

　• 사회적 상호작용 항목

　• 의사소통 항목

　• 제한된 관심 및 상동행동 항목

　• 감각 이슈 및 관련 요소 항목

　• 사고 및 인지 관련 이슈 항목

　소척도로 결과값이 제시되지는 않지만, 각 항목들의 점수들을 직접 비교하여 어떤 영역이 가장 심하고 비전형적으로 나타나는지 파악할 수 있습니다. 이를 통해 증상들 중 개입의 우선순위를 결정하는 데 도움을 받을 수 있겠습니다.

(2) 한국판 아스퍼거 증후군 진단척도
(ASDS: Korean Version of Asperger Syndrome Diagnostic Scale)

아스퍼거 증후군 진단은 진단체계 중 하나인 DSM이 5판(2013)으로 개정되면서 사라졌습니다. 앞서 설명되어 있듯, 아스퍼거 증후군을 가진 사람은 자폐 증상을 보이는 가운데 언어 발달이 비교적 정상 범위에 해당하지만, 언어 표현이 독특하고 운동이 서툴 수 있습니다. DSM-5에서는 사회적 의사소통장애가 이 진단명을 대체하게 됩니다(p. 21 참조).

ASDS 검사는 자기보고식 설문지이며, 관련 증상을 보이는 만 5~18세 아동·청소년에 대해 각 항목이 평정됩니다(김하나, 신민섭, 2011). 검사에 의뢰된 아동·청소년과 직접적이고 지속적인 관계를 맺고 있는 보호자(부모, 성인 형제자매)나 교사, 관련 전문가가 검사를 실시합니다. 검사지는 관찰이나 측정이 가능한 행동을 기술하고 있는 50문항으로 이루어져 있고, 각각을 '예' 혹은 '아니요'로 평정합니다. 검사 결과는 총점과 5개의 하위 척도로 제시됩니다(〈표 1-1〉 참조).

아스퍼거 증후군의 진단명이 더 이상 사용되지 않기는 하지만, ASDS가 여전히 제공해 줄 수 있는 정보들이 있습니다. 5개 하위 척도 프로파일의 비교를 통해 개별적인 교육 프로그램 및 치료적 개입에 대한 목표를 설정하는 데 도움을 받을 수 있습니다. 또한 자폐 아동·청소년이 치료적 개입 등을 통해 글자 그대로의 언어를 이해하는 능력은 어느 정도 적절한 수준으로 발달했을 수 있습니다. 하지만 ASDS를 통해 사회적 의사소통 상

표 1-1 한국판 아스퍼거 증후군 진단척도(ASDS) 검사의 구성

하위 척도	문항 수	내용
언어	9	• 언어적 미묘한 뉘앙스를 이해할 수 있는가? • 사회적으로 적절한 방식으로 유창하고 유연하게 언어적 표현을 사용할 수 있는가?
사회성	13	• 사회적 상호작용 장면에서 사회적 단서(상대방의 얼굴 표정이나 몸짓)를 적절히 이해하고 활용할 수 있는가? • 사회적 관계를 적절히 형성하고 지속할 수 있는가?
부적응 행동	11	• 사회적 상황에서 적절하고 유연한 적응을 방해하는 행동이나 특성이 있는가?(예: 일상에서의 변화에 적응하지 못함 등)
인지	10	• 개인 내 지적 능력에서 변동성을 보이는가?
감각운동	7	• 예민한 감각으로 인해 불편감이 많은가? • 운동 협응 능력이 적절한가?

황에서 이면의 미묘한 의미를 파악하거나, 어조나 억양을 유용하게 활용하여 의미를 전달하는 능력에 어느 정도로 문제가 있는지 확인할 수 있습니다.

2) 신경심리평가

신경심리평가에서는 신경인지기능을 평가하며, 신경인지기능이란 뇌 영역과 주로 연결되어 있는 인지 능력들을 뜻합니다. 보통 주의력, 언어 기능, 기억 기능, 시공간 능력, 전두엽 실행

기능을 포함합니다. 각 인지 기능 영역은 다시 여러 능력으로 세분화되는데, 가령 주의력 영역에서는 특정 목표 자극에 대한 주의집중을 유지하는 초점주의력부터 오랫동안 인지적 노력을 들여 반응을 유지하는 지속적 주의력, 머릿속에서 정보를 유지하면서 조작하는 작업기억력 등이 포함됩니다. 전두엽 실행 기능에는 보통 체계적인 계획 능력이나 판단력과 같은 고차원적인 추상적 사고 능력이 포함됩니다. 신경인지기능 평가에서는 이러한 능력들을 연령에 적절한 수준으로 보유하고 있는지, 그리고 적절히 발휘할 수 있는지를 평가하게 됩니다.

대표적인 신경인지기능 평가에는 먼저 지능평가가 있습니다. 타당한 지능평가는 자격증을 가진 검사자와 수검자가 1:1로 실시하며, 보통 1시간 전후의 시간이 소요됩니다. 국내에서 표준화된 지능평가 도구로는 한국 웩슬러 아동 지능검사(K-WISC: Korean Wechsler Intelligence Scale for Children, '위스크'라고 불리기도 합니다), 한국 카우프만 아동 지능검사(K-ABC: Kaufman Assessment Battery for Korean Children) 등이 있습니다.

지능검사 결과, 흔히 'IQ'라고 불리는 전체 지능지수(전체IQ)가 산출됩니다. 전체IQ가 90~109 사이이면 또래 집단의 연령 평균 범위 내에 해당합니다. 자폐 아동은 흔히 평균 이하의 지능지수를 보입니다. 부모님은 전체IQ의 숫자보다 하위 인지 영역의 편차에 주목해야 합니다. 아동 · 청소년용 웩슬러 지능검사 5판(K-WISC-V)을 예시로 들어 보면, 결과 보고서에서 전체IQ 외에도 5개의 하위 지표점수가 산출된 것을 확인할 수 있습니다. 그리고 각 하위 지표 내에는 2~4개의 검사들이 포함되어 있는데 (이렇게 가장 작은 검사 단위를 보통 '소검사'라고 부릅니다), 아마 이 소검 사들의 프로파일에서도 편차를 확인할 수 있을 것입니다.

만약 부모님께서 '언어이해 지표는 [매우 낮음] 수준이지만, 시공간 지표는 [평균 하] 수준이다.'라는 결과 보고서를 받았다 고 가정해 봅시다. 이 결과는 아동이 언어적 정보보다 비언어적 정보를 다루는 능력이 상대적으로 더 양호하다는 것을 시사합 니다. 그렇다면 앞으로 자녀에게 지시하거나 학습 내용을 제시 할 때 언어적 자극에 더해 시각적 자료를 함께 제공하는 방법을 사용한다면, 아동의 적응 및 학습 기능이 더욱 원활히 발휘되도 록 도울 수 있을 것입니다. 나아가 하나의 하위 지표 내에서 소 검사들 간 점수에 차이가 크다면, 이 또한 자녀에 대한 풍부한 정보를 제공할 수 있을 것입니다. 무엇보다도, 단순히 지능평 가 결과표에 적힌 수치만 가지고 1:1로 해석하기에는 다양한 정 보를 간과할 위험이 있습니다. 따라서 자세한 결과 해석은 담당 임상심리전문가 혹은 주치의와 상의하시기 바랍니다.

전반적인 지적 잠재력을 평가하는 지능평가 외에도 다양한 신경인지기능 검사가 필요할 수 있습니다. 자폐 아동·청소년 은 주의집중력의 어려움을 경험할 가능성이 높고, 자녀가 주의 력결핍과잉행동장애(ADHD)를 추가적으로 가지고 있는지 의심 하는 부모님도 있을 것으로 생각됩니다. 이때 신경인지기능 검 사를 통해 지적 능력이 설명하는 부분보다 더 많은 주의력 결함 이 있는지 확인할 수 있게 됩니다.

표 1-2 한국 웩슬러 아동 지능검사 5판(K-WISC-V)의 하위 인지 영역

하위 지표(약어)	내용
언어이해 지표 (VCI)	언어를 이해하고 표현하는 능력과 고차원적인 언어적 사고 및 개념화 능력을 측정한다.
시공간 지표 (VSI)	비언어적인 자극을 실제로 혹은 정신적으로 조작하여 분석하고 통합하는 능력을 측정한다.
유동추론 지표 (FRI)	비언어적 정보에 대한 고차원적인 사고 및 추론 능력을 측정한다.
작업기억 지표 (WMI)	외부 정보에 주의를 기울이고 머릿속에서 정보를 처리하는 작업기억력을 측정한다.
처리속도 지표 (PSI)	눈-손 협응을 통한 소근육을 활용하여 외부 정보를 정확하고 빠르게 처리하는 능력을 측정한다.

출처: 곽금주, 장승민(2019).

지능평가에서 설명한 바와 같이 자폐 자녀의 신경인지기능 검사 결과들은 편차를 보일 가능성이 높습니다. 이러한 편차를 근거로 하여 자녀의 강점과 약점을 적절히 파악할 수 있고, 이를 토대로 개별적인 학습 계획을 수립하는 데 필요한 기초 자료를 확보할 수 있을 것입니다.

3) 정서 및 사회성 평가

(1) 자기보고식 검사

자녀가 경험하고 있는 심리적 어려움과 행동문제에 대해 객관식의 설문지를 토대로 검사가 진행됩니다. 만일 국내 아동 ·

청소년에 대해 표준화된 검사라면 각 검사 결과를 통해 자녀가
인식하고 있는 정서적 불편감의 정도나 심각도에 대해 확인할
수 있습니다.

　어떤 설문지는 측정하고자 하는 단일 속성이 있습니다. 예를
들면, '한국어판 아동우울척도 2판(K-CDI 2; 김지혜 등, 2018)'에서
는 우울감과 관련된 슬픈 감정, 자신감, 피로감, 식욕 저하 등을
묻는 28개의 문항이 포함되어 있습니다. 한편, 심리평가에서 흔
하게 사용되는 척도 중 '다면적 인성검사 청소년용(MMPI-A; 김중
술 등, 2005)'이 있습니다. MMPI-A는 우울감부터 분노, 초조감,
사회적 불편감 등 다양한 정서 상태뿐만 아니라 이에 대한 경험
및 대처 방식이나 행동 문제도 일부 파악할 수 있는 자기보고식
검사입니다. 다만, 478개의 문항에 '예' '아니요'로 답해야 하기
때문에 수검자의 지적 능력에 따라 적당한 검사를 실시하는 것
이 중요합니다.

　자기보고식 검사는 객관적인 평가가 가능하다는 장점이 있지
만, 수검자가 의식할 수 있는 감정만 평가할 수 있다는 한계점
이 있습니다. 그리고 무의식적인 대처 방략이나 성격을 제한된
시간 내에 파악하기 어렵다는 한계점도 있습니다. 예를 들어,
주변 사람들이 보기에 사회적 활동 중에 긴장한 표정이 역력하
며 상대방의 눈치를 많이 살피는 어떤 사람이 "전 다른 사람들
을 신경 안 쓰는 편이에요."라고 말한다고 가정해 봅시다. 설문
지에서 '다른 사람들과 함께 있으면 불편하다.'는 문항을 보면,
수검자는 이 문항이 사회적 상황에서의 긴장감을 측정하는 문

항임을 바로 파악하고 '아니오'에 표시할 것입니다. 따라서 자기보고식 검사 결과는 증상의 심각도를 제시하는 한편, 수검자가 자신의 증상에 대해 어느 정도로 적극적으로 호소하고 있는지를 보여 주는 척도로서 이해될 수도 있습니다.

(2) 투사적 검사

설문지로 파악하기 어려운 깊은 내면의 정서 상태와 여러 스트레스에 대처하는 기제(mechanism)를 추론하는 데 유용한 도구가 바로 투사적 검사입니다. 앞서 설명한 신경심리평가와 자기보고식 검사와 달리, 투사적 검사에는 정답도 없고 응답의 보기도 없습니다. 수검자는 어떤 그림들을 그리고, 검사자가 던진 주관식 질문에 대해 그때그때 떠오르는 대로 설명합니다[집-나무-사람(HTP) 그림 검사, 동적 가족화(KFD) 그림 검사, 예: "이 집은 어디에 있는 집입니까?"]. 혹은 미완성되어 있는 문장을 채우도록 합니다(문장완성검사, 예: '나는 → _____'). 혹은 어떤 사물/사람이 있는 그림에 대해 자유롭게 이야기를 만들어 봅니다[주제통각검사(TAT)]. 혹은 아주 모호한 형태로 잉크 반점이 찍힌 그림 카드를 보면서 무엇처럼 보이는지 자유롭게 연상해 봅니다[로샤 검사(Rorschach test)].

투사적 검사에서는 특정한 의미가 없는 중립적인 대상에 대해 한 사람이 어떻게 반응하는지 그 패턴들을 모아 봅니다. 그리고 이를 통해 외부 자극이 주어졌을 때 수검자가 어떤 방식으로 이를 지각하고 조직화하여 어떤 방향으로 해석하게 되는지 등의 반응 양식들을 살펴봅니다. 정답이 없는 질문(예: "이 그림이 무엇처럼 보입니까?")에 대한 응답들은 수검자의 깊숙한 심리적 무의식 세계 속에 내재되어 있던 중요한 이슈들이나 평소의 가치관, 자기 자신에 대한 생각, 가까운 주변 사람들에 대한 생각, 세계관 등을 반영할 것입니다. 그리고 자신의 반응들을 외부의 낯선 타인인 검사자에게 설명하는 과정에서 자신만의 독특하고 고유한 정신활동이 나타날 것이며, 이러한 언어적 행동을 통해 수검자의 사고 패턴과 문제해결, 대처 방략을 파악할 수 있게 됩니다.

　무의식은 계량적인 측정이나 관찰이 불가능하므로 객관적이고 과학적인 표준화, 타당화 작업이 어려울 수밖에 없고, 이는 무의식이 투영되는 투사적 검사의 한계점입니다. 다시 말해, 수검자의 반응에 정답이 없는 것처럼 해석에도 정답이 없고, 보통은 가능성의 형태로 결과가 제시될 수밖에 없습니다.

　하지만 투사적 검사는 전 세계적으로 백여 년 동안 사용되면서 상당히 방대한 양과 질의 관련 자료·경험이 축적되어 왔고, 쉽사리 파악하기 어려운 깊은 내면 세계를 엿보고 이해할 수 있는 유용한 도구임이 틀림없습니다. 특히 언어 발달이 지연된 아동·청소년이 자신의 감정이나 생각에 대해 조리 있게 표현하기 어려울 때, 그리고 사춘기가 되어 정서적 파도를 경험하는 일반적인 아동·청소년들이 자신의 감정을 명료하게 인식하기 어려울 때 투사적 검사가 도움이 될 수 있습니다.

　임상 장면에서 투사적 검사의 타당한 실시와 해석을 위해서는 최소 대학원에서 임상심리학을 전공하고 일정 시간 동안의 교육훈련 경험을 가진 검사자가 필요합니다. 또한 검사 결과의 해석에 필요한 정보들을 확보하기 위해 수검자는 최소한 ① 사람 그림을 알아볼 수 있게 그릴 정도의 인지 능력과 ② 문장으로 자신의 경험을 연속적으로 설명할 수 있는 언어 능력을 가지고 있어야 합니다.

4) 의학적 평가

현재까지 자폐스펙트럼장애를 진단할 수 있는 생물학적 평가 도구는 확립되지 않았으나, 그럼에도 불구하고 자폐 아동에서 의학적 평가는 매우 중요합니다.

자폐스펙트럼장애에서 진행하는 의학적 평가에는 기본적으로 머리둘레, 키와 몸무게, 외형적 특징 등에 대한 신체적 검진 및 뇌신경검사, 반사, 걸음걸이 등을 포함한 신경학적 검진이 포함됩니다. 또한 청력 등의 감각 이상이 의심될 경우에는 자세한 청력평가 등이 진행되어야 합니다. 만약 특이한 신체적 특징을 보이거나 가족력에서 유전 질환의 가능성이 시사될 경우에는 염색체 검사를 포함한 유전학적 평가가 필요하겠습니다.

이 외에도 뇌파 검사나 영상학적 검사의 필요성을 궁금해하는 부모님이 종종 계신데, 모든 자폐 아동 · 청소년에서 반드시 뇌파 검사나 영상학적 검사를 진행해야 하는 것은 아니며, 뇌파 검사나 MRI 등의 영상학적 검사를 통해 자폐스펙트럼장애를

진단하는 것도 아닙니다. 자녀가 경련의 과거력이 있거나 발달
상 퇴행이 의심되는 경우에는 뇌파 검사나 신경과적 진료가 필
요할 수 있습니다. 또한 경련성 질환을 포함한 신경학적 이상이
의심되는 경우에는 MRI 등 영상학적 검사를 포함한 추가적인
검사가 필요할 수 있습니다.

제2장

동반될 수 있는
다른 질환과 치료법

상당수의 자폐스펙트럼장애 환자가 신체적 불편함 또는 정신적 어려움을 가지며, 보고에 따르면 젊은 자폐인의 60%에서 두 가지 이상의 내과적 또는 정신의학적 질환이 병발한다고 합니다(Roux 등, 2015). 특히 청소년기는 신체적·심리적으로 매우 특수하고 취약한 시기이기 때문에, 이와 맞물려 더욱 다양하고 예측하기 어려운 문제들이 발생할 수 있습니다. 자폐스펙트럼장애에서 흔하게 병발하는 질환들은 다음과 같습니다.

1. 신체적 문제

1) 뇌전증

뇌전증은 일반 인구에 비해 자폐인에서 훨씬 흔하게 발생하는 질환입니다(Lukmanji 등, 2019). 연구에 따르면, 자폐 증상과 뇌전증이 질병의 진행과 관련하여 일부 생물학적 원인을 공유하고 있을 가능성이 있지만(Brooks-Kayal, 2010), 두 질환의 선후 관계나 상호 영향에 대해서는 명확히 밝혀지지 않았습니다.

연령에 따른 발생률은 여러 연구에 따라 다르게 보고되고 있지만, 최근 연구에 따르면 초기 아동기에 비해 후기 아동기나 청소년기 이후에 발생빈도가 더욱 늘어나는 것으로 알려져 있습니다(Viscidi 등, 2013). 특히 자폐 아동의 경우 학령기를 지나면서 증가하는 공격성이나 행동문제와 관련하여 약물치료를 시작하게 되는 경우가 많고, 이러한 약물치료로 인해 경련의 역치가 낮아질 수 있기 때문에 주의가 필요합니다. 영유아기 경련발작의 과거력이 있거나, 뇌파 검사 등에서 이상 소견이 있었던 경우에는 더욱 조심해야 하며, 치료 진행과 관련하여 반드시 의사와 상의가 필요합니다.

기존에 뇌전증의 과거력이 없다고 하더라도 청소년기나 성인기에 처음으로 경련발작이 발생하는 경우도 있습니다. 또한 우리가 흔히 알고 있는 전신의 떨림이나 경직, 의식 소실 증상 외에도 일정 시간 동안 반응 없이 한곳을 응시하거나 목적 없이 반복 행동을 하는 등 다양한 종류의 증상을 동반하는 경련발작이 발생할 수 있습니다. 따라서 평소와 다르거나 의심스러운 모습이 있으면 전문가를 방문하여 상담하고, 필요한 경우 검사를 진행해야 합니다.

더 자세한 증상 및 치료 관련한 내용은 앞서 출간된 『자폐부모교육』(김붕년 등, 2017)을 참고해 주십시오.

2) 소화기장애

식사 습관과 편식의 문제는 자폐 아동에서 매우 초기부터 나타나는 어려움으로, 자폐와 소화기관 문제의 밀접한 관련성을 시사합니다. 식사 습관 문제가 그 심각도에 비하여 실제 영양 상태에 뚜렷한 문제를 일으키는 경우가 드문 데 비해, 만성변비, 설사, 위식도역류, 구토, 위장관염 등의 소화기계 증상은 의학적으로 치료가 필요한 수준의 기질적 문제를 초래할 수 있습니다.

일반 인구와 자폐인에서 소화기장애의 빈도를 비교한 많은 연구 결과, 자폐에서 높은 빈도로 소화기 증상과 장애가 병발하는 것이 확인되었습니다(Hsiao, 2014). (다만, 연구마다 대상군 통제의 어려움과 대상군 내 이질성, 소화기 증상에 대한 평가와 정의가 서로 다른 점, 표본 크기가 부적절한 점 등 연구의 한계점이 있기는 합니다.) 특히 변비는 자폐 아동의 50% 이상에서 흔하게 보고되는 증상이며, 아동과 그 가족들에게 큰 고통을 안기는 것에 비하여 간과되기 쉬운 소화기 장애입니다.

자폐 아동은 의사소통에 어려움이 있는 경우가 흔하기 때문에 복부 불편감, 통증 등의 소화기 증상을 잘 표현하지 못하며, 이에 진단과 평가에 어려움이 따르곤 합니다. 언어 사용이 어렵거나 심한 자폐 증상을 가지는 아동의 경우에는, 비전형적인 행동으로 증상을 표현할 수 있습니다. 예를 들어, 아이들이 스스로를 다치게 하는 행동(물거나 때리거나 머리를 박는 등)을 하거나 또는 허리를 굽히고 배를 잡거나 좁은 걸음걸이로 걷는 등 평소와 다른 이상행동을 보일 때는 복부 불편감을 포함하여 신체적 어려움이 없는지를 잘 확인해야겠습니다(Ofei & Fuchs, 2018). 문제가 반복되거나 어려움이 해결되지 않는다면, 병원에 방문하여 전문가와 상의할 필요가 있으며 적절한 검사와 치료를 받아야 합니다.

여러 연구에서 자폐인의 장내 미생물 불균형에 대해 보고하고 있으며, 다양한 관련 연구가 진행 중에 있습니다. 장내 미생물 변화가 소화기계의 문제뿐만이 아니라 자폐인에서 보이는 행동적 · 정서적 특성들과 연관이 있을 가능성들이 제시되고 있습니다. 나아가 이와 관련하여 다양한 치료 가능성에 대한 연구가 진행되고 있습니다(Ristori 등 2019; Andreo-martínez 등, 2020).

3) 비만

자폐 아동에서는 일반 아동에 비해 높은 비율로 비만이 발생합니다(Zheng 등, 2017). 어린 연령에서 발생한 비만은 다수가 성인 비만으로 이행할 뿐만 아니라, 고혈압, 당뇨, 이상지질혈증 등 여러 가지 대사질환의 위험성이 크기 때문에 주의가 필요합니다.

자폐 아동에서 보이는 체중 증가의 원인으로는 비전형적인 식이 습관, 그리고 이에 비해 또래와 함께하는 신체적 활동이나 활발한 오락 활동의 기회가 부족한 점, 행동문제의 조절을 위해 사용하는 약물의 부작용, 유전적인 문제 등이 있습니다(Shedlock 등, 2016). 특히 약물치료의 부작용으로 나타나는 체중 증가는 매우 흔하지만 간과하기 쉽기 때문에 주의가 필요합니다. 보고에 따르면, 약 30~60%의 자폐 아동이 적어도 한 개 이상의 약물을 처방받고 있고, 10%는 세 가지 이상의 약물을 처방받는다고 합니다(Siegel & Beaulieu, 2012). 만약 자녀가 약물 복용을 시작한 후로 식사량과 체중이 눈에 띄게 증가했다면 담당 의사와 반드시 상의가 필요합니다. 경우에 따라서는 약물의 변경 혹은 부작용을 줄이기 위한 다른 약물의 추가가 필요할 수 있습니다.

평소 건강한 식이 습관과 신체활동을 통해 과체중과 비만을 예방하는 것이 가장 중요하겠습니다만, 이미 비만이 발생한 경우에는 소아청소년과 전문의와 상의가 필요하며, 비만 정도에 따라 적절한 치료를 진행해야 합니다. 흔히 가장 먼저 고려할 수 있는 치료는 체중감량 식이와 운동 요법 등의 비약물적 치료입니다. 하지만 자폐 아동의 경우 행동과 연관된 어려움이 있는 경우가 많고 비만 관련 질병에 대한 이해가 부족한 경우가 흔하므로, 이러한 방법을 효과적으로 적용하는 것이 쉽지는 않겠습니다. 경우에 따라서는 약물치료를 적용할 수 있으며, 매우 심한 비만에 대해 드물게는 수술적 치료를 고려할 수도 있습니다. 의사와 충분한 상의를 하지 않고 자의로 다이어트 약물이나 식욕조절 보조제 등을 복용하는 것은 매우 위험하므로 피해야 하는 행동입니다.

4) 수면 문제

일반 인구에 비하여 자폐인에서는 일반적으로 불면증을 포함한 수면 장애의 비율이 더 높습니다(Cohen 등, 2014). 또한 어린 연령의 자폐 아동에 비하여 청소년기가 되면서는 입면의 어려움, 밤 시간 수면 유지의 어려움, 총 수면 시간의 부족함, 낮 시간의 졸림 등 수면 관련 증상들이 더 많이 나타납니다.

수면 장애는 의사소통의 어려움이나 제한적이고 반복적인 행동과 같은 자폐의 핵심 증상 혹은 이와 연관된 다양한 상태를 악화시킬 수 있기 때문에 적절한 수면량을 유지하는 것은 필수적입니다. 더욱이 수면 장애는 (뒤에서 언급할) 자폐 청소년의 불안과 우울 증상을 더 높이는 것으로 알려져 있기 때문에 좋은 수면의 질을 유지하는 것도 중요하겠습니다(Deliens 등, 2015).

자폐 아동에게 수면 문제가 발생했을 경우 가장 먼저 고려해야 할 점은 약물치료나 다른 내과적 상태로 인한 어려움입니다. 자폐인이 흔하게 복용하는 항경련제나 항정신성 약물은 정상적인 수면 패턴에 영향을 주는 경우가 많기 때문에 처방을 한 치료진과의 상의가 우선되어야 하겠습니다.

청소년기는 신체 변화와 함께 생물학적 시계가 변화하는 시기이며, 이 때문에 사춘기 전에는 졸리던 시간에도 잠이 오지 않을 수 있습니다. 잠이 오지 않는 시간에 무리하게 잠을 자려고 노력하기보다는 30분에서 1시간 정도 입면 시간과 기상 시간을 뒤로 미루는 것이 효과적일 수 있습니다.

행동수정 요법은 비용이나 부작용에 대한 우려가 없는 가운데 일부 환자들에게 좋은 효과를 보이므로, 자폐 아동의 수면 조절에 안전하게 적용할 수 있습니다. 예를 들어, 일관된 수면 규칙을 만드는 것(정해진 기상 시간과 입면 시간), 수면 전 컴퓨터, TV, 휴대폰 등의 전자기기 사용을 금지하는 것만으로도 수면의 질이 호전될 수 있습니다. 또한 낮 시간의 신체활동을 늘리고 낮

잠은 가능한 한 피하며, 낮잠을 자야 하는 경우에는 오후 4시 이전, 45분 이내 정도로 제한합니다. 커피, 차, 초콜릿, 탄산음료 등 카페인을 포함하는 식음료는 피하고, 저녁 시간 간식이 필요할 경우에는 따뜻한 우유 등 수면에 큰 영향을 주지 않는 식품을 선택합니다. 또한 개인마다 나름의 수면 시간 규칙을 만드는 것이 좋습니다. 예를 들어, 잠옷 갈아입기, 세수하기, 양치하기, 책 읽기, 침대에 눕기 등의 순서를 정해 매일 반복하면 수면 습관을 만드는 데 도움이 됩니다(Buckley 등, 2020).

앞서 제안한 행동수정 요법이 효과가 없는 경우에는 멜라토닌 등의 약물을 병행하거나 혹은 단독으로 사용해 볼 수 있습니다. 다만 멜라토닌의 효과는 일관되게 나타나지 않으며, 경우에 따라서는 악몽, 두통, 복부 불편감 등의 부작용을 보일 때도 있습니다. 따라서 약물을 시작하기 전에는 꼭 치료진과 상의하시기 바랍니다.

2. 정신의학적·심리적 문제

1) 우울증

청소년기는 신체적·환경적으로 큰 변화를 겪는 시기이며, 이러한 변화로 인해 기분이나 정서와 관련된 어려움이 자주 관찰되는 시기이기도 합니다. 그중에서도 우울증은 청소년기에 가장 흔하게 진단되는 정신 질환 중 하나이며, 자폐 청소년은 일반 청소년에 비하여 더 흔하게 우울 증상들을 경험하는 것으로 알려져 있습니다(Mazzone 등, 2013). 전 생애에 걸친 우울증의 유병률을 알아본 연구에 따르면, 자폐인은 일반 인구에 비해 4배나 더 자주 우울증을 경험한다고 합니다(Schwartzman & Corbette, 2020). 그럼에도 불구하고 자폐 청소년에게 우울 증상을 발견하고 정확하게 우울증을 진단하는 것은 매우 어려운 일인데, 다른 많은 정신과적 질환과 마찬가지로 우울증의 진단은 주관적인 기분과 상태의 보고에 의존하기 때문입니다.

자폐 아동은 자신들이 겪고 있는 내면적인 어려움과 고통에 대해 인지하고 적절히 표현하는 것에 어려움을 가지고 있습니다. 이에 따라 또래 집단에 참여하고 친밀감을 경험할 기회가 부족해지게 되고, 이는 외로움과 같은 부정적인 감정 경험으로 이어지게 되면서 우울증과 같은 정신과적 동반 질환이 더해질 수 있습니다.

학령기나 청소년기 등 조기에 발병한 우울증은 전 생애에 걸쳐 더 큰 어려움을 초래하기 때문에 조기 진단과 개입은 매우 중요합니다. 우울증을 겪는 자폐 아동은 우울한 감정이나 슬픔보다는 심한 기분 변동, 예민함이나 불안함을 더 자주 보일 수 있습니다. 일반적인 경우보다 더 심한 수면 문제도 자폐에서 보일 수 있는 우울 증상입니다. 자해행동의 증가와 사회적 적응 기술의 퇴행도 보일 수 있습니다. 자폐에서 우울증의 진단은 앞에 언급한 바와 같이 관찰되는 증상들과 기능의 변화, 보호자의 보

고, 정서평가를 포함하는 종합심리평가 등에 근거하여 이루어
집니다.

우울증에 대한 약물치료는 일반 아동 · 청소년의 우울증 약
물치료와 유사하게 진행되는 경우가 많고, 대부분 임상가의 판
단에 의존하게 됩니다. 그러나 현재까지 자폐 아동 · 청소년에
서 항우울제의 효과에 대한 연구는 충분하게 진행되지 않았습
니다(DeFilippis, 2018). 우울증에서의 인지행동치료와 같은 비약물
적인 치료들이 자폐 증상에 맞추어 변형된 형태로 적용될 수 있
으며, 일부 연구들에서 우울 증상이 현저히 개선된 결과를 보이
기도 하였습니다(Attwood, 2004). 인지행동치료는 아이들의 부적
응적인 대처 전략을 수정하고, 부정적인 생각이나 사고의 유연
성을 수정하는 데 도움이 될 수 있습니다. 인지행동치료에 대한
자세한 내용은 〈4. 행동치료 및 심리치료〉에 소개되어 있습니
다(p. 86 참조).

이 외에도 현재의 감정이나 생각을 알아채고 받아들이는 것
을 돕는 마음챙김 기반의 심리치료, 가족 체계에 심리적 교육과
지원을 제공하는 가족치료적 개입 방법도 자폐 아동 · 청소년의
심리적 어려움을 개선하는 데 도움이 될 수 있습니다. 그러나
이러한 심리사회적 접근 방법들은 아직 더 많은 과학적 연구를
필요로 합니다(Chandrasekhar & Sikich, 2015).

2) 불안장애와 강박장애

대략 40% 정도의 자폐인이 적어도 한 가지 이상의 불안장애를 진단받는 것으로 알려져 있습니다(van Steensel 등, 2011). 불안은 우울 증상과 마찬가지로 청소년 시기에 가장 흔하게 겪는 심리적 증상입니다. 자폐 아동·청소년에서 가장 빈번하게 나타나는 불안장애로는 사회불안장애, 특정공포증, 범불안장애, 분리불안장애 및 강박장애 등이 있습니다(Zaboski & Storch, 2018).

자폐 청소년에서 보이는 불안장애의 높은 유병률은 질병의 특성과 연관 지어 생각해 볼 수 있습니다. 대부분의 자폐 아동은 사회적 소통 능력의 부족으로 인해 다른 사람과의 사회적 관계를 만드는 데 어려움을 갖습니다. 더욱이 어느 정도의 지적 능력이 유지되는 경우, 혹은 다년 간의 개입으로 증상이 다소 호전된 경우에는 자신의 사회성이 모자라다는 것을 알고 있는 경우가 많습니다. 그리고 이는 타인과 상호작용하는 상황에 대한 두려움과 불안감으로 이어져 사회적 상황을 피하게 될 수 있습니다. 또한 자폐인의 경우 촉감, 소리, 빛 등의 자극에 대한 민감성이 높은 경우가 흔하기 때문에, 의료적인 처치나 자극적인 환경에 대한 특정공포증을 호소하는 경우가 많습니다.

이와 같이 자폐 증상과 불안장애 증상은 중복되는 경우가 많기 때문에 진단 시 여러 측면에 대한 고려가 필요하며 평가도 복잡합니다. 더욱이 자녀가 불안과 관련하여 보이는 행동을 보호자가 자폐 증상으로 혼돈하게 되면 진단과 치료가 늦어져 상황이 더욱 악화되고, 아동에게 더 큰 고통을 초래할 수 있습니다.

강박장애는 이전에 불안장애 중 하나로 분류되었지만(APA, 2000), 현재 독립적인 진단군으로 활용되고 있습니다(APA, 2013). 하지만 강박적인 사고와 행동의 기저에는 고조된 불안감과 이로 인한 심한 고통감이 자리잡고 있습니다. 강박장애 환자는 침투적이고 반복적인 사고를 경험하고, 그로 인한 불안감을 줄이기 위해 반복 행동을 보입니다. 앞에서 언급했듯이 강박장애 역시 자폐 청소년에서 일반 인구에 비해 더 흔하게 나타나지만, 강박장애에서 보이는 반복 행동과 자폐의 특징인 상동 행동을 구분하는 것은 헷갈릴 수 있습니다. 자폐 아동에서 흔하게 나타나는 틱증상의 경우도 반복적인 운동 또는 소리 내기(음성) 증상으로 나타나므로 감별이 까다로울 수 있습니다. 강박장애, 틱장애, 상동증의 대략적인 구분에 대한 내용은 다음의 〈표 2-1〉을 참고해 주십시오. 그러나 아동마다 보이는 증상이 상이하므로 정확한 진단과 평가를 위해서는 관련 전문가와 상의가 필요합니다.

불안장애와 강박장애는 개인의 삶의 질을 매우 악화시키며, 특히 자폐 아동의 경우 불안감으로 인해 공격적 행동이나 문제행동이 더욱 악화될 수 있습니다. 의심이 될 경우 전문가의 도움을 받아 빠르고 정확하게 진단하고 적절한 개입을 시작하는 것이 중요합니다. 여러 연구에서 인지행동치료 등의 심리사회적 · 행동적 접근 방법들이 자폐 아동 · 청소년이 보이는 불안장애에 효과적임이 확인되었습니다(Danial & Wood, 2013).

자폐인이 보이는 강박증상에 대해 세로토닌 재흡수 억제제에

표 2-1 강박장애, 틱장애, 상동증의 비교

강박장애	틱장애	상동증
• 주로 학령기 이후 발생	• 학령전기 발생	• 영유아기부터 발생
• 의례적 · 의식적 움직임 • 목표가 있는 행동	• 갑작스러운 짧은 움직임	• 리드미컬하고 율동적인 움직임
• 특정한 사고나 상상이 선행되곤 함 • 반복 행동으로 인해 고통과 불편함을 경험함	• 감각운동적인 충동이 선행 • 흥분, 긴장, 스트레스로 유발될 수 있음 • 반복 행동으로 불편함이 감소함	• 감각운동적 충동이 선행되지 않음 • 흥분, 스트레스로 유발되거나 요구와 연관될 수 있음
• 자의적으로 장시간 억제 가능	• 자의적으로 짧은 시간 억제 가능	• 의식적인 노력은 거의 하지 않으며 외부 자극으로 전환
• 약물치료/비약물적치료 (예: CBT)에 반응	• 약물치료에 반응	• 약물치료에 거의 반응하지 않음

출처: Cath 등 (2011).

대한 연구들이 진행되었으나, 아직은 연구 결과의 일관성이 부족한 편입니다. 우울 및 불안 증상의 조절 목적으로 세로토닌 재흡수 억제제 등의 항우울제나 항불안제 약물치료를 시도해 볼 수 있으나, 일반 인구에 비하여 효과가 적으며, 큰 호전을 기대하기는 어렵습니다(Gelbar, 2017). 또한 앞에서 언급했듯이 아직은 우울장애, 불안장애의 약물치료와 관련하여 충분한 연구가 진행되지 않았고, 비약물적 치료가 우선적으로 시도되고 있습니다.

3) 주의력 및 조절 능력의 문제

연구에 따라 차이가 있지만, 30~50%의 자폐 아동에서 주의력결핍과잉행동장애(Attention–Deficit/Hyperactivity Disorder: 이하 ADHD)의 증상이 동반된다고 합니다(Leitner, 2014). 주의력 결핍과 조절 능력의 미숙함은 대부분 학령전기부터 나타나는 증상이지만, 청소년기로 들어가면서 일상에서 더 많은 어려움을 초래하게 됩니다. 자폐 증상에 ADHD 증상이 동반되는 아동의 경우 사회적 의사소통의 어려움이 더욱 두드러지게 됩니다. ADHD 아동은 부주의하여 사회적 단서를 놓치기 쉽고 과잉행동의 조절에 어려움이 있기 때문에 사회적 환경에서 부적절한 반응을 하는 경우가 자주 있습니다. 따라서 두 질환이 공존하는 경우, 그렇지 않은 경우보다 사회성의 어려움이 더욱 커지는 것입니다. 더군다나 청소년기는 또래 관계와 그룹 형성이 매우 중요한 시기이기 때문에 또래로부터 거부당하면서 아동이 느끼는 고통은 더욱 커지게 됩니다.

주의력 및 조절 능력의 부족함은 연령이 증가하면서 자연스럽게 호전되기도 하지만, 이러한 어려움이 지속될 경우에는 학업뿐만이 아니라 사회성을 포함한 여러 영역에서 문제가 발생할 수 있습니다. 따라서 자폐 아동이 지나치게 부주의하거나 과잉행동, 충동적인 모습을 보일 경우에는 병원에 방문하여 평가를 받아야 하며, ADHD가 동반된 경우에는 주의력 문제에 도움을 줄 수 있는 다른 치료, 이를테면 주의력 향상 심리치료 프로그램이나 사회기술훈련 등이 도움이 될 수 있습니다.

　자폐 아동에서 ADHD가 병발했을 경우, 주의력 부족, 과잉행동, 충동성 등의 증상에 대해 ADHD 아동에서 사용하는 약물인 메틸페니데이트 등의 정신자극제를 사용해 볼 수 있습니다. 그러나 자폐가 동반된 경우에는 그렇지 않은 경우보다 약물의 효과가 적고, 부작용은 더 많다는 연구결과가 있습니다(RUPP Autism Network, 2005). 그럼에도 일부 자폐 아동에서는 주의력 및 조절 능력의 어려움에 대해 정신자극제 등의 약물이 효과적인 경우가 있으므로, 다른 치료적인 접근에 반응이 없는 경우에는 부작용을 잘 관찰하면서 조심스럽게 사용해 볼 수 있겠습니다.

　비약물적인 치료에는 행동적·인지적 개입, 뉴로피드백 등이 있습니다. 부모님들은 대부분 비약물적인 치료를 선호하는 경향이 있으나, 두 질환이 병발한 경우 비약물적 치료의 효과에 대해서는 아직 일관되지 않은 결과를 보이고 있습니다. 주의력 문제가 동반된 자폐 아동에서 비약물적인 치료가 ADHD 증상에 직접적으로 효과가 있는 것은 아니더라도, ADHD와 관련된 여러 행동 문제나 실행 기능 저하에 일부 도움이 될 수 있으므로 시도해 볼 수 있겠습니다(Gelbar, 2017).

4) 공격행동 문제

　공격행동 문제는 자폐인의 모든 연령에서 나타날 수 있으나, 청소년기에는 여러 환경적·신체적 스트레스로 인해 공격행동

문제가 더 악화되거나 새로이 더해질 수 있습니다. 또한 아동이 성장하면서 점차 힘과 체격이 커지기 때문에 청소년기에 나타나는 공격행동은 보호자가 다루기 어려울 수 있습니다. 보호자가 행동을 제압하기 어렵고 때로는 위협을 느끼게 되는 경우가 있습니다. 공격성은 보호자가 겪는 스트레스의 주된 요인이면서 약물치료를 하게 되는 가장 흔한 요인 중 하나입니다.

공격행동을 보이는 자폐 아동은 공격행동이 없는 아동보다 중증도와 기능 저하를 더 심한 수준으로 보이며, 여러 가지 내재화되거나 외현화된 어려움들을 가지게 됩니다. 따라서 공격성의 조절과 함께, 동반된 문제들에 대한 평가가 필요하겠습니다. 특히 공격행동의 원인이 될 수 있는 신체적 문제들, 예를 들어 통증이나 역류, 변비 등의 소화기 증상을 포함한 내 · 외과적 문제, 치과 문제 등에 대한 평가가 선행되어야 합니다.

자폐증에 동반되는 공격성, 과민함, 자해 등의 행동문제에 대해 가장 많이 시도되는 약물은 비전형 항정신병 약물(atypical antipsychotics)입니다. 리스페리돈은 가장 오래전부터 연구되어 온 약물로 다수의 대규모 연구에서 자극과민성, 상동 행동, 부적절한 말, 사회적 위축, 강박적 행동에 효과가 있다고 확인되었습니다(McCracken 등, 2002; Shea 등, 2004; McDougle 등, 2005). 아리피프라졸 역시 대규모 연구를 통해 자극 과민성, 상동 행동, 강박 증상에 효과적임이 확인되었습니다(Owen 등, 2009). 이 두 가지 약물은 미국식품의약국(US FDA)에 의해 승인되었습니다.

자폐 아동은 후기 아동기, 청소년기에 진입하면서 조절되지

않는 행동문제가 심해지는 경우가 많기 때문에 관련 약물의 사
용도 늘어나게 됩니다. 보호자가 약물치료에 거부감을 가지는
경우도 있습니다. 하지만 전문가와 상의하여 증상을 정확히 평
가한 후 잘 조절된 약물치료를 적용하는 것은 자폐증에 동반되
는 행동문제에 대해 안전하고 효과적으로 사용할 수 있는 방법
이 될 수 있습니다.

5) 정신증과 조울증

자폐증과 정신증(조현병이나 조울증 등)은 함께 발생할 수 있으
며, 자폐인의 경우 일반 인구에 비해 정신증의 유병률이 더 높
은 것으로 알려져 있습니다(Larson 등, 2018). 두 질환 모두 언어적
처리 과정의 문제인 사고장애와 다른 사람의 감정을 이해하기
어려운 사회인지의 문제를 보인다는 점에서 구분이 어려울 수
있습니다. 하지만 조현병과 같은 정신증의 경우, 환각이나 망상
과 같은 특징적인 증상을 종종 보인다는 차이점이 있습니다. 예
를 들어, 자녀가 평소와 달리 실재하지 않는 소리나 형체에 반
응하는 듯한 모습을 보이는 경우, 혹은 비현실적인 생각이나 믿
음(예: 남이 나를 해칠 것이다)을 보이는 경우에는 정신증의 감별이
필요합니다. 정신증이 병발한 경우에는 효과적인 증상 조절을
위해 가능하면 빨리 약물치료를 시작해야 하기 때문에 전문가
와의 상담이 필수적입니다.

조울증은 앞에서 설명한 우울 증상과 더불어 조증 또는 경조

중 삽화를 보이는 경우 진단하게 됩니다. 조증 삽화의 기간에는 과도하게 고양되고 팽창된 기분을 수일 동안 느끼게 되고, 이와 더불어 수면 욕구 감소, 목표지향적 활동의 증가, 질주하는 사고 등의 증상이 함께 나타날 수 있습니다. 자폐증에서 조울증이 발병하는 비율은 정확히 알려져 있지 않지만, 함께 발생할 경우에는 환자의 기분과 행동이 급변하여 일상생활에 심각한 어려움을 초래할 수 있습니다. 또한 조울증의 시기 중에는 앞에 언급한 정신증 증상이 동반될 수 있고, 이 경우 질병의 심각성과 위험도가 더 증가합니다. 조울증은 적절한 치료를 통해 회복할 수 있는 질환이기 때문에 빠른 발견과 정확한 진단이 매우 중요합니다.

자폐 자체의 증상으로 인해 조현병 또는 조울증 증상을 감별하는 것이 어려울 수 있습니다. 두 질환 모두 10대 후반에 발병률이 증가하므로, 청소년기에 앞에 나온 증상이 의심될 경우 의사와 상의해야 합니다. 특히 조현병 또는 조울증 등의 가족력이 있는 경우에는 발병의 가능성과 취약성이 더욱 커집니다.

조현병과 조울증은 모두 빠르고 적절한 약물치료가 매우 중요하며, 일반적으로 리스페리돈 등의 항정신병 약물이나 리튬, 발프로익산 등의 기분조절제가 사용되곤 합니다. 환자에 따라 약물에 대한 반응과 부작용이 다르므로, 이 외에도 다양한 약물을 시도해 볼 수 있습니다. 질병의 급성기에는 자녀가 해당 증상으로 인해 신체적으로 위험한 행동을 하거나 자·타해 위험성을 보일 수 있기 때문에 입원 치료를 요할 수 있습니다.

6) 자살과 의도적 자해

자폐인은 일반 인구집단에 비하여 자살의 위험이 높다고 알려져 있고, 임상 자료에 따르면 그 빈도는 고기능 자폐인에서 더 높습니다(Risha 등, 2014). 스웨덴의 한 사망률 연구에서는 자폐인에서 일반 인구에 비해 자살로 인한 사망이 7배나 높은 것으로 보고하기도 했습니다(Hirvikoski 등, 2018). 안타깝게도 자폐아동의 경우, 10세경부터 자살사고와 자살시도의 위험이 일반 아동에서보다 높은 것으로 나타나며, 그 위험성은 나이가 들며 점차 증가합니다(Moseley 등, 2020).

일반 인구에서 확인되는 자살의 위험요인이 자폐인에서 어느 정도로 일반화될 수 있는지는 명확하지 않으나, 우울증이나 물질남용과 같은 위험요인이 자폐인에서 높은 비율로 나타나면서 자살의 위험을 높일 것으로 생각됩니다. 이와 더불어 자폐의 특성이 자살의 위험을 더 높일 가능성도 있습니다. 예를 들어, 한 연구에서는 일반적으로 자살 또는 자해사고의 보호요인으로 알려진 소속감과 같은 사회적 지지가 자폐인에게는 제대로 기능하지 못하는 것으로 확인되었습니다(Hedley & Uljarević, 2018). 또한 자폐의 주 증상도 위험요인으로 작용할 수 있을 것이라 예상됩니다. 자폐인은 사회적 의사소통 능력의 결여나 제한적 관심사로 인해 사회적으로 고립되거나 또래 집단 내 폭력의 피해자가 되는 경우가 빈번하기 때문입니다. 덧붙여 자폐인의 경우 일반 인구에 비해 더 치명적인 자살과 자해의 방법을 사용하는 반면, 자살과 관련된 사회적 지원망으로부터는 더 멀리 떨어져 있을 가능성이 높습니다(Segers & Rawana, 2014).

　자살 및 자해 위험성이나 행동을 줄이기 위해 일반적으로 활용되는 이론이나 치료 방법들을 자폐인에게 적용하여 효과를 검증하기 위한 연구들이 진행되고 있습니다. 하지만 아직까지는 더 많은 연구와 검증이 필요한 수준입니다. 자폐 아동·청소년의 높은 자살 위험성에 대해 인식하고, 필요시 전문가를 방문하여 적절한 보호를 제공하고 안전계획을 세우는 것이 중요하겠습니다.

3. 약물치료

　보고에 따르면, 자폐로 진단받은 청소년의 절반 이상이 적어도 한 가지 이상의 정신과적 약물을 복용하고 있으며, 정신과적 동반 질환을 가지고 있는 경우에는 80%의 자폐 청소년이 한 가지 이상의 약물치료를 받고 있다고 합니다(Shattuck 등, 2018). 하지만 현재 자폐증에서 약물치료는 사회적 의사소통이나 제한적 관심사와 같은 주 증상보다는, 불안, 우울, 강박 증상, 과잉행동, 주의력 결핍, 수면 문제, 긴장증(catatonia) 등의 동반 증상이나 혹은 공격성, 자해, 심한 상동 행동 등의 과민성과 관련된 문제를 치료하기 위해 사용되고 있습니다. 또한 약물치료는 단독으로 사용했을 때보다는 부모교육 등의 비약물적인 방법을 병행했을 때 더 큰 효과가 있습니다(홍강의 등, 2014).

그럼에도 자폐 아동·청소년에서 약물치료가 반드시 필요한 경우가 있으며, 적절한 약물치료로 여러 가지 증상의 조절과 일상생활에 도움을 받을 수 있는 경우가 많습니다. 약물치료와 관련하여 고려해야 할 사항들은 다음과 같습니다.

- 약물치료를 시작하기 전에 약물을 처방하는 의사와 보호자는 충분하게 논의해야 합니다. 예를 들어, 약물치료가 목표로 하는 증상, 비약물적 치료에 대한 선택지, 예상되는 치료 기간 등을 이야기할 수 있습니다.
- 약을 복용하게 될 자녀에게 약물치료를 하는 이유와 치료하고자 하는 증상에 대해 설명하고 동의를 구하는 과정이 필요합니다.
- 약물치료의 위험과 이득: 약품 설명서에서 확인할 수 있는 부작용뿐만 아니라 해당 약물에 대한 임상가의 경험에서 알 수 있는 여러 부작용이 있을 수 있습니다. 그러나 부작용 중 상당수가 경한 증상이며 일정 시간이 지난 후 적응되어 불편감이 사라지는 경우가 많으므로, 약물을 시작한 후 느껴지는 불편감에 대해서는 치료진과 상의한 후 조절하는 과정이 필요합니다. 약물치료로 기대할 수 있는 이득으로는 목표 증상의 감소와 더불어 학교생활, 또래 관계, 가정 내에서의 기능 호전 등이 있습니다.
- 약물치료 용량과 기간: 대부분의 경우 의사는 부작용을 최소

화하기 위해 약물치료를 낮은 용량으로 시작하며, 아동의 나이, 체중, 치료 반응 등을 고려하여 서서히 목표 용량까지 증량합니다. 일반적으로 해당 약물의 효과 유무를 판단하기 위해서는 목표 용량까지 약물을 증량한 후 일정 기간 동안 유지하고, 그 기간 후에도 약물의 효과가 없을 경우에는 서서히 약물을 줄여 나가면서 중단한 후 치료 변경을 고려합니다. 약물을 중단하는 과정을 서서히 진행하는 이유는 증상의 재발이나 금단증상 등의 위험을 줄이기 위해서입니다. 그러나 약물에 따라 효과를 나타내는 시간이나 약물치료를 유지하는 기간, 중단하는 과정 등이 상이하므로 구체적인 과정은 치료진과 상의해야 합니다.

• 약물의 용량, 복용 횟수, 복용 시간 등을 보호자가 임의로 변경하거나, 갑자기 약물을 중단하는 등의 행동은 예기치 못한 부작용을 야기하거나 위험할 수 있기 때문에 지양해야 합니다. 복용하고 있는 약물의 종류나 복용법 등에 대해 의문이 있을 경우 반드시 담당 의사와 상의해야 합니다.

• 약물치료를 진행할 때에는 현재 사용하고 있는 다른 약물과 자연치료법, 대체의학 치료 등 모든 치료 상황에 대해 치료진과 정보를 공유하는 것이 중요합니다. 또한 과거에 진행했던 약물 치료력과 그 당시의 효과, 부작용 등에 대해 상세히 알리는 것이 도움이 됩니다.

4. 행동치료 및 심리치료

1) ABA치료

ABA(Applied Behavior Analysis, 응용행동분석; '에이-비-에이'라고 부릅니다)치료의 목표는 자폐인이 보이는 문제행동의 빈도와 심각도를 감소시키고 적응적인 행동을 늘리는 것입니다. 이를 위해 ABA치료에서는 행동을 수정할 수 있다고 과학적으로 검증된 여러 절차와 원리를 적용합니다. 특히 어떤 행동이 나타날 가능성을 증가시킨다고 알려진 강화(reinforcement)의 원리, 그리고 반대로 가능성을 감소시킨다고 알려진 처벌(punishment, 문자 그대로의 의미와는 다르게 단순히 혼내고 벌주는 것이 아닙니다)의 원리를 활용합니다. 어떤 특정 문제행동이 있을 때 전보다 덜 공격적이거나, 주변에 더 협조적이거나, 사회적으로 적절한 행동을 보일 때 보상(reward)을 제공하는 것입니다. 그리고 행동의 좋은 예시를 보여 주고 모방하여 학습할 수 있도록 모델링(modeling) 원리도 활용합니다(Cooper 등, 2019).

이 장에서는 ABA치료 기법 중 핵심만을 간단히 소개하고자 합니다. 최근 행동수정의 기법들을 부모님이 직접 자녀에게 적용해 보는 개입법이 체계적으로 시도되고 있습니다. 우리 책의 제3장에서 이 부모훈련 기법을 함께 연습하는 과정에서 ABA치료 원리인 행동수정의 이론적 원리를 자세히 소개할 것입니다

(p. 103, p. 111 참조).

ABA치료에서는 대상자의 적응을 향상시키기 위해 구체적인 '행동'에 초점을 맞춥니다. 여기에서 행동이란 눈으로 관찰이 가능하고 횟수를 측정할 수 있어야 합니다. 따라서 ABA치료를 본격적으로 개시하기에 앞서, 개입할 예정인 특정 문제행동에 대해 명료하고 측정 가능한 정의를 내리는 과정이 필요합니다.

다음으로, 기능적 행동분석(functional behavioral assessment) 절차를 거치게 됩니다. 이는 개입을 목표로 하는 특정한 문제행동이 발생하고 지속적으로 유지되는 데 기여하는 요인이 있는지 확인하는 작업입니다. 특정 행동을 정밀하게 이해하기 위해 그 행동과 관련 있는 주변 정보를 철저히 탐색하고 체계적으로 자료를 수집하며 통합적으로 분석합니다. 이를 통해 목표 행동의 선행사건과 결과를 확인합니다. 이 작업은 문제행동의 수정이나 제거에 있어 매우 중요한데, ABA치료에서는 특정 행동이 갑자기 아무런 이유 없이 나타난 것이 아니라고 가정하기 때문입니다. 대신에 특정 행동은 주변 환경에 의해 어떤 영향을 받거나 주변 환경에 대해 반응하여 발생한 것이며, 이 특정 행동이 당사자에게 어떤 '기능'을 수행했기 때문에 다시 발생하는 것이라고 가정합니다. 치료자의 도움으로 부모님은 자녀의 특정 문제행동이 어떤 역할을 수행하고 있는지 파악할 수 있게 됩니다. 즉, 부모님이 보기에 자녀의 어떤 문제행동은 도저히 납득할 수가 없지만, 자녀에게 있어 그 문제행동은 자신의 욕구나 목적을 이루는 데 어떤 기능을 하고 있을 가능성이 있습니다. 이러한 패턴을 파악한다면, 이를 토대로 특정 문제행동을 감소하거나 대체하거나 없애는 것을 목표로 하는 개입 프로그램 및 행동수정 전략을 치료자와 논의하여 짤 수 있게 됩니다.

ABA치료에는 모든 자폐 아동에게 적용 가능한 하나의 단일화된 매뉴얼이 있는 것이 아니며, 아동이 보이는 문제행동에 따라 구체적인 내용이 달라질 수 있습니다. ABA치료의 초기 단계에서 시행하는 기능적 행동분석을 토대로 각각의 아동에게 꼭 맞는 치료계획을 수립할 수 있게 됩니다. 그리고 개별화교육계획(Individualized Education Plan: IEP)을 작성하여 해당 아동에게 최적화된 치료 계획 및 목표를 문서화하게 됩니다.

ABA치료의 개입 과정 중에는 부모님의 역할도 중요합니다. 개별 회기가 끝난 뒤 치료자와 상담을 통해 각 회기에서의 내용을 전달받고, 이를 집에서도 일반화할 수 있도록 환경을 조성해야 치료 효과를 최대화할 수 있습니다. 치료자에게 IEP 문서를 공유해 줄 것을 요청하여, 부모님도 집안에서 해당 문제행동이 수정되는 과정을 주의 깊게 살펴보시기 바랍니다. 나아가 집뿐만이 아니라 ABA 치료실에서 진행되는 행동수정이 학교나 다른 치료실, 키즈카페 등 다양한 장면에서 일관되게 적용될 수 있도록 해야 합니다. 이를 위해 부모님은 교사나 다른 치료사와도 긴밀하게 소통할 필요가 있습니다.

ABA치료는 대상자가 언어를 사용하지 못해도 치료를 제공할 수 있다는 장점이 있습니다. 수정될 필요가 있는 어떤 문제행동이 있다면 자녀가 몇 살이든 ABA치료를 받을 수 있습니다. 그리고 문제행동이 나타났을 때 이것이 하나의 습관처럼 굳어지기 전에 조기에 ABA치료적 개입을 시작하는 것이 좋습니다.

마지막으로, ABA치료는 BCBA(Board Certified Behavior Analyst) 등의 자격증 소지자가 실시하거나 혹은 훈련과정 중인 행동치료사의 개입 계획 수립 및 치료 진행 전반을 감독하면서 실시되어야 합니다.

2) 사회기술훈련과 PEERS®

자폐 아동이 나이가 들어가면서—비록 일반 또래보다는 여전히 부족하기는 하지만—이전보다 대인관계에 대한 관심이나 욕구가 늘어나게 됩니다. "나도 친구를 가지고 싶어요."라고 말할 수도 있습니다. 하지만 연령이 증가함에 따라 더 많은 사회적 규칙이나 더 복잡한 사회적 기술들이 요구되는 도전적인 상황에 더 자주 맞닥뜨리게 됩니다. 그리고 자폐의 가장 핵심 증상 중 하나인 사회적 상호성 및 사회적 의사소통의 결함은 자폐 청소년이 대인관계에 대한 욕구를 충분히 만족시키는 것을 방해할 것입니다. 이때 사회적 기술에 대한 개입이 도움이 될 수 있는데, 사회기술훈련(Social Skills Training: SST)은 자폐 청소년의 의사소통 및 대인관계 기술을 향상시킬 수 있다고 근거가 입증된 개입법으로 알려져 있습니다(National Autism Center, 2015). 사회기술훈련에서 자폐 아동·청소년은 새로운 친구를 만들고 우정을 지속해 나갈 수 있도록 돕는 기술들을 배우고 연습하게 됩니다.

우리 책에서는 사회기술훈련 중에서도 과학적 연구를 통해 효과가 입증된 PEERS®(Program for the Education and Enrichment of Relational Skills)를 소개하려고 합니다(Laugeson 등, 2012). PEERS®는 친구를 사귀고 또래 관계를 유지하는 데 어려움을 경험하는 아동·청소년을 대상으로 하며, 비슷한 나이 또래들끼리 같은 시간에 모여 참여하는 집단 프로그램입니다.

PEERS®는 국내에서도 그 효과가 검증되었습니다(Yoo 등, 2014). 프로그램에 참가한 청소년은 참가 대기 중인 청소년보다 같은 기간 내에서 적응 능력이 향상되고 대화 및 사회적 상호작용 영역에서의 자폐 증상이 감소했다고 보고됩니다. 나아가 프로그램에 참가한 청소년의 우울감과 불안감뿐만 아니라 어머니의 불안도 의미 있게 감소되었다는 결과가 있습니다. 즉, PEERS®가 청소년의 사회성 기술 향상뿐만 아니라 자폐 증상에서 기인하는 이차적인 정서, 행동 증상에도 도움이 된다는 것입니다. 외국 연구에서도 PEERS® 프로그램에 참여한 자폐 청소년 부모의 스트레스가 감소함이 보고되었습니다(Corona 등, 2019). 즉, 청소년의 기분/정서 불안정성, 사회적 고립/위축 부분과 관련되어 부모님이 양육하는 과정에서 스트레스를 덜 받는다는 것입니다.

매뉴얼에 따르면, PEERS®는 한 회기에 90분 동안 14회기 동안 진행됩니다(Laugeson & Frankel, 2013). 부모님과 자녀가 함께 내원하고, 회기가 시작되면 자녀와 부모가 분리되어 각각 자녀 회기와 부모 회기에 참여합니다. 먼저, 자녀 회기의 구조를 살펴보면, 각 회기마다 학습해야 하는 주제가 있고, 이를 역할연기 비디오나 집단원 간의 토론을 통해 배우게 됩니다. 그리고 배운 내용을 보조치료자나 집단원과의 역할연기, 퀴즈쇼, 간단한 게임 등의 활동을 통해 연습해 보고 적용합니다. 매 회기마다 학습한 사회기술을 일상에서도 시도해 볼 수 있도록 다음 회기 전까지 수행해야 할 숙제가 제공됩니다. 다음 회기에서는 새로운 내용을 학습하기 전에 지난 회기의 숙제를 점검해 보면서 어려웠던 점과 이에 대한 해결책을 함께 논의해 봅니다.

부모 회기에서는 회기 대부분의 시간 동안 자녀의 숙제 수행 과정을 치료자와 함께 점검합니다. 그리고 각 회기에서 자녀가 배우고 있는 내용과 이번 주의 새로운 과제를 안내하며, 어떤 부분을 부모님이 더 도와줄 수 있는지 알아봅니다. 그리고 자녀 회기 및 부모 회기의 마지막 20분을 남겨 두고 자녀와 부모가 다시 만나서, 숙제를 성공적으로 수행할 방법을 치료자와 다 같이 논의한 후 회기를 마무리합니다.

정리하자면, 프로그램에서 알려 주는 사회기술 내용들을 학습하는 것도 물론 중요하겠지만, 숙제를 통해 치료실 밖에서 자녀가 배운 내용을 활용해 보고 적용해 보면서 일상에 일반화하는 것이 가장 중요합니다. 그리고 최선의 결과, 즉 자녀가 훌륭한 사회기술과 더불어 문제해결의 주도성과 자신감, 성취감을 얻을 수 있도록 부모가 어떻게 도와줄 수 있는지 회기 내에서 함께 고민하게 됩니다. 따라서 사회기술훈련 프로그램의 일부 측면은 부모교육 프로그램의 성격도 가진다고 할 수 있겠습니다.

PEERS® 프로그램에 참여하기 위해서는 최소한의 필수 조건을 만족시켜야 합니다. 먼저, 프로그램에서 전달되는 교육내용을 이해할 수 있고 기본적인 의사소통을 할 수 있는 언어 능력을 가지고 있어야 합니다. 프로그램 안에서 역할연기, 퀴즈쇼 등의 활동이 이루어지기 때문입니다. 아울러, 정서조절 문제가 있는 경우에는 새로운 사회기술의 학습이 어려울 수 있고, 사회적 상황에서 불안감을 많이 경험하는 경우에는 프로그램이 의도한 기술을 충분히 연습하기 어려울 수 있으므로, 이러한 문제들이 충분히 해결된 뒤에 프로그램 참여를 고려해 볼 수 있겠습니다. 또한 집단 구성원들과 함께하는 프로그램 속성상 공격적 행동을 보이는 등 행동 문제가 있는 경우에는 프로그램의 원활한 운영과 진행이 어려워지므로 참여가 제한됩니다.

무엇보다도 참가자 스스로가 참석하고자 하는 동기를 가지고 있어야 합니다. 외부의 강요로 억지로 참여하게 된다면 프로그램에서 유의미하게 얻어 갈 수 있는 것들이 제한될 수 있기 때문입니다. 마찬가지로 부모님도 자녀가 프로그램에서 내준 숙제를 수행함에 있어 자신의 지지적이고, 때로는 교육자적인 역할을 수행하는 데 동의해야 하며 적극적으로 프로그램에 임하는 태도를 가지고 있어야 합니다.

PEERS® 회기별 개요

- 1회기: 프로그램 소개 및 대화기술Ⅰ_정보 교환

  '좋은 우정'의 특징에 대해 토론함.

- 2회기: 대화기술Ⅱ_주고받는 대화

  대화를 주고받을 때 요구되는 규칙을 알아봄.

- 3회기: 대화기술Ⅲ_전자통신

  전화, 영상통화, 문자메시지, 이메일, 블로그, SNS를 통해 친구와 의사소통하는 데 요구되는 규칙을 알아보고, cyber bullying에 대한 예방 교육을 제공함.

- 4회기: 적절한 친구 선택하기

  친구를 만드는 데 있어 좋은 선택과 나쁜 선택을 알려줌. 또한 또래집단에 자신이 받아들여졌는지 확인할 수 있는 신호들을 알아봄.

- 5회기: 유머의 적절한 활용

  유머를 잘 사용하기 위해 필요한 규칙을 알아봄.

- 6회기: 또래관계에 들어가기Ⅰ_대화에 끼어들기

  대화에 끼어들 때 필요한 단계를 안내함. 상대방의 비언어적 신호를 통해 상대방에게 잘 받아들여졌는지 판단할 수 있도록 함.

- 7회기: 친구되기Ⅱ_대화에서 빠져나오기

  대화에서 배제되는 가능한 이유들을 살펴보고, 대화에 받아들여지지 않을 때 자연스럽게 빠져나오기 위해 필요한 단계를 알아봄.

- 8회기: 함께 어울리기

  함께 어울리는 시간을 계획 · 준비 · 시작 · 지속 · 마무리하는 단계를 알아봄.

- 9회기: 좋은 스포츠맨 되기

  게임이나 운동을 할 때 상대방과 내가 모두 좋은 시간을 보낼 수 있도록 돕는 행동과 지양해야 할 행동을 알아봄.

- 10회기: 거부 I _ 놀림과 당황스러운 피드백

  놀림·괴롭힘을 다루는 다양한 기술을 안내함. 당혹스러운 피드백을 다룰 수 있는 기술을 알아봄.

- 11회기: 거부 II _ 괴롭힘과 나쁜 평판

  신체적 괴롭힘의 유형과 이에 대한 대처 방식을 안내함. 나쁜 소문을 바꿀 수 있는 단계를 알아봄.

- 12회기: 의견충돌 다루기

  의견이 충돌하거나 논쟁하게 되는 상황에서 좋은 방식으로 문제를 해결하고 우정을 유지할 수 있는 기술을 알아봄.

- 13회기: 소문과 험담

  소문이나 험담을 다루는 기술과 스스로에 대한 좋은 평판을 가질 수 있는 방식을 알아봄.

- 14회기: 졸업과 종료

  또래집단과 어울리기, 놀림·괴롭힘에 대처하기, 나쁜 소문에 대처하기 등 PEERS®에서 배운 기술을 활용할 수 있도록 유인물을 제공함.

출처: Laugeson & Frankel (2013)에서 발췌.

3) 인지행동치료

앞서 설명한 ABA치료와 사회기술훈련은 대상자가 경험하고 있는 어려움을 줄이기 위해 행동 전략들을 사용합니다. 이번에 설명할 인지행동치료(Cognitive Behavioral Therapy: CBT)에서는 어떤 문제행동이나 부정적인 감정을 형성하고 유지시키도록 하는 사고 패턴을 찾아서 수정하는 심리치료이자 비약물치료입니다.

보통 우울증이나 사회불안, 강박증상 등 정서적 어려움이나 불안 증상을 호소하는 내담자에게 많이 사용되며, 미국, 영국, 캐나다 등에서 일선(first-line) 치료로 활용되고 있습니다. 또한 국내에서도 건강보험 적용이 가능한 심리치료입니다.

인지행동치료에서는 사람의 감정과 행동, 그리고 생각이 서로 유기적으로 연결되어 있어 상호작용한다고 가정합니다. 즉, 생각은 감정과 행동에 영향을 미치고, 행동양식은 사고 패턴과 감정에 영향을 미치는 것입니다. 따라서 생각을 바꿀 수 있다면 행동과 감정도 더 나은 방식으로 스스로 조절하여 대처할 수 있다고 전제합니다.

ABA치료나 사회기술훈련과 비교해 볼 때, 인지행동치료는 사회적 상황에서 활용하는 생각의 패턴인 사회인지(social cognition)를 더 강조하는 경향이 있습니다. 사회인지에는 사회적 상황에서 상대방의 마음을 정확하게 인식하는 것, 상대방의 입장에서 유연하게 생각해 보는 것, 외부 환경이나 주변 상황의 다양한 정보를 통합하여 인식하는 것, 사회적으로 적절한 행동

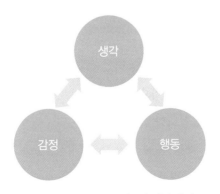

[그림 2-1] 인지행동치료의 기본 가정

을 선택하여 대처하는 것 등이 포함됩니다. 즉, 인지행동치료는 행동을 수정하는 전략에 생각을 수정하는 요소를 통합시킨 것입니다.

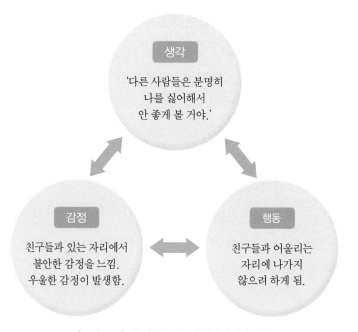

[그림 2-2] 인지행동치료의 사례개념화 예시

인지행동치료에서는 부정적인 감정을 지속시키는 현재의 생각이나 문제행동을 찾아내고 이 문제를 인지행동치료 모형으로 개념화하여 설명합니다.

그리고 치료 과정 속에서 생각, 감정, 행동을 변화시키기 위한 다양한 기법을 적용합니다. 치료자는 내담자가 스스로에게 별로 도움이 되지 못하는 생각들(예를 들어, [그림 2-2]의 예시에서는

'다른 사람들은 분명히 나를 싫어해서 안 좋게 볼 거야')을 스스로 인식할 수 있도록 돕는 다양한 인지적 기술들을 사용합니다. 그리고 내담자가 스스로 부정적인 생각들을 평가할 수 있도록 하는 기술들, 그리고 더 나아가서 현실적이고 적응적인 관점에서 생각할 수 있도록 돕는 기술들을 알려 줍니다.

혹은 자신에게 별로 도움이 되지 못하던 행동([그림 2-2]의 예시에서는 '친구들과 어울리는 자리에 나가지 않으려 하게 됨')을 일단 수정해 보고, 이 당시에 유발되는 생각과 감정들을 치료자의 도움으로 다시 한 번 검토해 보게 됩니다. 즉, 치료자와 잘 논의하여 자신이 지금껏 시도해 보지 못했던 행동들을 함께 시도해 보고, 내 생각과 감정들이 실제로 어떻게 변화하는지 행동 실험을 하게 됩니다.

정리하자면, 인지행동치료는 우울하거나 불안한 감정에 직접 개입하지는 않습니다. 하지만 이러한 부정적인 감정에 영향을 주는 생각이나 행동들을 변화시켜서 감정-인지-행동의 부정적인 연결 고리를 끊어 내고, 삶에 더욱 기능적인 행동을 추구하고 더 나은 기분을 경험할 수 있도록 돕습니다.

인지행동치료는 치료자와 1:1로 진행되기도 하며, 사회기술 훈련의 요소를 포함할 때는 집단치료로 진행되기도 합니다.

인지행동치료는 구조화되어 있는 단기 치료라는 장점이 있습니다. 여기서 '구조화'되어 있다는 말은 각 회기마다 진행해야 할 내용의 틀이 정해져 있다는 것입니다. 인지행동치료는 보통 다음과 같은 일정한 구조에 따라 진행됩니다.

① 내담자의 한 주간의 문제 상황, 전반적인 일들에 대한 검토
② 치료 회기 내 주제(agenda)를 합의하여 정하기
③ 이전 치료 시간에 대한 피드백
④ 지난주의 과제를 확인
⑤ 주제와 관련한 토의
⑥ 새로운 과제 정하기
⑦ 치료 피드백 나누기

인지행동치료는 1970년대에 개발되었지만, 고기능 자폐 청소년에게 인지행동치료를 처음 적용했다고 보고된 것은 이로부터 한참 뒤인 1996년입니다(Lord, 1996). 초기에는 주로 자폐 청소년의 사회기술 향상이나 정서 문제 감소를 치료 목표로 했습니다. 2000년대 중반부터는 자폐에 동반된 불안이나 강박 증상의 호전을 치료 목표로 하는 인지행동치료가 매우 증가했고, 그 효과성이 다수 검증되었습니다(Danial & Wood, 2013). 또한 인지행동치료는 자폐 아동·청소년의 불안 및 분노 조절에 효과적이라고도 알려져 있습니다(Nadeau 등, 2011).

불안감의 조절을 치료 목표로 하는 인지행동치료는 대부분 1:1 개인 회기로 진행되었고, 사회기술 증진을 치료 목표로 하는 인지행동치료는 대부분 집단 회기로 진행되었습니다. 최근에는 자연스러운 환경에서 진행하는 인지행동치료가 증가하고 있다고 합니다. 예를 들어, 내담자는 치료 중에 불안을 실제로 유발하는 환경(예: 놀이터, 쇼핑센터 등)에 노출되어 사회기술을 적

용해 볼 기회를 갖게 됩니다.

그렇다면 어떤 자폐 아동이 인지행동치료의 효과를 톡톡히 볼 수 있을까요? 앞서 간단히 설명한 치료의 원리 부분에서도 알 수 있듯이, 인지행동치료에 참여하기 위해서는 일정 수준 이상의 인지적·언어적 능력이 필요합니다. 내담자가 자신의 생각이나 감정에 대해 어느 정도 인식하고 이를 언어적으로 표현할 수 있을 정도의 능력을 갖춰야지 치료가 어느 정도 원활하게 진행될 수 있기 때문입니다.

그동안 자폐 아동·청소년에게 인지행동치료를 적용하여 효과성을 검증한 모든 연구들을 모아 분석한 메타분석 연구를 살펴보면(Ho 등, 2018), 대부분의 참가자는 전형적인 수준 이상의 전체 IQ(FSIQ)나 언어성 지능을 가지고 있었습니다. 경도~중등도 지적장애를 가진 자폐 아동·청소년이 포함된 경우는 매우 드물었습니다. 또한 참가자 대부분이 고기능 자폐나 아스퍼거 증후군에 해당되었고, 자폐장애로만 진단받은 경우는 드물었습니다.

그리고 연령과 관련하여, 2006년까지는 주로 16세 이상의 자폐 청소년을 대상으로 인지행동치료를 진행했습니다. 하지만 그 이후에는 주로 9~12세를 대상으로 진행되고 있으며, 5~8세를 대상으로 하는 인지행동치료 연구도 증가 추세에 있다고 합니다.

연구에 따르면, 대부분의 인지행동치료는 전문 자격을 가진 심리학자에 의해 실시되었으며, 학교 선생님과 협력하여 진행되기도 했습니다. 최근에는 PEERS®처럼 부모님이 치료 회기에 자녀와 함께 참여하는 추세가 증가하고 있습니다.

5. 새로운 치료들

1) 새로운 약물치료

앞에서 언급한 바와 같이 자폐스펙트럼장애에 공존하는 증상들을 조절하기 위해 다양한 약물치료를 시도할 수 있으나, 아직까지 자폐스펙트럼장애의 핵심 증상인 사회적 상호작용의 결핍이나 의사소통의 장애, 상동 행동의 호전에 효과가 있다고 승인된 약물은 없습니다. 상동 행동을 치료하기 위해 세로토닌 재흡수억제제(Selective Serotonin Reuptake Inhibitor: SSRI)의 효과에 대한 연구가 진행되었으나 큰 효과가 없는 것으로 보고되었습니다. 항정신병 약물이 대규모 연구에서 상동 행동의 감소에 효과가 있는 것으로 밝혀졌으나, 임상적으로 큰 효과를 보지 못하는 경우가 종종 있고 공식적으로 허가를 받지는 못한 상태입니다.

최근 연구에서는 옥시토신이라는 호르몬이 자폐스펙트럼장애의 핵심 증상 치료에 효과가 있다는 증거들이 제시되고 있습니다. 옥시토신은 신경펩타이드로 포유류의 사회적 애착, 짝짓기, 공격성 등 다양한 사회적 행동과 연관되어 있습니다(Yamasue & Domes, 2018). 옥시토신의 효과에 대한 연구 결과가 일관되지는 않으나, 일부 무작위 배정 이중 맹검 위약 대조군 연구에서 옥시토신이 위약에 비해 사회적 인식 및 사회적 기능 개선에 우수하다는 결과가 있었습니다(Goel 등, 2018). 또한 일반 인구에서 진행된 연구에서는 옥시토신이 사회적 인식과 제한적·반복적 행동을 개선시킬 수 있다는 가능성이 확인되었습니다(Bakermans-Kranenburg & van Ijzendoorn, 2013). 향후 추가적인 연구에서 옥시토신과 관련한 자폐스펙트럼장애의 병태생리를 밝히고, 핵심 증상의 치료로서 적용할 수 있기를 기대하고 있습니다.

자폐스펙트럼장애의 발생에서 흥분성 신경전달물질인 글루탐산염과 억제성 신경전달물질인 감마아미노부티르산(GABA) 사이의 불균형에 대한 가설은 여러 연구를 통해 검증되어 왔고, 자폐스펙트럼장애의 증상을 치료하기 위해 관련 물질에 대한 관심이 높아지고 있습니다. 메만틴 등의 일부 약물에 대한 몇몇 개방형 연구에서 긍정적인 결과가 보고되었으나, 이후의 대규모 연구에서는 위약에 비해 우수하지 않은 것이 확인되었습니다(Aman 등, 2017).

이와 유사하게 콜린성 시스템의 이상에 대한 가설이 자폐스펙트럼장애에서 지속적으로 제안되어 왔습니다. 알츠하이머 치매에서 콜린성 물질의 조절을 위해 사용되는 도네페질 등에 대한 연구가 진행되었으나, 아직 치료에 적용할 만한 결과를 얻지는 못했습니다.

2) 신경조절요법(뇌자극요법)

신경조절요법(neuromodulation)은 전신적으로 작용하는 약물 치료와는 달리 뇌에 국소적으로 작용하여 전기적인 작용을 변화시킴으로써 증상 조절을 유도하는 방법입니다. 전기경련요법(Electro-Convulsive Therapy: ECT), 반복적 경두개자기자극요법(repeated Transcranial Magnetic Stimulation: rTMS), 미주신경자극요법(vagus nerve stimulation), 경두개직류자극법(transcranial direct current stimulation), 뇌심부자극술(Deep Brain Stimulation: DBS) 등의 치료가 자폐스펙트럼장애에서 연구를 통해 시도되고 있습니다. 이러한 뇌자극요법은 침습적인 치료법으로 생각되어 치료 저항성이 있는 환자의 경우에만 제한적으로 적용되어 왔으나, 전기경련요법, 경두개자기자극요법, 경두개직류자극법 등은 비교적 침습성이 낮고 적은 부작용으로 활용할 수 있는 치료법입니다. 뇌심부자극술은 뇌의 특정 부위에 미세한 전극을 위치시키는 수술적인 방법으로 높은 침습성과 부작용의 우려가 있으나, 조절되지 않는 중증 자폐증의 행동문제에서 일부 성공적인 결과를 보고하였습니다(Kim 등, 2016). 앞으로 더 많은 연구와 효과의 검증을 필요로 하지만, 향후 신경조절요법은 자폐스펙트럼장애에서 효과적인 치료 방법으로 활용될 것으로 기대해 볼 수 있습니다.

제3장

가정환경

1. 양육과 훈육

1) 일관성 있는 양육

자폐인의 경우, 자신만의 규칙·루틴에서 벗어난 일이나 자신이 예상할 수 없었던 일이 발생할 때 보통 사람들보다 불안과 혼란감을 좀 더 크게 경험할 수 있으며, 이는 정서적 어려움이나 행동문제로 이어지기도 합니다. 따라서 안정적인 양육 환경의 조성에 있어 첫 번째 우선순위는 일관성 있고 규칙적인 양육 환경과 부모님의 양육 태도를 갖추는 것이라 할 수 있겠습니다. 이를 통해 자녀는 다음에 발생할 행동을 예측할 수 있게 되어 안정감을 경험하게 됩니다. 그리고 이를 토대로 부적응적인 행동이 감소하고 긍정적인 행동이 늘어날 것을 기대할 수 있겠습니다.

일관성의 확립을 위해서는 자폐 아동이 자신에게 기대되는 바를 명확히 알 수 있도록 명시적으로 규칙을 제시해야 합니다. 만일 아동과 언어적인 의사소통이 힘들 경우, 이를 그림으로 제시하여 규칙을 익히도록 도울 수 있습니다. 예를 들어, 아침에 등교 준비 과정을 생각해 봅시다. 가족들 모두가 정신없는 아침에는 등교 시간에 맞춰 모든 일정을 소화해 내기가 사실 우리 어른들(출근)에게도 쉽지만은 않습니다. 자폐 아동에게 등교 준비 과정에 대해 규칙적인 일상을 부여해 주고 매번 동일하게 실행하도록 한다면, 아동은 이 절차를 보다 효율적으로 완수할 수 있을 것입니다. 등교 준비 과정의 경우, 부모님이 부여해 줄 수 있는 규칙적인 일상은 다음과 같이 설정할 수 있겠습니다. '침대에서 일어나기, 비누로 샤워하고 세수하기, 수건과 드라이로 몸을 닦고 말리기, 옷 입기, 아침 식사하기, 양치질하기, 외투를 입고 책가방을 메기' 등입니다.

이 규칙에 대해 시각적으로 알려 주어야 할 경우, 그림 아이콘을 사용하여 [그림 3-1]과 같은 시각적 스케줄을 아동에게 제시할 수 있습니다.

나아가 일관성 있는 양육 태도를 유지하고 효과적으로 실행하기 위해, 발생할 수 있는 문제들에 대한 예방대책을 마련할 필요가 있습니다. 먼저, 문제가 나타날 수 있거나 혹은 일관성을 유지하기 어렵게 하는 상황 또는 주변 자극을 미리 피하는

| 침대에서 일어나요. | 비누로 몸과 얼굴을 닦아요. | 수건과 드라이로 몸을 닦아요. | 옷을 입어요. |
| 아침을 먹어요. | 양치질을 해요. | 외투를 입어요. | 책가방을 메요. |

[그림 3-1] 시각적 스케줄의 예시

예방법이 있습니다. 만일 아동이 큰 소리가 나는 장소에서 크게 울음을 터뜨리곤 한다고 가정해 봅시다. 이 경우, 아동이 학교나 센터에 가 있는 동안에 부모님은 미리 청소기를 돌릴 수 있고, 사람들이 떠드는 소리나 스피커의 음악 소리가 큰 매장이나 식당은 피하는 방식으로 대책을 마련해 볼 수 있겠습니다.

아동의 능력에 따라 상황을 조금씩, 작은 단계로 나누어 처리하도록 할 수도 있습니다. 만일 아동이 사람이 많은 곳에서 처음에는 얌전히 행동할 수 있지만 1시간이 넘어갈 때 짜증을 낸다고 가정해 봅시다. 이 경우, 친척 모임에 처음부터 아동을 데려가기보다는 중간에 합류하는 방법을 생각해 볼 수 있겠습니다.

행동의 순서를 조정하는 예방법도 있습니다. 만일 학교 숙제를 해야 한다면 아동이 좋아하는 활동(예: 핸드폰 게임 등) 뒤에 하기보다는, 학교 숙제를 마친 뒤 좋아하는 활동을 하도록 순서를 정하는 것입니다. 그렇다면 부모님은 좋아하는 활동을 멈추고 지루한 학교 숙제를 해야 할 때 나타날 수 있는 짜증 등의 문제 행동을 다룰 수 있게 됩니다.

또한 아동의 행동을 조정하기 위해 집안의 물리적 환경을 통제해야 할 때도 있을 것입니다. 예를 들어, 자꾸 몰래 방에 들어가서 태블릿 PC나 컴퓨터를 사용하는 경우, 태블릿 PC를 아예 캐비닛에 넣고 잠가 놓거나 컴퓨터가 있는 방문을 잠가 두는 방법을 사용할 수 있겠습니다.

나아가 가정에서 적용하는 일관성을 더 잘 유지하기 위해서는 이를 외부 환경에 일반화하는 것이 중요합니다. 즉, 학교, 치료센터, 방과 후 활동 등 집 밖에서도 가정에서 설정한 규칙이 비슷하게 적용될 때, 아동은 일관성을 더 잘 받아들일 수 있게 됩니다. 부모님은 각 장면에서 자녀를 담당하고 있는 선생님과 적극적으로 상호작용해서, 가정에서의 규칙과 루틴이 일반화될 수 있도록 지속적으로 시도해야 합니다.

물론 사회적 상황은 그 속성상 늘 불확실함과 모호함을 동반합니다. 따라서 부모님이 모든 장면에서의 모든 행동을 통제하여 규칙을 일괄적으로 적용하는 것은 오히려 아동의 유연한 적응 능력을 향상시키는 데 일부 방해가 될 소지도 있을 것입니다. 이 경우에는 모든 상황에 적용될 수 있는 가장 기본적이고 주요한 원칙부터 일관되게 적용하도록 해 볼 수 있습니다. 예를 들면, '상대방을 때리면 안 된다'와 같은 사회생활에서 가장 기초적으로 적용되는 규칙부터 설정해 볼 수 있겠습니다.

부모님은 정기적으로 자폐 아동이 참여하는 다양한 장면의 담당자들과 의사소통하고 협력하여, 아동이 규칙의 우선순위를 기억하고 건강한 일상을 공고하게 학습할 수 있도록 도울 필요가 있겠습니다.

2) 체벌

어떤 자녀라도 양육 과정 중에 신체적인 체벌이 필요하다고 한 번이라도 느낀 부모님이 대다수일 것입니다. 왜냐하면 보통 신체적인 체벌은 어떤 문제행동을 꽤 빠르게 멈출 수 있다고 생각되기 때문입니다. 하지만 장기적인 관점에서 볼 때 신체적인 체벌은 절대로 좋은 해법이 될 수 없습니다. 그 이유는 다음과 같습니다.

- 자녀가 문제행동을 보였을 때 '대안적인 행동에 대한 가르침 없이' 신체적인 체벌이 가해진다면, 자녀는 다음에도 문제행동을 보인 상황에서 그 문제행동 말고 어떻게 다르게 행동해야 할지 알 수가 없습니다.
- 오히려 부모가 신체적인 체벌을 하는 모습을 자녀가 모방할 위험성이 있습니다. 부모가 신체적인 체벌을 한다면, 아이는 다른 사람이나 혹은 스스로에게도 신체적인 체벌, 즉 공격적인 행동을 보여도 된다고 생각할 수 있습니다.

최근의 한 연구에 따르면, 부모님이 사용하는 훈육방식은 부모님의 양육 스트레스와 자폐 자녀의 문제행동에 영향을 주는 매개요인(mediator)이 된다고 합니다(Shawler & Sullivan, 2017). 자폐 자녀의 문제행동과 관련된 변인을 통제하여 배제한 다음, 부모님의 양육 스트레스에 대해 분석했을 때에도, 엄하고 가혹하다고 분류되는 훈육방식은 부모님의 양육 스트레스와 자폐 자녀의 문제행동 강도 간 관련성을 매개하는 것으로 나타났습니다. 구체적으로 설명해 보면, 부모의 높은 스트레스는 부모가 효과적인 훈육 전략을 사용하는 능력을 손상시킨다고 합니다. 또한, 부모가 성마른(irritable) 감정을 보이거나 화를 내는 등 과도하게 반응하는(overactivity) 훈육방식을 사용했을 때, 자녀가 문제행동을 보이고 반복할 위험성을 더 높이는 것으로 나타났습니다.

체벌은 불법입니다

과거, 「민법」제915조 "친권자는 그 자를 보호 또는 교양하기 위하여 필요한 징계를 할 수 있다"는 '징계권' 조항은 훈육이라는 명목 하에 자녀에게 행해지는 체벌을 정당화하는 근거로 오인되어 왔습니다. 이 법안이 제정된 지 63년 만인 2021년에 이 조항은 삭제되었습니다.

여전히 자녀의 행동을 교정하기 위해 체벌이나 엄격한 훈육이 필요하다 생각하시는 부모님이 계실지도 모릅니다. 하지만 폭력은 학습되는 경우가 많습니다. 지금은 맞고 있지만, 나중에 힘이 생겼을 때 그 폭력을 다른 사람에게 휘두르게 될 가능성이 높습니다.

폭력을 사용하는 것은 사회적으로 용납되지 않는 행동입니다. 자녀에게 폭력을 쓰지 말라고 가르치면서 부모님이 폭력을 행사하는 모습을 보여 줘도 될까요?

맞아도 되는 사람은 없습니다. 이제 '사랑의 매'는 아동 학대이며 불법입니다.

2. 집에서의 문제행동 다루기: 행동 접근법을 활용하는 자폐부모훈련

  자폐 아동은 흔히 사회적 의사소통의 어려움과 같은 핵심 증상들 외에도 다양한 문제행동을 보인다고 알려져 있습니다. 자폐 아동의 최대 50%는 화난 감정을 폭발적으로 터뜨리는 분노 발작, 떼쓰기, 지시에 반항하기, 머리를 세차게 흔들기 등을 포함하는 문제행동을 보인다고 합니다. 이러한 문제행동은 어디에서나 나타날 수 있으며, 일상생활을 원만하게 영위해 나가는 데 방해물이 됩니다.

  지금부터는 자폐 아동이 가정에서 문제행동을 보일 때 부모님이 어떻게 이에 반응하여 대처해야 하는지를 설명할 것입니다. 앞으로 설명할 내용은 여러 연구를 통해 경험적으로 지지된 『자폐증의 문제행동에 대한 부모훈련: RUBI 자폐증 네트워크』[Bearss 등, 2020a, 2020b, 김봉년과 김예니(2020)가 한국어판으로 번역했습니다]의 내용을 요약한 것으로, 더 자세한 설명과 적용 사례는 해당 책을 참고해 주시기 바랍니다.

본격적인 내용에 들어가기에 앞서, 새로 등장한 용어인 부모 훈련에 대해 간단히 소개하겠습니다. 자폐 아동에 대해 병원의 치료팀과 부모님은 여러 방면에서 함께 다양한 개입을 시도할 수 있을 것이고, [그림 3-2]에 다양한 방식들이 제시되어 있습니다.

치료팀과 부모님이 함께하는 개입은 크게 두 가지 종류로 나눌 수 있습니다.

첫 번째는 '부모 지원(parent support)'으로, 치료진은 부모에게 자폐장애 전반과 관련된 이론적 지식을 전달해 줍니다. 이때 자폐 자녀는 치료진과 부모님으로부터 간접적인 방식으로 치료적 이득을 얻게 됩니다. 부모 지원의 종류로는 ① 자폐 아동이 필요로 하는 의학적 서비스나 교육적 요구사항을 알려 주는 돌봄 조정(care coordination), ② 자폐스펙트럼장애에 대한 생물학적 혹은 심리사회적 지식을 알려 주는 심리교육(psychoeducation) 등

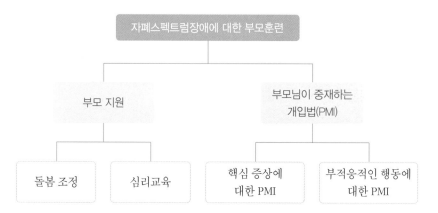

[그림 3-2] 자폐스펙트럼장애에 대한 부모훈련

출처: Bearss, Burrell, Steward, & Scahill (2015)에서 발췌.

두 가지가 대표적입니다. 우리 책에서도 자폐 아동·청소년에 대한 지식을 주로 전달하고 있으므로, 부모 지원에 해당합니다.

두 번째는 '부모님이 중재하는 개입법(PMI: Parent-Mediated Intervention)'으로, 자녀가 보이는 자폐 증상을 호전시키는 데 있어 부모님이 직접적인 중재자가 되는 것입니다. 이때 자폐 자녀는 부모님으로부터 직접적인 치료적 이득을 얻게 됩니다. 이 개입 방식은 무엇을 치료 목표로 하는지에 따라서, 핵심 증상에 대한 PMI 혹은 부적응적인 행동에 대한 PMI와 같이 두 종류로 나누어 볼 수 있습니다.

핵심 증상에 대한 PMI에서, 부모님은 사회적 의사소통의 어려움, 상호작용 놀이 기술의 빈약함과 같이 자폐스펙트럼장애에 핵심적이라고 알려진 증상을 개선할 수 있는 방식을 익히고 적용하게 됩니다. 대표적으로 ESDM(Early Start Denver Model, 조기 자폐증 치료 덴버 모델)에서는 부모님이 자폐 아동과 공동 참여의 비율을 높일 수 있는 다양한 방법에 대해 교육을 받게 됩니다. 그리고 부모님은 치료에서 배운 전략들을 일상에서도 적용하도록 권장되며, 이를 통해 아동의 의사소통 능력이나 사회성이 향상될 수 있도록 돕습니다(Rogers 등, 2012).

부적응적인 행동에 대한 PMI에서, 부모님은 자폐장애의 핵심 증상이 아니지만 안전하고 원만한 일상에 방해가 되는 문제행동을 완화할 수 있는 방식을 익히게 됩니다. 예를 들면, 공격적인 행동과 같은 문제뿐만 아니라 수면 문제, 배변 문제, 섭식 문제도 치료의 목표가 될 수 있습니다. 이 개입법의 대표적인 예가 RUBI 부모훈련 프로그램입니다.

RUBI 부모훈련은 다음의 목표를 가지고 있습니다.

- 아동이 가진 핵심 증상들을 완화하거나 혹은 향상시킨다.
- 아동이 보이는 문제행동을 줄인다.
- 적응적인 기능을 향상하도록 돕는 기술들을 학습한다.

이를 위해 치료자는 치료 회기 안에서 부모님에게 아동의 문제행동을 다루어 이를 적응적인 행동으로 바꿀 수 있는 여러 기술들을 가르쳐 줍니다. 또한 부모님이 이를 가정에서 혼자 적용할 수 있을 정도로 충분히 이해했는지 다양한 매체들을 사용하여 확인합니다. 그리고 부모님은 다음 회기 전까지 각 회기에서 배운 기술을 가정에서 적용해 보고, 그 상황과 결과를 꼼꼼하게 기록해 오는 숙제를 받게 됩니다. 그리고 다음 회기에서 치료자는 부모님이 해 온 숙제를 살펴보고, 지난 회기에서 배운 기술을 그 목적에 맞게 실전에 잘 적용했는지 확인합니다. 그리고 만일 기술이 성공적이지 않을 경우에는 다시 복습하면서 부모님이 기술을 연습할 수 있는 충분한 시간을 가질 수 있도록 합니다. 즉, 부모님이 자녀의 행동 변화에 있어 주체가 될 수 있도록 강조되는 개입법이며, 가정 내에서만큼은 부모님이 자녀의 증상에 대한 전문가이자 치료자로서 기능하게 되는 것이라 할 수 있겠습니다.

RUBI 부모훈련 프로그램은 대략 6개월 동안 진행되며, 11개의 핵심 회기와 7개의 보충 회기로 이루어져 있습니다. RUBI 부모훈련 프로그램은 우리 책 2장에서 설명한 ABA(Applied Behavior Analysis, 응용행동분석)의 이론을 주 토대로 합니다(p. 78 참조). 특히 ABA치료의 기능분석을 활용하여, 문제행동이 일어나는 배경을 파악하고 그 환경의 조작을 통해 행동을 적응적인 방향으로 수정할 수 있도록 합니다.

RUBI 부모훈련 프로그램 중 핵심 회기

- 1회기: 행동원리
  - 전체 치료 목표를 소개한다.
  - 행동의 기능, 선행사건 및 행동 결과의 개념을 소개한다.
- 2회기: 예방 전략
  문제행동의 선행사건을 논의하고, 예방 전략을 개발한다.
- 3회기: 일과표
  문제행동을 줄이기 위해 일과표를 세우고, 중재 지점(시각적 스케줄표 사용을 포함)을 확인한다.
- 4회기: 강화 1
  지시 따르기를 높이고, 바람직한 행동을 강화하고, 새로운 행동을 가르치기 위해 강화물의 개념을 소개한다.
- 5회기: 강화 2
  - '아이가 올바른 행동을 할 때 관심 주기'를 소개한다.
  - 아이 주도적 놀이를 통해 놀이와 사회기술을 가르친다.
- 6회기: 계획된 무시
  문제행동을 감소시키기 위해 소거(계획된 무시)의 조직적 사용을 검토

한다.

- 7회기: 지시 따르기 훈련

  지시에 따르는 것을 향상시키고, 지시에 따르지 않는 행동을 관리하기 위해서 지시 따르기 사용 및 효과적인 부모의 요청을 소개한다.

- 8회기: 기능적 의사소통 훈련

  체계적 강화를 통해 문제행동을 대체할 의사소통 기술을 가르친다.

- 9회기: 기술 가르치기 1

  연쇄(chaining)와 과제 분석을 사용하여 문제행동을 적절한 행동으로 대체하는 것과 새로운 적응, 대처 및 여가 기술을 촉진하기 위한 도구를 제공한다.

- 10회기: 기술 가르치기 2

  기술을 가르치는 동안 사용할 다양한 촉구 절차를 지도한다.

- 11회기: 일반화 및 유지

  긍정적 행동 변화를 강화시키고, 새롭게 학습한 기술을 일반화하는 전략을 수립한다.

[가정방문]

(※ 치료자의 판단에 따라 치료 초반이나 후반에 진행할 수 있다.)

–자연스러운 환경에서 아이를 관찰한다.

–아이의 집 구조를 익힌다.

–전략의 시행을 계획한다.

[촉진 전화통화]

–중재 전략의 시행을 검토한다.

–새롭게 나타나는 염려되는 행동에 대해 중재법을 개발한다.

출처: Bearss 등(2020a, 2020b)에서 발췌.

보충 회기에는 7개의 회기가 준비되어 있는데, 이 중에서 치료자와 부모가 합의하여 2개를 골라서 진행하게 됩니다.

부모훈련은 이미 30여 년 동안 아동 정신건강 장면에서 경험적인 근거가 확립되어 온 전통적인 접근법입니다. 특히 미취학기부터 청소년기로 발달하는 아동이 겉으로 드러내는 문제행동을 완화하는 데 있어 부모훈련은 효과성을 가진다고 알려져 있습니다(Dretzke 등, 2009).

RUBI 부모훈련 프로그램 역시 효과성이 입증되었습니다(Bearss 등, 2015). 연구자들은 자폐 아동과 부모님을 모집하여, 두 집단에 무작위로 배정하였습니다. 한 팀(89명)에는 RUBI 부모훈련 프로그램을 제공하면서 파괴적인 문제행동을 다룰 수 있는 구체적인 전략을 제공해 주었습니다. 나머지 한 팀(91명)에게는 행동 관리 전략은 제공하지 않고, 자폐스펙트럼장애 관련 지식을 포함하는 부모교육만 제공하였습니다. 6개월이 지난 뒤 두 집단을 비교해 보았습니다. 각 부모님이 자녀의 문제행동에 대해 체크한 설문지 조사 결과, RUBI 부모훈련 프로그램에 참가한 아동에서 문제행동이 더 줄어들기는 했지만, 통계적인 유의미함을 가질 정도의 차이가 두 집단에서 나타나지는 않았다고 합니다. 그런데 두 집단 중 아동이 어떤 집단에 속해 어떤 프로그램을 받았는지에 대해 정보가 전혀 없는 임상가에게 모든 아동을 평가하도록 한 결과는 다소 달랐습니다. 6개월 전과 비교했을 때, 임상적으로 긍정적인 향상의 비율이 RUBI 부모훈련 프로그램을 받은 집단의 아동에서 유의미하게 더 높았습니다.

RUBI 부모훈련 프로그램 중 보충 회기

- 1회기: 토큰 시스템

  부모에게 집과 지역사회에서 긍정적 행동을 장려하기 위해 사용하는 토큰, 별 차트 및 포인트 제도의 바른 사용법을 알려 준다.
- 2회기: 섭식 문제

  편식, 식사 시간 문제행동, 과식과 같이 자폐 아동이 자주 보이는 섭식 문제를 부모가 다룰 수 있도록 도와준다.
- 3회기: 모방 기술

  부모에게 아이가 다른 사람을 모방하도록 도와줄 수 있는 핵심 기술을 지도한다.
- 4회기: 수면 문제

  취침 시간 일과의 어려움, 잠들기 어려움, 밤에 깨는 것, 수면 관련 문제들 및 아이가 부모의 침대에 들어가는 것과 같이 자폐스펙트럼장애 아동이 자주 보이는 취침 시간 및 수면 문제에 대한 정보를 제공한다.
- 5회기: 타임아웃

  타임아웃을 제대로 사용하는 것, 문제가 발생했을 때 문제를 해결하는 방법, 집에서 타임아웃 계획을 어떻게 개발하고 시행하는지에 대한 정보를 제공한다.
- 6회기: 용변 훈련

  부모가 기저귀 떼기, 변기 사용 거부, 취침 중 용변 훈련 문제와 같은 다양한 용변 문제를 다루는 데 도움이 된다.
- 7회기: 위기 관리

  아동의 위험한 행동 관리, 가족 위기 및 긴급한 교육 문제를 해결할 수 있는 기회를 제공한다.

출처: Bearss 등(2020a, 2020b)에서 발췌.

지금부터는 가정에서 아동이 문제행동을 보일 때 부모님이 어떻게 접근하여 이를 다룰 수 있을지 알아보겠습니다.

1) 행동접근법의 기본 원리

문제행동에 개입하기 전에, 문제행동에 대한 분석이 반드시 선행되어야 합니다. 자폐 아동은 또래보다 자신의 감정이나 욕구를 사회적으로 적절한 방식으로 명료하게 표현하기 어려워하며, 더 나아가서는 스스로의 욕구나 감정을 세심하게 인식하여 알아차리는 데도 어려움을 경험합니다. 따라서 원하는 바를 전달하거나 이루기 위해 조절되지 않은 방식으로 비언어적인 행동을 보이게 됩니다.

아동이 보이는 대부분의 행동에는 어떤 기능이나 목적이 포함되어 있으며, 아동은 이 행동을 통해 부모님을 포함한 주변 사람들과 소통하고 싶어 합니다. 앞으로 소개할 행동접근법은 '모든 행동이 의사소통의 목적이나 기능을 가진다(All behaviors are communicative)'는 것을 전제로 합니다. 부모님은 아동의 행동이 가지는 기능을 분석하고, 행동 이면에 존재하는 욕구와 감정을 파악할 수 있게 됩니다. 그리고 문제행동을 보이는 아동에 대해서는 다른 방식으로 욕구와 감정을 표현할 수 있도록 도움으로써 문제행동을 줄일 수 있게 됩니다.*

---

* 사실 좀 더 정확히 말하자면, 자폐 아동이 보이는 모든 행동이 의사소통의 목적과

아동의 행동이 내포하는 기능을 파악하기 위해 우리는 ABC 모형을 활용할 수 있습니다. ABC 모형에서는 '사람이 보이는 행동은 대부분 학습되었다.'고 가정합니다. 사람이 보여 주는 모든 반복적인 행동은 '그냥' 혹은 무작위로 나타나는 것이 아닙니다. 행동이 학습되기 위해서는 그 행동이 앞으로 나타날 가능성을 높여 주는 강화(reinforcement) 혹은 가능성을 줄여 주는 처벌(punishment: 혼내는 체벌이 아니고 행동 이론에서 설명하는 용어입니다)이 존재해야 합니다.

가벼운 예를 들어 보면, 우리 어른들은 돈을 벌기 위해 매일 직장에 출근합니다. 여기에서 강화물인 돈(월급)이 주어지기 때문에 우리는 매일 출근하는 행동을 학습하여 지속할 수 있습니다. 매일 직장에 나갔는데도 강화물(돈)이 더 이상 제공되지 않으면 어떻게 될까요? 다른 강화물, 이를테면 가족의 칭찬이라든가 일에서 얻는 보람 등, 나한테 보상을 주는 요인이 따로 있다면 모를까, 아무런 이득이 없다면 우리는 아마 (대부분) 매일 출근하는 행동을 멈추게 될 것입니다. 이렇게 행동은 그 결과에

기능을 가지지는 않습니다. 어떤 행동은 환경적 요소와 무관하게 모든 장면에서 예상치 못하게 나타날 수도 있습니다. 이 경우에는 기저에 자폐장애와 공존하는 신경학적 손상이나 다른 정신과적 장애로 인해 유발된 생물학적 요인을 고려해 볼 수 있습니다. 예시로는 틱, 초조성 긴장증, 평소보다 심하게 들뜨거나 초조해 보이는 조증 기분 삽화 등이 있습니다. 부모님은 행동이 나타나는 상황이나 빈도를 지켜본 후 정확한 진단을 위해 전문가의 소견을 받아 볼 것이 권고되며, 심각도에 따라서는 약물치료가 필요할 수도 있습니다. 이와 관련해서는 우리 책 제2장 '동반될 수 있는 다른 질환들과 치료법' 부분을 참고해 주십시오.

[그림 3-3] ABC 모형

따라 나타나는 빈도나 강도, 혹은 형태가 지속적으로 수정될 수 있는 것입니다.

　ABC 모형에서 각 글자는 다음을 의미합니다. A는 행동에 앞서 일어난 내적·외적 상황인 선행사건, B는 선행사건에 대한 반응으로서 나타난 행동, C는 행동에 대한 반응으로 나타난 내적·외적 상태인 결과를 의미합니다. 이 결과(C)에서 파생된 것들을 보고, 사람들은 다음에 A와 유사한 사건이 다시 발생할 경우 이전과 같이 B 행동을 다시 보일 것인지 혹은 B 행동을 더 이상 하지 않을 것인지 암묵적으로 학습하게 됩니다. 즉, 나중에 선행사건(A)은 특정 행동(B)을 발생시키는 촉발 요인이 되며, 결과(C)는 특정 행동(B)이 나타날 가능성을 감소 혹은 증가시키는 요소로 작용하는 것입니다.

2) 문제행동 해석하기: 행동원리의 실제 적용 1

　ABC 모형의 개념을 충분히 익혔다면, 이제 자폐 아동이 보이는 문제행동에 ABC 모형을 적용해 볼 수 있겠습니다. 그리고 부모님이 자녀의 행동에 대해 연구하고 분석하는 과학자가 되기에 앞서, 한 가지 중요한 주의사항이 있습니다. 아동의 행동에 대해 '구체적으로' 파악해야 한다는 것입니다. ABC 모형에서 적용되는 '행동'은 다른 사람에 의해 관찰되고, 횟수나 시간 같은 객관적인 측정치로 계산될 수 있도록 변환되어야 합니다. 이를 '조작적 정의(operational definition)'라고 합니다.

'문제행동' 자체도 각 아동별로 조작적으로 정의를 내려 주는 과정이 필요합니다. 부모님이나 가정 분위기에 따라, 밥을 먹으면서 핸드폰을 만지작대는 자녀의 행동을 문제행동으로 삼을 수도 있고 아닐 수도 있습니다. 그리고 문제행동으로 '엄마를 방해하는 행동'을 설정했을 때, 어느 정도를 문제행동으로 볼 것인지도 제각각일 것입니다. 따라서 아동에 따라 조작적 정의를 통해 '엄마 앞에서 큰 소리를 1분 이상 계속 지른다'와 같이 구체적으로 문제행동을 명시해 주어야 합니다. 그리고 이렇게 구체적인 행동 용어를 사용하는 것은 가정뿐만 아니라 학교, 병원, 치료센터 등 다른 장면에서 전문가와 소통할 때도 아이를 정확히 파악하는 데 매우 유용하게 활용될 수 있습니다.

지금부터 설명할 ABC 기록지에도 구체적인 행동 용어를 사용하여 작성해야 합니다. ABC 기록지는 다음과 같이 구성됩니다.

A [선행사건(상황)]	B [행동]	C [결과]

먼저, 부모님이 분석해 보고 싶은 문제행동을 한 가지 선택하여 B(행동) 칸에 적습니다. 자폐 자녀의 일거수일투족을 문제행동으로 여기는 부모님의 경우에는 자녀의 모든 행동을 ABC 기록지에 작성하려고 할 수도 있겠습니다. 하지만 ABC 기록지는 문제행동 모음집이 아니며, 특정 문제행동을 수정하는 과정 중에 활용하는 도구입니다. 일단 가장 교정이 필요하다고 생각되거나 혹은 가장 흔하게 반복되는 문제행동을 한 가지만 골라 작성해 봅니다. 두 가지 문제행동의 패턴을 알아보고 싶은 경우, ABC 기록지를 별도로 분리하여 작성합니다.

그리고 (반복적으로 언급되고 있지만) 꼭 구체적이고 명료한 행동용어로 작성해야 한다는 점을 명심해 주십시오. 이 행동이 몇 분 동안 일어났습니까? 그 상황에 관여한 사람들은 아동 외에 누가 있었습니까? 구체적으로 어떤 동작이나 언어로 이 행동이 나타났습니까?(예: '공격적인 행동을 보였다' ⇒ '누나의 어깨를 떠밀고, 주먹 쥔 양손으로 벽을 두어 번 세게 내리쳤다', '떼를 쓰며 소리를 질렀다' ⇒ '바닥에 드러누워 팔다리를 흔들면서 "핸드폰 줘!"라고 악을 쓰며 고함을 질렀고, 3분이 지나도록 진정되지 않았다')

이번에는 A(선행사건) 칸을 작성해 보겠습니다. B(행동) 칸에 작성한 행동이 나타난 날짜와 시각을 적습니다. 그리고 B(행동)가 나타나기 직전의 상황이나 전반적인 맥락을 적습니다. 자녀가 표현한 감정이나 신체 상태도 선행사건이 될 수 있습니다(예: 배고픈 상황 등). 꼭 특별한 사건을 적어야 할 필요는 없으며, B(행동)이 나타난 상황에 대해 설명만 해도 괜찮습니다(예: 일요일 저녁 7시 반에 가족 식사를 위해 아빠, 엄마, 아동, 언니가 식탁에 앉아 있었다).
다만, 선행사건을 작성할 때도 가능한 자료를 최대한 수집하는
것이 좋습니다. 선행사건은 당시 어디서 누구와 함께, 어떤 일
들이 어떤 순서로 나타났습니까?

마지막으로, C(결과) 칸을 작성해 보겠습니다. B(행동)가 나타
난 후 어떤 반응들이 나타났습니까? 부모님이나 자폐 자녀 혹은
그 상황에 관여한 사람은 각각 어떻게 자녀에게 반응하거나 행
동했습니까? 이 결과는 나중에 자녀에게 A(선행사건)와 비슷한
맥락이 주어질 때, B(행동)를 다시 나타나게 하거나, 혹은 나타나
지 않게 할 가능성과 연관됩니다. 만일 자폐 자녀가 특정 문제행
동을 반복적으로 보일 때, 그 행동은 결과적으로 자녀에게 이득
을 가져다주었기 때문에 다시 발생하는 것이며, 자녀에게 분명
히 어떤 기능으로서 작동하고 있음을 추정해 볼 수 있습니다.

이렇게 ABC 기록지의 한 줄을 완성하였습니다. 그러나 한 줄
만으로 자녀의 문제행동이 가지는 기능을 파악하기는 어렵습니
다. 최소 며칠에 걸쳐 ABC 기록지를 작성하며 데이터를 모았을
때, 부모님은 기록지에서 어떤 패턴을 발견할 수 있을 것입니
다. A(선행사건) 칸에서 특정 시간대나 특정 상황이 자꾸 반복됩
니까? B(행동)가 나타나는 형태는 다를지라도 문제행동이 나타
나는 공통된 맥락이 있습니까?

아직 명료하게 파악이 되지 않는다면, 혹은 확신이 들지 않는
다면 조금 더 인내심을 가지고 ABC 기록지의 자료를 모아 봅시
다. 과학자의 마음가짐으로 ABC 기록지를 작성하는 것이기 때

문에, 자녀의 행동 기저에 자리 잡고 있다고 판단되는 의미를 쉽게 단정 짓지 말고 가설의 형태로 생각해야 하겠습니다. 과학자라면 중립적인 관점을 가지고 자신의 가설에 대해서도 비판적인 시각으로 바라볼 수 있어야 하고, 가설을 수정하는 데 유연한 태도를 지녀야 합니다. 수집된 ABC 기록지를 토대로 자녀의 문제행동이 가지는 기능이나 목적을 이해하기 위해서는, 지속적이고 주의 깊은 관찰을 통해 더 정확한 가설을 설정하고 검증해 보아야 하겠습니다.

아동이 보이는 문제행동의 기능은 흔히 네 가지 유형으로 나누어 생각해 볼 수 있습니다.

• 도피/회피: 어떤 상황으로부터 탈출하거나 어떤 요구로부터 도피하기 위해 문제행동을 보일 수 있습니다.

> 새로운 치료센터에 등록하여 오늘부터 출석해야 하는데, 아동이 문 앞에서 어머니에게 매달려 버티면서 크게 울면서 떼를 쓰고 있습니다. 어머니는 아동을 달래다가 결국 오늘 수업을 포기하고 집으로 함께 돌아갑니다. 아동은 매달리고 떼쓰기를 통해 낯선 자극인 치료센터가 주는 불편감으로부터 해방될 수 있었습니다.

• 관심 끌기: 다른 사람들로부터 주의를 끌기 위해 (비록 일반적으로 그 목적에 행동이 부합하지 않을지라도) 문제행동을 보일 수 있습니다.

아버지가 통화하는 상황에서 아동이 아버지를 계속 여기저기 툭툭 칩니다. 아버지는 통화를 이어 나가기 위해 아동에게 저리 잠깐 가 있으라고 손을 내젓거나 가볍게 밀칩니다. 아동은 아버지의 행동이 자신에게 관심을 주고 자신과 놀아 주는 하나의 방식이라고 생각하게 되고, 전화하는 아버지를 계속해서 툭툭 치게 됩니다.

- 원하는 것 얻기: 아동이 스스로의 욕구나 소원을 충족하기 위해 문제행동을 보일 수 있습니다.

취침 시간이 다가와서 아동에게 "보고 있던 TV를 끄고 잘 준비를 해."라고 했습니다. 아동은 갑자기 울음을 터뜨리며 "안 잘 거야."라며 소리를 쳤고 자신의 머리를 치기 시작합니다. 어머니는 하는 수 없이 잠옷을 가져와 아동에게 입혔고, 아동은 그동안 시선을 TV에 고정하고 있습니다. 잠옷을 입힌 뒤에는 강제로 TV를 끄고 침실로 끌고 들어가는 과정에서 아동과 어머니는 실랑이를 합니다. 아동은 원하는 TV를 조금이라도 더 볼 수 있게 되었습니다.

- 자동으로 보상(self-stimulatory): 자폐 아동은 자신의 신체를 자극하거나 자신만의 특정한 행동을 할 때 즐거움을 느끼고 '자동으로 보상'을 느낍니다.

어떤 아동은 헤어드라이어 소리는 싫어하면서도 청소기 소리를 좋아하여, 청소기를 돌리는 아버지의 뒤를 쫓아다니며 행복한 미소를 짓습니다. 그러나 가족 중 누군가가 헤어드라이어로 머리를 말리기 시작하면 크게 울음을 터뜨립니다.

어떤 아동은 아무 주변 자극 없이도 혼자서 손을 펄럭이는 행동을 보일 수도 있고, 주변의 불빛에 매료된 듯 한참을 눈을 떼지 않고 쳐다보기도 합니다.

다시 ABC 기록지로 돌아가서 살펴봅시다. 결과(C)를 볼 때, 자녀의 문제행동(B)이 어떤 기능을 했습니까? 자녀는 이 행동으로 부모님에게 무엇을 표현하고 싶어 했습니까?

지금까지 ABC 기록지를 사용하여 아동의 행동이 내포하는 기능과 목적을 알아보았습니다. A-B-C 세 글자로 된 모형이지만 간단하지는 않게 느껴집니다. RUBI 부모훈련 프로그램에서는 더 상세한 기록이 가능하도록 ABC 데이터 수집표를 제공합니다(〈표 3-1〉). 무엇보다도 ABC 기록지를 꾸준히 사용하여, 부모님이 더 효율적으로 자녀의 행동이 일어난 맥락을 파악하는 것이 중요하겠습니다.

그렇다면, 다음의 사례를 보고 ABC 기록지 작성을 연습해 보겠습니다. 꼭 부모님이 먼저 〈표 3-1〉의 각 칸에 들어갈 내용을 (머릿속으로 말고) 직접 종이에 작성해 보고, 다음 페이지에서 제시된 응답과 비슷한지 확인해 보시기 바랍니다.

| 표 3-1 | RUBI 부모훈련 프로그램에서 제공하는 선행사건-행동-결과 (ABC) 데이터 수집표 |

	날짜		
	시작시간/종료시간		
	환경		
	하고 있던 활동/상황		
	관련된 사람들		
A 선행사건	B(행동) 직전에 어떤 일이 발생했는가?		
B 행동	어떤 모습이 나타났는가?		
C 결과	-B(행동) 이후 어떤 일이 발생했는가? -B(행동)을 어떻게 다루었는가?		
행동의 기능 (해당란에 체크하세요.)		☐ 도피/회피 ☐ 관심 끌기 ☐ 원하는 것 얻기 ☐ 자동으로 보상	☐ 도피/회피 ☐ 관심 끌기 ☐ 원하는 것 얻기 ☐ 자동으로 보상

출처: Bearss 등(2020a, 2020b)에서 발췌.

생각해 봅시다

🗑 사례

민철이네 가족이 주말에 다 같이 외출을 하기로 했습니다. 아버지는 필요한 물품을 사러 나갔고, 어머니는 동생인 민지보다 민철이를 먼저 씻기기 위해 욕실로 데리고 가기로 마음먹었습니다. 어머니는 민철이에게 "이제 핸드폰 동영상은 그만 보고, 엄마랑 씻자."라고 말하고 화장실로 손을 잡고 이끌었습니다. 하지만 그 순간 민철이는 "나 안 씻어!"라고 소리를 지르며 울음을 터뜨렸습니다. 어머니가 "씻어야 나갈 수 있어."라고 누차 말했지만, 민철이는 "씻기 싫어."라고만 했습니다. 10분 여 동안의 실랑이 끝에 어머니는 민지를 먼저 씻기기로 결정하고, 민철이에게는 "엄마가 동생 먼저 씻는 거 도와줄 동안 민철이는 잠깐만 동영상 더 보면서 기다리고 있어."라고 말했습니다. 민철이는 다시 동영상에 집중하였습니다.

표 3-2 ABC 기록지 작성 사례

날짜		5월 3일 일요일
시작시간/종료시간		오전 9:30 ~ 9:45
환경		집 식탁
하고 있던 활동/상황		내가 설거지하는 동안 아이들에게 내 핸드폰으로 동영상을 보고 있으라고 했음.
관련된 사람들		엄마, 민철이, 여동생
A 선행사건	B(행동) 직전에 어떤 일이 발생했는가?	민철이가 준비가 오래 걸려서 먼저 씻기고 외출 준비하려고 함. 먼저 욕실로 가자고 손을 잡아끌었음.
B 행동	어떤 모습이 나타났는가?	씻기 싫다고 소리를 지르며 울었음. 10분 정도 민철이랑 실랑이한 것 같음.

C 결과	-B(행동) 이후 어떤 일이 발생했는가? -B(행동)를 어떻게 다루었는가?	여동생 먼저 씻기는 것으로 하고, 그동안 같은 자리에서 계속 동영상 보면서 다음 차례를 기다리라고 말했음. 민철이는 동 영상을 계속 볼 수 있게 되었음.
행동의 기능 (해당란에 체크하세요.)		☐ 도피/회피 ☐ 관심 끌기 ☑ 원하는 것 얻기 ☐ 자동으로 보상

　부모님은 ABC 기록지를 작성하는 것이 다소 귀찮게 느낄 수
도 있습니다. 하지만 자녀의 행동을 직접 종이에 옮겨 적는 것
은 단순히 머릿속으로만 생각하는 것보다 상황을 더 객관적으
로 바라볼 수 있게 해 줍니다. 그리고 기록지를 통해 부모님이
막연히 생각하는 자녀의 행동 혹은 일상이 실제와 다른지 혹은
비슷한지 확인해 볼 수도 있습니다.

　그리고 여러 사례의 기록들을 계속 축적하다 보면 자녀가 보
이는 문제행동의 패턴을 더 명확하게 파악할 수 있습니다. 보통
의 교과서나 앞서 제시한 사례들은 사실 다른 복잡한 환경적 요
소들을 고려하지 않았기 때문에 A-B-C를 파악하기 쉬운 것으
로 볼 수 있겠습니다. 실제 가정에서 자녀가 보이는 문제행동
을 구성하는 A-B-C에는 다양한 사람들과 환경적 요소들이 복
잡하게 얽혀 있기 때문에, 반복되는 패턴을 파악하기 쉽지 않을
수 있습니다. 더군다나 ABC 기록지를 작성하는 부모님의 감정
상태도 자녀의 행동을 있는 그대로 파악하는 데 영향을 미칠 가

능성도 있습니다. 따라서 ABC 기록지를 작성하는 것은 보다 객관적이고 과학적인 관찰을 가능하게 할 것입니다.

치료 목적에 있어서도 ABC 기록지의 작성이 중요할 수 있습니다. 막연히 생각하는 일상과 ABC 기록지를 통해 객관적으로 수집된 일상 간에 차이가 있을 수 있습니다. 자녀를 둘러싸고 있는 환경과 경험하는 상황을 정확하게 그리고 한 발 물러서서 관찰할 수 있게 되는 것입니다. 그리고 추후에 설명하겠지만, ABC 기록지를 토대로 부모님이 자녀의 행동 패턴을 조금씩 교정하는 개입을 적용할 때 활용할 수 있는 다양한 대체 행동들에 대해 아이디어를 얻을 수 있을 것입니다.

나아가 부모님이 개입한 결과의 평가에 있어서도 그동안 작성한 ABC 기록지가 중요한 역할을 할 수 있습니다. 부모님은 자녀와 많은 시간을 함께 보내기 때문에 자녀의 행동 변화에 대해 다른 외부인보다 둔감하게 반응할 소지가 있습니다(마치 아동이 키가 큰 것도 매일 보는 부모님보다 오랜만에 만난 친척이 더 잘 알아채는 것처럼 말입니다). ABC 기록지에 자녀의 행동 빈도와 강도를 기록해 둔다면, 부모님이 어떤 개입을 시도하고 그 결과를 살펴볼 때 문제행동이 호전된 (혹은 악화된) 정도를 객관적으로 알 수 있게 해 줄 것입니다. 단순히 머릿속으로 '예전이랑 대충 비슷해 보이는데.' 혹은 '예전보다 심해진 것 같은데.'라고 추정하는 것보다 더 정확한 자료를 부모님이 확보할 수 있는 것입니다.

만일 자폐 아동·청소년이 언어 이해 및 표현을 포함하는 의사소통 능력이나 적응 기능 수준을 어느 정도 갖췄을 경우,

ABC 기록지를 부모님과 자녀가 함께 작성해 보는 시간을 가져도 좋습니다. 이 작업은 사실 일반적인 아동도 쉽게 할 수 없으므로, 고기능의 청소년에게 일부 기대할 수 있겠습니다. 부모와 자녀가 함께 ABC 기록지를 작성하면서 부모와 자녀 모두 자녀의 부적응적인 행동에 대해 한 발 물러서서 관찰하고 생각해 볼 수 있는 기회를 가질 수 있을 것입니다.

이때 부모님은 옆에서 지켜보면서 ABC 기록지의 작성 가이드라인을 제시하면 됩니다(자녀가 신체적 보조가 필요한 경우에는 자녀가 설명한 내용을 부모님이 받아서 써 주시면 됩니다). 처음에는 당연히 자녀가 서투를 수 있습니다. 부모님은 먼저 자녀가 생각해 볼 시간을 여유 있게 제공한 뒤, 반응이 충분하지 않다면 여러 가능한 응답들을 객관식으로 제공하여 그중에서 자녀가 고를 수 있도록 도울 수 있습니다.

다만, 문제행동이 일어난 직후에는 부모님과 자녀가 아직 감정적으로 흥분되어 있을 가능성도 있으므로, 상황이 모두 종료되고 부모님과 자녀가 진정하여 안정을 찾은 뒤에 이 활동을 수행할 필요가 있습니다. 그리고 각자가 문제 상황에서 경험한 주관적인 감정은 당연히 서로 다를 수 있으며, 이에 대해서는 서로 판단하지 않도록 합니다. 그리고 가급적 객관적으로 발생한 사건에 대해서만 작성하도록 합니다. 또한 부모님이나 자녀의 일방적인 요청보다는 모두 자발적인 의사에 따라 ABC 기록지 작성에 참여해야 하겠습니다.

3) 문제행동에 개입하기:
행동원리의 실제 적용 2

지금까지 ABC 기록지를 토대로 자폐 자녀가 보이는 문제행동이 어떤 기능과 목적을 가지고 있는지 파악하는 방법에 대해 알아보았습니다. 살짝 복습해 보면, B(문제행동)에 대한 C(결과)의 반응으로, 추후 A(선행사건)와 유사한 상황이 조성되었을 때 비슷한 문제행동(B)이 다시 발생할 가능성이 높아집니다.

지금부터는 부모님이 탐색한 정보에 근거하여 어떻게 문제행동을 완화할 수 있을지 알아보고자 합니다. 이 역시 앞에서 설명한 ABC 모형에 기초하여 설명할 것입니다. 우리의 목표는 문제행동을 지속시키던 악순환의 A-B-C 연결고리를 끊고, 사회적으로나 심리적으로 건강한 A-B-C 연결고리를 새로 만들어 주는 것입니다.

(1) 문제행동을 유발하는 환경을 바꾸기(A를 바꾸기)

특정 상황(A)에서 특정 문제행동(B)이 반복된다면, 특정 상황(A)을 일단 피하는 것입니다. 사람들이 북적대고 시끄러운 곳에 갈 때마다 바닥에 드러눕는다면, 가능한 한 조용한 곳에서 활동할 수 있도록 해 줍니다. 가족끼리 다 같이 쇼핑몰에 가고 싶다면, 사람이 붐비지 않는 시간대를 일부러 골라 가는 등 시간대를 조정할 수도 있겠습니다.

(2) 기능적 의사소통 훈련(B를 바꾸기)

'모든 행동은 의사소통의 목적이나 기능을 가집니다.' 그렇기 때문에 기능적 의사소통 훈련이 필요할 수 있습니다. 자녀가 어떤 욕구가 충족되지 않는 상황에서 문제행동(B)을 통해 이를 표현하는 경우, 사회적으로 적절한 방식으로 이러한 욕구를 전달할 수 있는 방법을 알려 줍니다. 가령, 평소보다 식사 준비가 늦어질 때 자녀가 불쑥 짜증을 내는 패턴을 파악했다면, '배고파요'라고 말하도록 가르치는 것입니다. 그리고 이때 자녀의 의사소통 능력 수준에 적절한 대안적인 의사소통 행동을 마련해 주는 것이 중요합니다. 만약 자녀가 발화를 불편해하거나 어려워한다면, 그림 카드 중 음식이 그려진 카드를 건네도록 가르칠 수 있습니다. 이를 통해 자녀가 자신의 욕구를 적응적으로 표현할 수 있도록 돕습니다.

만약 자녀가 더 쉬운 방법을 통해 자신의 욕구를 표현하고 충족할 수 있는 방법을 알게 된다면, 굳이 에너지를 더 들여서 짜증을 일부러 내려고 하지는 않을 것입니다.

(3) 더 나은 행동으로 대체하기(C를 바꾸기)

지금까지 특정 문제행동(B)에 대한 부모님의 반응(C, 문제행동의 결과)은 자녀에게 모종의 방식으로 그 문제행동(B)을 반복하게끔 강화해 왔을 것입니다. 따라서 부모님이 더 이상 그 문제행동에 대해 똑같이 반응하지 않을 경우 문제행동의 ABC 고리가 약화될 수 있을 것입니다.

대신할 긍정적인 대체 행동이 무엇이 있을지 생각해 봅시다. 이를 위해서는 바꾸고 싶은 문제행동을 구체적으로 정하고, 이 문제행동이 자녀에게 어떤 목적과 기능을 수행해 왔는지 ABC 기록지를 통해 확인해야 합니다. 그리고 이 목적과 기능을 수행할 수 있는 대안적인 행동을 정해야 합니다. 이때 대안적인 행동은 자녀에게 바로 즉각적으로 효과가 있어야 하며, 매번 일관되게 효과가 있어야 하고, 문제행동을 수행하는 것보다 더 적은 노력과 에너지를 필요로 해서, 자녀가 효과적으로 수행할 수 있어야 합니다.

이때 강화 · 보상물을 사용할 수 있습니다. 보상은 아동의 행동을 증가시키거나 감소시키는 기능을 가집니다.

보상물의 종류에는 다음과 같은 것들이 있습니다.

- 일차적 강화물(예: 과자)
- 사회적 강화물(예: 칭찬)
- 형태가 있는 강화물(예: 좋아하는 게임)
- 활동/특권(예: 공룡 박물관에 가기)
- 토큰(예: 스티커 10개를 모아 장난감을 받을 수 있음)

보상은 아동마다 다릅니다. 부모님이 생각한 보상이 자녀가 원하는 보상과 다를 수 있습니다. 효과적인 보상물은 다음과 같은 방식을 사용하여 확인할 수 있습니다.

- 직접 물어봅시다.
- 자녀를 관찰해 봅시다: 자녀가 자유시간에 무엇을 합니까?

보상물의 선택지들을 제시했을 때 자녀가 무엇을 선택했습니까?

• 학교나 치료실의 선생님 등 자녀와 다른 장면에서 시간을 보내는 사람에게 물어봅시다. 자녀가 먼저 다가간 물건이나 상황이 있었습니까?

'좋은' 보상물을 선택하기 위해 다음의 사항을 고려하면 좋습니다.

• 가능하면 일상생활에 이미 존재하거나 혹은 자연스럽게 발생할 수 있는 활동과 대상을 활용합니다.
• 적절한 행동에 따라 특별한 권한을 얻을 수 있도록 합니다.
• 연령에 적절한 보상물을 선택하도록 합니다.

(4) 좋은 행동을 알아차리기
(긍정적인 A-B-C 연결고리 만들기)

지금까지는 어떻게 자녀의 문제행동을 완화할 수 있을지에 대해 집중적으로 알아보았습니다. 문제행동이 초래하는 부정적인 결과가 대개 쉽게 눈에 띄고 파급력도 크기 때문에, 부모님은 큰 노력을 들이지 않고서도 문제행동들을 발견할 수 있을 것입니다.

이제 문제행동 말고, 좋은, 착한, 건강한 행동들을 찾아봅시다. 좋은 행동을 알아차리기 위해서는 약간의 노력이 더 필요할 수 있습니다. 사소하지만 자녀가 스스로 잘하고 있어서 부모님이 놓쳤던 행동이 있을 수 있습니다. 예를 들면, 장난감을 가지고 논 후 제자리에 가져다 둔다든지, 형제자매에게 친절하게 반응하고 함께 놀이한다든지 말입니다.

　좋은 행동을 발견한 후 그냥 지나치기보다는, 자녀에게 직접적으로 잘하고 있음을 말과 몸으로 표현하고 부모님의 감정을 공유해 주면 좋습니다(예: "최고야!", "스스로 해낸 걸 보니 엄마가 정말 기쁘다.", 엄지를 척 들기, 활짝 웃으며 박수 쳐 주기 등). 혹은 이미 하고 있는 좋은 행동과 관련된, 난이도가 약간 더 높은 행동을 부탁해 보고 이에 대해 강화물을 제공해 보아도 좋습니다. 이를 통해 사회적으로 적절하고 적응적인 행동 기술을 더 발전시켜 나갈 수 있을 것으로 기대됩니다.

3. 부모님 심리 지원

1) 부모님의 우울감

　지금부터는 잠시 주제를 바꾸어 부모님에 대해 이야기해 보려고 합니다. 부모님께서는 안녕하신지요? 어제 잠은 푹 주무셨나요? 오늘 밥은 잘 챙겨 드셨는지요?

　모든 부모님은 자녀를 양육하는 과정에서 스트레스를 경험하지만, 흔히 시간이 지나면서 자기효능감이 증가하고 스트레스가 감소하는 경험을 합니다. 하지만 장애가 있어 보통보다 더 많은 주의와 돌봄을 필요로 하는 아이들의 부모에게는 이러한 경향이 더욱 더디게 혹은 흔치 않게 나타나며, 결국 더 많은 스트레스와 우울을 경험한다고 알려져 있습니다.

자폐 자녀를 돌보고 치료하는 과정은 가족 구성원 모두의 협조 및 미래에 대한 대비가 많이 필요한 장기전이라고 할 수 있습니다. 하지만 양육 과정에서 자폐 자녀가 보이는 각종 문제들이 늘 예기치 못하게 발생하기 때문에 부모님은 자녀에게 온 신경을 곤두세우게 되고, 점차 모든 시간과 에너지를 자녀에게 쏟아붓게 됩니다. 이 과정에서 많은 부정적인 감정들과 피로감을 경험하게 되고, 자연스럽게 '내가 도대체 누구인지'조차 의문이 들 수 있습니다.

하지만 자폐 자녀를 더 잘 돌보기 위해서라도, 부모님은 건강한 신체와 마음을 가질 수 있도록 해야 합니다. 부모님 스스로가 오롯이 즐겁게 스스로를 돌보고 긍정적 강화를 제공하는 것은, 결국 자폐 자녀를 돌보는 데 필요한 인내심과 대처자원을 충전하는 일입니다. 이를 위해 부모님은 자신이 '자폐 자녀의 부모'일 뿐만 아니라 다른 여러 가지 정체성, 이를테면 '누군가의 남편/아내' '누군가의 소중한 친구' '무언가에 재능을 가진 개인' '어떤 활동을 하면 즐거움을 느끼는 개인' 등의 모습 또한 가지고 있다는 사실을 다시 한번 상기할 필요가 있겠습니다. 그리고 내 안의 진솔한 감정을 인식하고 다양한 정체성을 계발하는 과정을 통해 부모님이 자녀 양육뿐만 아니라 삶에서 더 많은 보상과 즐거운 기분을 얻을 수 있을 것으로 기대됩니다.

지금부터는 우울증에 대해 간단한 심리교육을 제공할 것입니다. 보통의 우울 증상에 대해 부모님이 인지하고 있다면, 어느 순간 스스로 무언가 다른 전환점이 필요하다는 점을 알아차릴 수 있을 것입니다.

우울 증상이란 침울하고 슬픈, 무기력한 기분을 경험하거나 평소 즐기던 활동에서 흥미를 느끼지 못하는 것으로 정의됩니다. 아울러, 우울 증상에는 단순한 기분 변화 외에도 다양한 신체적·생리적 증상들이 포함되므로, 이를 잘 알아두는 것이 좋습니다(그림 3-4). 임상적인 우울 증상은 일상에서 어떤 안 좋은 일에 의해 자연스럽게 경험할 수 있는 '축 처지는 느낌(feeling

우울 증상은 다양하게 경험될 수 있습니다

"예전에는 즐거웠던 활동들도 이제는 별로 흥미롭지 않아요."

"잠이 너무 많아졌어요."

"소화가 잘 안 돼요."　"쉽게 산만해져요."

"아무것도 안 하고 쉬는 날에도 너무 피곤해요."

"머리가 계속 아파요."

"심하게 안절부절못해요."

"거의 매일 깨어 있는 내내 기분이 우울하고, 슬프고, 절망적이에요."

"생각이 느려져요."

"쉽게 잠들지 못하겠어요."

"눈물을 거의 매일 흘려요."
"입맛이 없어졌어요."

"별것 아닌 일인데도 힘들게 느껴져요."

"내가 너무 하찮은 것 같아요."

"아침에 일어나지 않았으면 좋겠다고 바랄 때가 종종 있어요."

"사고력, 집중력, 기억력이 점점 떨어지는 것 같아요."

"죽음에 대한 생각을 자주 하는 편이에요."

[그림 3-4] 다양한 우울 증상

down)'과는 분명히 다릅니다.

우울증을 경험할 때면 여러 신체 증상들이 흔하게 나타날 수 있습니다. 이전과 다르게 조금만 활동해도 피로감이 심하거나, 기력이 없거나, 팔다리가 무겁게 느껴질 수 있습니다. 또한 소화가 잘 되지 않는 등의 위장관계 증상, 머리가 지끈지끈 아픈 두통이나 심장이 빨리 뛰는 것 같은 심혈관계 증상, 가슴이 답답하거나 숨쉬기가 답답한 호흡계 증상이 동반될 수 있습니다.

또한 생리적 변화들도 동반됩니다. 체중 조절 중이 아닌데도 몸무게나 식욕이 많이 감소하거나, 혹은 갑자기 증가할 수도 있습니다. 밤에는 잠이 오지 않거나 중간에 자주 깨어 수면의 질과 양이 저하될 수도 있고, 반대로 낮에도 졸음이 쏟아질 듯이 많아져서 수면량이 증가할 수도 있습니다.

인지적 변화도 흔하게 동반되는데, 주의집중력과 기억력이 이전보다 감퇴하고, 자꾸 우유부단하게 생각하다 보니 어떤 일에 대해 결정을 내리기 어려워질 수 있습니다. 그리고 다른 사람들이 알아챌 정도로 생각이나 말하는 속도, 움직이는 속도가 느려지거나 빨라질 수 있습니다. 자꾸만 스스로가 쓸모없다는 생각이나 무언가 잘못하고 있다는 죄책감, 심할 때는 죽음에 대한 내용들이 머릿속에 자꾸만 떠오를 수 있습니다.

살면서 언젠가 어떤 스트레스 자극에 대해 우울한 기분을 경험하는 것은 자연스러운 일이기 때문에, 슬픈 마음이 든다고 당장 문제가 되는 것은 아닙니다. 우울 증상은 모든 연령, 문화, 소득 수준, 교육 수준, 결혼상태의 사람들에게서 나타난다고 알려져 있습니다. 다만, 우울 증상이 2주 이상 지속되고, 나의 직업이나 사회적 역할을 적절히 수행하는 것을 방해하여 이전보다 기능 수준이 저하된다면, 전문가의 추가적인 개입을 고려해야 합니다. 이때는 임상적인 우울을 고려하여 임상가의 문진이나 검사를 통해 주요우울장애가 진단될 수 있습니다. 따라서 가랑비에 옷이 젖어 가는 것을 모르고 있다가 흠뻑 젖게 되지 않도록, 작은 우울 증상들도 잘 알아차려서 그때그때 해소하는 것이 중요하겠습니다.

주요우울장애는 어떻게 발생하는 것일까요? 물론 주변 환경적인 스트레스로 우울증을 경험할 수 있습니다. 하지만 이 외에도 부정적인 감정을 더욱 경험하기 쉽도록 하는 유전적 경향성, 호르몬 변화, 생체리듬, 타고난 기질, 성격 특성 등 셀 수 없이 많은 요소들이 복합적으로 우울증에 영향을 미칩니다. 즉, 우울증의 발생에는 단 하나의 이유만 있는 것이 아닙니다. 그러므로 우울증은 내 의지가 나약해서, 혹은 주변의 특정 스트레스 요인으로만 나타나는 것이 아니며, 어떤 조절할 수 없는 요소들에 의해 나타날 수도 있는 것입니다.

우울하거나 슬프거나 화나거나 불안한 등 어떤 부정적인 감정이 들 때는 모든 것이 귀찮아져서 해야 할 일을 미루거나 최소한으로 필요한 일만 하게 될 수 있습니다. 혹은 사소한 자극에도 예민하게 반응하다 보니 주변 사람들에게 쉽게 짜증을 내게 될 수도 있습니다. 그리고 이로 인해 파생된 부정적인 사건 때문에 부정적인 감정이 악화될 수 있습니다. 예를 들어, 우울하다 보니 내가 맡은 일을 못해서 다른 가족 구성원이나 직장 동료에 안 좋은 피드백을 들을 수도 있고, 혹은 자녀의 행동에 더 쉽게 짜증을 내어 이를 지적하는 과정에서 자녀와 말다툼을 하게 될 수도 있습니다. 이 때문에 또 다른 부정적인 감정들이 2차적으로 내 안에 켜켜이 쌓일 수 있습니다.

따라서 부정적인 감정이 밀려올 때, 현재 상태로부터 유연하게 전환해서 이 악순환의 고리를 끊어야 합니다. 내가 즐거움을 경험할 수 있는 작은 활동들을 미리 알고 있다면, 기분 전환에 도움이 될 수 있을 것입니다(Dobson 등, 2008).

그렇다면 아무 활동이나 해 보면 될까요? 아니요. 각자 삶의 목표를 돌아보고, 일상을 살펴보고, 내 삶에 활력을 불어넣어 줄 새로운 활동을 계획하고 실천해 보면 좋겠습니다.

당장 하고 싶은 활동이 생각나지 않을 수 있습니다. 어쩌면 자폐 자녀를 돌보는 것만으로도 벅차서 다른 활동은 도무지 시작할 엄두가 나지 않을 수도 있습니다. 하지만 다시 한 번 강조하지만, 부모님이 먼저 삶에서 즐거움을 경험할 수 있어야 에너지를 얻고 양질의 양육을 자녀에게 제공할 수 있습니다. 부모님은 자녀 양육 및 자폐 아동을 돌보는 것 외에도 다른 목표와 가치관도 가진 분입니다.

다음의 〈표 3-3〉에는 10가지 영역의 삶의 목표 및 가치관을 탐색하는 데 도움을 주는 질문들이 포함되어 있습니다. 각 영역에서 부모님이 미처 잊고 있거나 미뤄 두었던 삶의 목표나 가치관이 있습니까? 모든 영역에서 꼭 삶의 목표나 가치관을 가지고

표 3-3 수용전념치료(ACT)에서 활용하는 가치관 찾기 목록

1	친밀한 관계 (부부, 커플)	−친밀한 관계에서 어떤 사람이고 싶습니까? −무엇을 하고 싶습니까? −친밀한 관계에서 당신의 역할은 무엇입니까?
2	자녀 양육	−어떤 유형의 부모가 되고 싶습니까? −부모로서 무엇을 실현하고 싶습니까? −부모가 된다는 것은 당신에게 어떤 의미입니까?
3	가족관계 (부부 및 자녀 이외의)	−기타 가족관계에서 무엇을 실현하고 싶습니까? −어떤 유형의 형제자매, 자녀, 고모나 삼촌이 되고 싶습니까?
4	사회적 관계 (우정)	−어떤 유형의 친구가 되고 싶습니까? −친구에게 어떻게 행동하고 싶습니까? −가까운 친구 관계에서 무엇을 실현하고 싶습니까? −이상적인 우정이란 무엇입니까?
5	직업, 경력	−어떤 유형의 근로자가 되고 싶습니까? −직업을 통해 무엇을 실현하고 싶습니까? −일을 통해 어떤 영향을 미치고 싶습니까? −어떤 종류의 일을 하고 싶습니까?
6	교육, 훈련, 개인적 성장과 발달	−더 배우고 싶은 것이 있습니까? −개인적으로 어떻게 성장하고 싶습니까?
7	취미, 여가	−해 보고 싶은 특별한 관심거리, 새로운 활동이 있습 니까? −당신에게 의미 있는 활동이 무엇이 있습니까? −무엇이 당신을 쉴 수 있게, 혹은 즐겁게 합니까? −취미/여가를 통해 무엇을 실현하고 싶습니까?

8	영성	−영성을 통해 무엇을 실현하고 싶습니까? −이 영역에서 당신이 중요하게 여기는 것은 무엇입니까?(종교, 신앙, 삶에서의 초월성 및 경외감, 나보다 더 큰 무언가인 자연/지구와 연결된 느낌 등) −당신이 중요하게 여기는 영성의 유형과 어떤 관계를 맺고 싶습니까?
9	시민의식	−지역사회의 일원으로서 사회에 어떻게 기여하고 싶습니까? −자원봉사, 자선활동, 정치활동에서 무엇을 실현하고 싶습니까? −어떤 사회, 환경의 일원이 되고 싶습니까?
10	건강, 신체적 안녕	−식단, 수면, 운동, 건강 습관 중 향상하고 싶은 것이 있습니까? −신체적 안녕과 관련하여 중요하게 여기는 가치는 무엇입니까? −건강을 통해 무엇을 실현하고 싶습니까?

출처: Hayes, Strosahl, & Wilson (2018), Hayes & Smith (2010)에서 발췌.

있을 필요는 없습니다. 일부 영역에서 특별히 생각나는 것이 없다면 넘어가도 무방합니다.

각 영역에서의 장기 목표에 대해 직접 작성해 본 후, 다음의 과정을 따라가면서 나에게 건강한 즐거움을 줄 수 있는 활동을 개발해 봅시다.

① 각 영역에서의 장기 목표에 대해 직접 작성해 봅니다.

② 장기 목표들의 영역 중 내게 중요하다고 생각하는 순서대로, 혹은 내가 가장 먼저 시도해 보고 싶은 순서대로 번호를 매겨 봅니다.

③ 우선순위의 상단에 위치하는 장기 목표를 2~3개 정도 선별해 봅니다. 각 장기 목표에 부합하는 활동에는 어떤 것이 있을지 1~3개 정도씩 작성합니다.

④ 이 활동들 중 가장 해 보고 싶은 활동을 2~3개 정도 다시 선별하여 번호를 붙입니다.

⑤ 각 활동을 수행하기 위해 필요한 세부적인 활동으로 다시 쪼개 봅니다.

　☞ 예를 들어, '수영 배우기'를 활동으로 선택했다면, 세부 활동은 '수영장 가기'보다 더 작은 단위로 쪼개야 합니다. '어느 수영장에 갈지 인터넷으로 찾아보기' '수영 교습 프로그램 시간표 찾아보기' '수영복을 살 예산을 마련하기' '수영복 살 곳 정하기' 등 아주 작은 단위의 세부 활동부터 시작해야 하겠습니다.

⑥ 가장 작은 단위의 세부 활동부터 계획하여 시도해 봅니다.

　☞ 압도되지 않고 스스로에게 적당한 난이도로 도전하는 자체가 중요하기 때문에 한번에 많은 것을 하려고 하지 말고 간단한 활동부터 시작해 보는 것이 좋습니다. 또한 천천히 활동의 목표치를 증가시켜 나가는 것이 좋습니다.

⑦ 각 단계의 세부 활동을 마칠 때, 그래서 하나의 활동을 개시할 때, 그리고 이 활동이 몇 주 동안 꾸준히 유지될 때마다 스스로의 성취에 대해 인정해 줍니다.

　☞ 그 결과가 아주 미미할지라도 부모님이 '오롯이 자신에게 집중할 수 있는 시간을 가질 수 있었고, 개인적인 삶에서 성취를 이루어 냈음'을 스스로 축하하고 칭찬해 봅시다. 이를 통해 고취된 의욕이 작게는 부모님의 삶의 목표에 부합하는 다음 세부 활동을 수행해 나갈 수 있도

록, 크게는 삶의 주도권을 나에게로 가져올 수 있도록 격려해 봅시다.

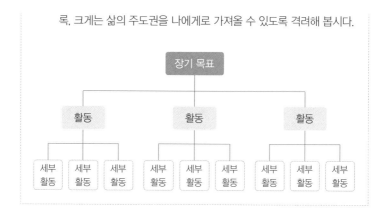

만약 에너지도 의욕도 부족하지만 삶에 지친 마음이 너무도 커서, 도저히 그동안 잊고 왔던 삶의 목표를 마주하거나 새로운 활동을 생각해 보기 어렵다면 마음챙김 명상을 추천드립니다. 마음챙김(mindfulness)이란 현재 순간을 알아차리고 수용하는 것입니다. 여기서 '현재'란 내가 존재하는 여기, 지금 이 순간(here-and-now)을 뜻합니다. 내가 지금까지 무엇을 미처 하지 못했고, 지금 상황에 오기까지 어떤 일들이 있어 왔고, 오늘 내일 어떤 일을 해야 하고, 미래에 어떤 안 좋은 일이 닥칠 것을 예상하고 있는지 등은 중요하지 않습니다. 나의 방식으로 개념화된 과거와 미래보다는, 내게 자리하여 당장 현재에 직접 영향을 미치고 있는 심리상태와 감각, 주변 환경에 초점을 맞추어 명상하는 것입니다.

그리고 '알아차리고 수용하는 것'이란 '현재'에 대해 있는 그대로를 받아들이고 이와 안정적으로 상호작용하는 것입니다. 현재의 경험에 대해 판단하거나 해석을 가미하여 확장, 축소하지 않고, 특정 부분을 외면, 회피하지 않는 것입니다. 잡념이나 반추에는 주의를 기울이지 않습니다. 낙관적으로 생각하기 위해 일부러 애쓸 필요도 없습니다. 나는 현재 순간에 대해 객관적 관찰자가 되는 동시에 경험하는 주체가 됩니다. 이를 통해 경험으로부터 유발되는 부정적인 감정에 휩쓸리기보다는 온전히 나의 경험을 누릴 수 있습니다.

　유튜브에 마음챙김에 활용할 수 있는 좋은 자료들이 많습니다. '마음챙김 명상', '바디스캔(body scan)', '마음챙김 호흡명상' 등의 검색어를 활용하면 됩니다. 마음챙김과 관련한 책들도 많으니, 관심이 있다면 한 권 읽어 보시기를 권해드립니다.

　마음챙김 명상을 위해서는 주변 사람들이 방해하지 않고 소음이 적은 시간대와 장소를 확보하는 것이 좋지만, 꼭 지켜야만 하는 필수 사항은 아닙니다. 만일 혼자 있을 수 있는 시간을 확보하기 어렵다면, 자기 전이나 잠에서 깬 직후에 틈을 내는 방법도 있겠습니다.

　마음챙김 명상을 시작하기 전에 많은 노력을 들여 일부러 심신을 안정되게 가다듬을 필요는 없습니다. 혹은 마음챙김 명상 도중 기분이 나빠지거나 긴장되거나 시끄러운 소리가 들린다고 해서 명상을 멈출 필요도 없습니다. 내 감정과 감각, 주변 상황을 있는 그대로 바라봅니다. 시끄러운 소리에 주의가 분산되는 내 모습을 알아차리면 됩니다. 생각은 생각일 뿐이며, 감각은 감각일 뿐입니다.

　마음챙김 명상을 통해 나의 경험에 온전히 접촉해 보고 이를 객관화된 관점에서 바라봄으로써, 부차적인 정서적 스트레스로부터 한 걸음 물러나 보는 연습을 할 수 있게 됩니다. 하지만 이 보다 더 중요한 것은, 부모님이 나 스스로에게 오롯이 집중하면서 나 스스로만을 위한 시간을 가진다는 점이 가장 큰 의의이겠습니다.

부모님의 좀 더 건강한 기분을 위한 활동을 시도해 보기에 앞서 개인적인 활동 및 사교 활동에 사용할 수 있는 시간을 확보해야겠습니다. 이를 위해 주변의 지지 집단을 활용하면 좋습니다. 아이를 잠시 맡길 수 있는 지역사회 서비스가 있는지 확인해 보십시오. 혹은 주변 친척이나 지인이 있다면 미리 동의를 받아 목록을 가지고 있는 방법도 있습니다.

무엇보다도 아버지, 어머니가 모두 있는 경우, 자폐 자녀를 돌보고 전체 가정을 꾸리는 데 대한 동맹을 서로 맺고 지지처가 되어 주는 것이 중요합니다. 만일 한부모 가정이라면, 자폐 자녀의 부모님들이 모인 지지 집단(모임)을 활용해 볼 수 있습니다.

2) 부모님의 죄책감

현대 의학의 눈부신 발전에도 자폐스펙트럼장애에 대한 명확한 발병 원인에 대해 100% 설명할 수 있는 이론은 아직 존재하지 않습니다. 또한 자폐장애에 대한 연구가 진행되던 매우 초기에 자폐 증후군을 발견한 Kanner 박사는 자녀에게 무관심한 '냉장고 엄마'를 발병 원인으로 지적하기도 했습니다. 그래서 부모님이, 특히 어머니가 아동의 장애에 대해 죄책감을 가지는 경우가 많았습니다. 하지만 '냉장고 엄마'는 더 이상 합당한 병인이 아니라는 사실이 여러 연구를 통해 과학적으로 증명되었습니다. 그럼에도 많은 부모님들이 자녀의 장애에 대해 '혹시 내가 무언가 잘못해서 혹은 어딘가 아파서 자녀에게 원인을 제공하지 않았을까' '내가 이렇게 했다면 혹시 장애가 발병하지 않았을지도 모르는데' 등의 죄책감을 가지는 경우가 여전히 흔합니다.

하지만 부모님은 지금까지 자녀를 기르고 가정을 꾸리는 데 충분히 노력해 왔습니다. 비록 양육에 있어 스스로 충분히 만족할 수 없는 부분도 일부는 있겠지만, 이것이 자폐 아동의 부모로서 해 온 일들도 묻어 버려서는 안 됩니다. 그동안의 과정에서 일부 부족한 부분이 있었다는 생각이 들 수 있고, 이는 세상의 모든 부모에게 해당하는 자연스러운 일입니다. 이로부터 유발되는 죄책감이나 부정적인 감정에 압도되는 것은 자녀를 더 잘 돌보는 데 필요한 인내심과 대처자원을 줄일 뿐입니다.

그렇다면 이러한 불만족스러운 감정을 건설적으로 활용할 수 있도록 시도해 보면 어떨까요? 그동안 부모로서 해 온 일들에 초점을 맞추어 자기효능감을 가지려고 해 봅시다. 부모님은 이러한 부족한 부분을 발견하여 통찰할 수 있을 만큼 양육에 대해 관심을 쏟고 있습니다. 죄책감이나 내가 못한 부분이 자꾸 생각나서 괴로운 것은, 어쩌면 자폐 자녀에게 더 좋은 환경을 조성해 주고 더 나은 양육을 제공해 주고 싶은 마음을 반영하는 것일 수 있으며, 이 역시 자녀에 대한 부모님의 노력일 수 있습니다.

4. 비자폐 형제자매 심리 지원

자폐 자녀에게 투입되는 부모님의 물리적인 시간, 심리적인 노력이 상당히 많다 보니, 자폐 아동·청소년의 형제, 자매, 남매(앞으로 이 책에서는 '비자폐 형제'라고 줄여서 지칭하겠습니다.)는 자연스러운 애정 욕구가 자신이 원하는 만큼 충분히 충족되지 않을 가능성이 있습니다. 이로 인해 비자폐 형제는 욕구 좌절에 따른 상실감이나 슬픔, 더 나아가서는 질투심이나 이에 따른 자책감을 경험할 수도 있습니다.

자폐 자녀에게 연상의 비자폐 형제가 있을 경우, 외동일 때보다 자폐 자녀의 사회적 의사소통의 결함이 덜하고 사회적 적응 기술이 성별에 관계없이 더 나을 수 있다는 연구 결과가 있습니다(Ben-Itzchak 등, 2019). 그러나 비자폐 형제가 잘 적응하고 있는지 알아본 그동안의 연구들을 모아 통합적으로 분석한 메타분석 결과, 자폐 형제를 가진 비자폐 형제들은 모든 비교군에 비해 우울감과 불안 등의 내재화된 증상과 관련된 행동문제, 심리적 기능, 사회적 기능, 형제자매 관계의 질 측면에서 부정적인 결과를 보였습니다. 특히 자폐장애 외 다른 발달장애(예: 다운증후군 등)를 가진 경우보다, 형제자매에게 자폐가 있는 경우에는 유의미하게 기능이 더 저조한 것으로 나타났습니다(Shivers 등, 2019). 즉, 자폐 형제를 가진 자녀에게는 더 세심한 보살핌과 따뜻한 지지가 필요하겠습니다.

1) 일반적인 아동·청소년기 우울증

아동·청소년기의 우울감과 불안감은 성인에서와 다르게 나타날 수 있습니다. 아동·청소년이 언어적으로 '슬프다' 혹은 '우울하다'고 직접 표현하는 일은 비교적 드뭅니다.

먼저 아동기의 경우, 제 나이대의 아이들이 흔히 보이는 생동감과 에너지가 부족하고 어두운 인상을 띠고 있다면, 우울증을 의심해 볼 수 있습니다. 보통은 우울할 때 축 처진 모습을 흔히 떠올리지만, 이와 다르게 우울한 아동은 이유 없이 주변에 과민하게 반응하거나, 심할 때는 분노폭발이나 다른 사람에게 싸움을 걸거나 욕을 하는 등 파괴적인 행동을 보일 수 있습니다. 버릇없고 공격적으로 보일 수 있는 행동의 이면에는 우울감이 자리 잡고 있을 가능성이 있는데, 부정적인 감정들을 견뎌 내다가 스스로 다루지 못하고 행동으로 표출하는 것입니다. 더욱이 파괴적인 행동이 자신 스스로를 향할 때는 더욱 심각한 문제가 됩니다. 아동기에도 자해나 자살에 대한 위험성이 보고되고 있으므로, 자녀의 행동 및 기분 문제에 대해서 세심하게 살펴볼 필요가 있습니다. 아울러, 신체적 불편감의 호소도 아동기 우울증의 신호가 될 수 있습니다. 복통이나 두통 증상의 호소, 수면의 어려움, 체중의 변화 등이 관련될 수 있습니다.

청소년기에는 인지적 발달과 성숙이 이루어지고 시간에 대한 추상적인 개념이 생기게 됩니다. 아동기에서 관찰되는 우울한 증상들에 더해, 청소년기에는 작은 좌절들이 미래에도 지속적으로 영향을 미칠 것이라고 예상할 수 있게 되면서 미래에 대한 비관과 절망감도 경험할 수 있게 됩니다. 뿐만 아니라 자아정체 감이 발달하는 시기가 되면서 부정적인 자기 인식을 경험하게 됩니다. 아동기에도 물론 과도한 죄책감이나 자기 비하, 낮은 자존감과 자신감을 보일 수 있는데, 청소년기에는 '나는 아무것도 잘할 수 없는 사람이야.' '난 아무에게도 사랑받을 수 없는 사람이야.'라고 생각하고 표현하게 됩니다(Mash & Barkley, 2017).

비자폐 형제가 임상적 수준의 우울 증상을 경험할 때 부모님이 이를 빠르게 발견하여 전문적인 치료로 연계하는 것이 필요합니다. 아동·청소년기의 발달 과정 중 나타나는 우울장애는 정서적 고통을 장기화하면서 학교생활이나 학업, 또래 관계 등 일생 동안 여러 영역에 영향을 미칠 가능성이 있기 때문입니다. 또한 가치관과 인생관뿐 아니라 신체 성숙도 이루어지는 시기임을 고려해야 합니다. 아동·청소년기의 우울 증상이 이후의 신체 건강 문제에도 영향을 미친다는 연구 결과도 있습니다.

지금까지 알아본 내용들은 아동·청소년 모두에게 적용할 수 있는 우울증이었습니다. 하지만 나의 형제자매가 자폐를 가진 경우, 이들은 아동·청소년기에 보통의 또래가 겪는 사춘기의 격동에 더해 또 다른 문제들과 맞닥뜨리게 됩니다.

2) 비자폐 형제자매에 대한 특별한 지원

자폐스펙트럼장애에 대한 정보를 개방적이고 정직하게 알려 주어야 합니다. 흔히 비자폐 형제가 경험할 수 있는 불안은 자폐장애에 대한 정보가 부족해서 나타날 수도 있습니다. '나도 시간이 지나면 자폐 형제처럼 되지 않을까?' '내가 뭔가 잘못해서 형제가 병에 걸린 것이 아닐까?' 그리고 자폐 자녀가 보이는 문제행동이나 사회적 위축에 대해 비자폐 형제가 스트레스 반응을 보일 수도 있습니다.

하지만 자폐스펙트럼장애에 대한 정보를 '비자폐 형제의 발달 수준에 맞게' 전달해 준다면, 잠재적인 스트레스 사건으로 인해 발생할 수 있는 부정적인 영향을 줄일 수 있다는 연구 결과가 있습니다. 부모는 비자폐 형제에게 정보를 알려 줄 때, 한번에 자폐장애의 모든 것을 이해할 수 있을 것이라고 절대 기대해서는 안 됩니다. 아직 언어와 인지기능이 발달 중인 아동 · 청소년임을 고려하여 한번에 자폐장애의 모든 것을 A부터 Z까지 알려 주려 하지 말고, 짧게 자주 설명해 주는 것이 더 좋습니다. 나이가 어린 비자폐 형제는 자폐 자녀가 보이는 행동의 특정한 측면만을 이해할 수 있을 것입니다(예: 농담을 잘 이해하지 못한다, 다른 사람들의 말에 별로 반응을 하지 않을 때가 있다, 장난감들을 열 맞춰 노는 것을 좋아한다).

자폐장애에 대한 정보를 전달한 후에는 비자폐 형제가 자신만의 언어로 이해한 것을 표현할 수 있도록 독려해 보고, 잘 이

비 자폐 형제에게 자폐에 대해 설명하기(예시)

> 네 형제자매는 '자폐스펙트럼장애'라고 진단을 받았어. 어려운 문제이지만 꾸준히 치료를 받으면서 조금씩 좋아질 수 있다고 해.

> 이 진단을 받으면 보통 사람들과는 좀 다른 말과 행동을 하게 되고, 다른 사람들이랑 어울리는 방식도 다르게 돼. 예를 들면, 다른 사람들이랑 눈을 맞추는 것을 힘들어할 수 있어. 아니면 친구를 많이 사귀고 싶은 마음이 적다 보니까 주변에 별로 관심을 안 가질 수 있고, 다른 친구가 다가와도 잘 반응해 주지 않을 수도 있지. 그리고 감각적으로 아주 예민할 수 있어서, 어떤 감각을 엄청 싫어하거나 아니면 엄청 좋아할 수 있어. 네 형제자매는 옷이 조금만 까칠까칠해도 안 입으려 하잖아. 이것도 이 병의 여러 가지 증상 중 하나라고 해. 아! 너도 물론 까칠까칠한 옷을 싫어하지만, 그렇다고 해서 네가 자폐인 건 아니니까 걱정하지 마. 자폐 증상이 몇 개 있다고 해서 꼭 이 병에 걸렸다는 건 아니니까 말이야.

> 과학자들이 조사를 해 보니까, 우리나라에는 38명 중 한 명이 자폐스펙트럼장애를 가지고 있대(Kim 등, 2011). 미국에는 우리나라보다 좀 적긴 한데 54명 중에 한 명이 자폐스펙트럼장애를 가지고 있다고 해(Maenner 등, 2020). 그러니까 네 형제자매만 세상에서 유일하게 자폐인 것은 아니고, 너 혼자만 형제자매가 자폐를 갖고 있는 것은 아니니까 너무 외로워하지 않아도 괜찮아.

자폐스펙트럼장애를 가진 사람이 100명이면, 100명이 다 나타나는 증상이 다를 수 있대. 네 형제자매가 가끔 뜬금없이 같은 말을 계속 반복하잖아? 이것도 자폐스펙트럼장애가 보일 수 있는 증상인데, 다른 자폐 친구는 이런 모습 대신에 다른 모습을 보일 수 있는 거지.

자폐스펙트럼장애는 전염되는 장애가 아니야. 그러니까 네가 형제자매와 함께 생활한다고 해서 너도 같은 장애를 갖게 되는 건 아니니까 혹시라도 불안해하지 않아도 된단다.

네 형제자매가 어떻게 자폐스펙트럼장애를 가지게 되었는지는 아직 뚜렷하게 밝혀진 원인이 없어. 유전자 때문이라는 가정도 있고 환경과의 어떤 특정한 상호작용 때문이라는 가정도 있다는데 100% 확실치는 않아. 과학자들이 지금 이유를 밝히기 위해서 열심히 연구 중이라고 해. 분명한 건 네가 무언가 잘못해서 네 형제자매가 자폐 진단을 받았다든지 이런 일은 절대로 없다는 거야.

해했는지 확인해 봅시다. 그리고 이렇게 정보를 전달하는 시간을 자주 가져야 합니다.

아울러, 학령기의 자폐 형제가 이후 혹시라도 증상이 심해졌을 때 어떤 모습을 보일 수 있는지 미리 알고 있다면, 상황이 닥쳤을 때 좀 더 안정적으로 이에 대처할 수 있을 것입니다.

비자폐 형제는 자신의 자폐 형제에게 어떻게 대해야 할지 잘 모를 수 있습니다. 어떻게 하면 함께 즐거운 시간을 보낼 수 있을지 알려 줍시다. 자폐 형제의 관심사에 대해 질문하도록 팁을 줘도 좋습니다. 예를 들어, 자폐 형제가 자동차 바퀴의 종류에 관심을 많이 가지고 있다면, 비자폐 형제가 이와 관련한 주제에 대해 말을 걸어 보도록 도움을 주는 것입니다.

그리고 자폐 자녀가 무언가를 성취했을 때는 비자폐 형제가 이를 칭찬해 줄 수 있도록 격려해 줍시다. 가서 하이파이브를 하거나 "대단한데?"라면서 엄지를 척 세워 주는 등 긍정적인 신호를 자꾸 주는 것입니다. 비록 이에 대해 자폐 형제의 반응이나 표현이 일반적인 또래보다는 적을 수 있지만, 형제자매 간 관계를 돈독하게 만들 수 있으리라 기대됩니다.

한편, 비자폐 형제가 자신의 친구로부터 "네 형제자매는 뭔가 좀 이상해 보여. 왜 그런 거야?"라는 질문을 들으면 어떻게 답해 주어야 할지 곤혹스러울 수도 있고, 혹은 답을 해야 한다고 생각하지 못할 만큼 부끄러워할 수도 있습니다. 부모님이 이 상황에서의 대처법을 미리 알려 준다면, 당사자가 친구관계와 자존감을 잘 유지하는 데 도움이 될 것입니다.

마치 부모님이 비자폐 형제에게 자폐스펙트럼장애에 대해 설명해 주었듯이, 형제자매도 그들의 친구들에게 잘 설명할 수 있도록 도와줍시다. 비자폐 형제에게 친구들은 그들과 다르게 자폐인을 실제로 접해 보지 못해서 모를 수 있다는 것을 알려 주면 좋습니다. 그리고 자폐 증상은 사람마다 증상이 다르게 나타나기 때문에, 그 친구가 본 자폐 증상과 비자폐 형제가 본 자폐 증상이 다를 수 있다고 알려 주십시오. 또한 흔하게는 자폐인이 문제행동만 보인다고 잘못 알고 있을 수도 있으니, 자폐 형제가 가진 강점도 함께 자랑할 수 있도록 해 주면 좋습니다.

자폐스펙트럼장애에 대해 정보를 전달하거나 친구들에게 어떻게 대처해야 할지 알려 주는 과정에서는 비자폐 자녀가 토로하는 좌절감이나 불안감을 수용하고 반영해 주는 것이 중요합니다. 이러한 감정 경험을 피하기는 쉽지 않다는 것을 알려 주어야겠지만, "어쩔 수 없으니 네가 참아야 해." "네가 자폐 형제에게 더 잘 해 줘야 하는 거야."는 식으로 넘기면 안 됩니다. 일단은 사랑을 담아 안아 주고 다음과 같이 따뜻한 말을 건네면서 그 마음을 충분히 공감해 줍시다.

- "어떤 마음인지 알 것 같아. 많이 당황했겠다."
- "네 말을 들으니 화가 났다고 하는 마음을 아빠 엄마가 충분히 이해했어."
- "엄마 아빠라면 그 상황에서 혼자라는 생각이 드니까 외롭고 속상했을 것 같아. 어떤 감정이었는지 좀 더 구체적으로 설명해 줄 수 있어?"

비자폐 형제가 털어 놓는 모든 부정적·긍정적 감정들에 대해 부모는 열린 마음으로 받아들이고 공감해 주며, 그 경험하는 감정 그 자체에는 부모도 한편임을 알려줍시다. 이를 통해 비자폐 형제는 정서적 타당화와 환기가 가능할 것입니다.

그리고 형제끼리 장난감이나 공간을 두고 다투게 될 때 모든 것을 자폐 증상에 기인하는 것으로 설명할 필요는 없습니다. 자폐 형제가 있든 없든 상관없이, 모든 집안의 형제자매는 서로 싸우고 다시 별일 아니었다는 듯 화해하며 놀면서 우애를 다진다는 사실도 함께 알려 주면 좋습니다.

비자폐 형제의 경우 보통의 친구들에게 일상으로 여겨지는 가족 활동들이 제한될 수 있으므로(예: 주말에 사람이 북적거리는 쇼핑몰에 놀러 가기, 영화관에서 함께 영화 감상하기), 부모님은 이들을 위한 특별한 시간을 마련해 줄 필요가 있습니다. 부모는 형제자매의 선호도 고려하여 가족 활동을 계획해야 합니다. 그리고 차별이나 소외당하고 있다고 생각이 들 수 있는데, 부모가 오롯이 형제자매에게만 집중하는 시간을 따로 마련하여, 부모가 형제자매도 특별하게 여기고 있음을 알게 해 주면 좋습니다.

또한 비자폐 형제의 사생활과 생활 범위 등을 존중받고 있다는 느낌을 주어야 합니다. 자폐 자녀가 비자폐 형제의 방을 함부로 침범하거나 물건을 사용할 때, 이를 자폐 증상으로 치부하면서 그냥 두기보다는 비자폐 형제에게 안전한 공간이나 독립적인 공간을 마련해 줄 수 있겠습니다. 자폐 자녀가 비자폐 형제의 방에 들어갈 때는 꼭 노크를 하고 허락을 받은 뒤 들어가는 행동을 교육시키는 것도 필요하겠습니다. 원치 않는 침범을 받았을 때 당연히 기분이 나쁠 수 있음을 공감해 주되, 그의 자폐 형제는 어떤 행동을 배울 때 반복적인 학습과 설명이 필요함을 다음과 같이 상기시켜 줄 수 있습니다.

> "학원에서 열심히 공부하는 동안 네 형제자매가 마음대로 네 장난감을 사용하고 네가 정리하는 방식대로 되돌려 놓지 않아서 정말 화가 난 거 아빠 엄마가 알겠어. 화가 나는 게 당연하지. 그 상황에서 네 형제자매에게 화를 내고 소리를 지를 수도 있었는데 그러지 않고 꾹 참고, 아빠 엄마한테 먼저 도움을 요청해 줘서 고마워. 스스로 감정을 조절할 줄 아는 모습이 대견하고 장하네.
>
> 그런데 자폐스펙트럼장애에 대해 전에 아빠 엄마가 설명해 준 거 혹시 기억하니? 맞아, 한번에 설명을 알아듣기 어렵고, 관심이 있는 대상 앞에서는 행동을 조절하는 것도 조금 어렵다고 했지. 다시 한 번 네 형제자매에게 가서 설명해 보자. 어떻게 설명할지 잘 모르겠으면 아빠 엄마랑 같이 연습해 볼까? 아빠 엄마가 도와줄게.
>
> 다음에 네 설명대로 네 형제자매가 오늘보다 조금 더 나은 방식으로 행동하면, 네 형제자매에게 '오늘 이렇게 행동해 줘서 내가 기뻐.'라고 꼭 말해 주고, 하이파이브 한번 해 주렴. 네 설명 방식이 성공하면 아빠 엄마도 같이 축하해 줄게."

그리고 자폐 자녀가 비자폐 형제에게 공격적이거나 부적절한 문제행동을 보일 때도 마찬가지입니다. 부모님이 적극적으로 개입하는 모습을 보여 주고, 비자폐 형제가 이에 대응하는 방법을 부모님이 알려 주어야 합니다. 무엇보다도, 부모님이 자폐 자녀의 자폐 증상뿐만 아니라 비자폐 형제의 안전에도 세심한 관심을 기울이고 있다는 점을 알 수 있도록 해야 합니다. 이때 비자폐 형제는 안정감을 가지고 자신의 자폐 형제에게 다가가 며 가족 구성원 중 하나로서 존중받는 느낌을 받을 수 있고, 자폐 자녀는 사회기술 향상에 도움을 받을 수 있는 든든한 지원군 하나를 얻을 수 있을 것입니다.

　비자폐 형제는 자신이 평생 동안 혼자 자폐 형제를 책임져야 한다고 생각할 수 있습니다. 이 때문에 부담감이나 두려움, 걱정이 앞설 수 있습니다. 혹은 자신이 단기적으로나 장기적으로 자폐 형제와 떨어져야 할 때 그에 대한 죄책감을 가지게 될 수도 있습니다. 비자폐 형제가 자폐 형제를 일부분 돌봐 주어야 하는 것은 맞지만, 이것이 비자폐 형제의 존재 목적이나 최우선 과제가 되어서는 안 됩니다. "엄마 아빠가 없을 땐 네가 형제자매의 엄마 아빠 역할을 해야만 해."라고 강요할 수는 없습니다.

　비자폐 형제의 삶도 존중해 줄 필요가 있습니다. 그가 성인이 되면, 삶은 스스로의 것임을 알려 줍시다. 그리고 향후 미래에 자폐 형제에 대해 어느 정도 책임을 지고 돌볼 것인지에 대해 비자폐 형제가 선택할 수 있으며, 이 선택을 지지하고 가족 전체의 최선의 결과를 얻기 위해 부모님도 최선을 다할 것임을 알려 주십시오.

제4장

학교생활

1. 교육환경 선택

1) 특수학교, 일반학교

관련법 *

　"통합교육"이란 특수교육 대상자가 일반학교에서 장애유형·장애정도에 따라 차별을 받지 아니하고 또래와 함께 개개인의 교육적 요구에 적합한 교육을 받는 것을 말합니다(「장애인 등에 대한 특수교육법」 제2조 제6호).

　"특수학급"이란 특수교육 대상자의 통합교육을 실시하기 위해 일반학교에 설치된 학급을 말합니다(「장애인 등에 대한 특수교육법」 제2조 제11호).

　"특수교육지원센터"는 특수교육 대상자의 조기발견, 특수교육대상자의 진단·평가, 정보관리, 특수교육 연수, 교수·학습활동의 지원, 특수교육 관련서비스 지원, 순회교육 등을 담당합니다(「장애인 등에 대한 특수교육법」 제11조 제1항).

「장애인 등에 대한 특수교육법」(이하「특수교육법」)은 특수교육 대상자에게 차별 없이 양질의 교육환경을 제공하여 개인적 자

---

*이 책에서 제시하는 법안 및 지원은 2021년 5월을 기준으로 하며, 이후 변경될 수도 있으니 이용 전 확인하시기 바랍니다.

아실현과 사회적 통합을 조화롭게 이루기 위해 제정된 법입니다. 자폐 아동·청소년도 이 법에 근거하여 집에서 가까운 학교에서 차별 없이 적절한 교육을 받을 권리를 가지게 됩니다.

특수교육은 유치원부터 고등학교까지 의무교육입니다.

특수교육 대상자는 일반학교 혹은 특수학교 중 한 곳을 선택합니다.

특수학교는 특수교육 대상자를 위한 학교로, 특수교사가 학생을 가르칩니다.

일반학교에서는 통합교육이 실시됩니다. 일반학교에 특수학급이 설치된 곳도 있지만, 그렇지 않은 곳도 있습니다. 특수교육 지원센터에서 장애정도·능력·보호자의 의견 등을 종합적으로 판단하여 거주지에서 가장 가까운 곳으로 학생을 배치합니다. 거주지 교육청의 특수교육지원센터 홈페이지나 전화상담을 통해 집에서 가까운 곳의 학교 현황을 알 수 있습니다. 전학이나 다른 이유로 자녀의 교육배치를 변경하고 싶을 때도 특수교육지원센터에 문의하면 됩니다.

만일 집에서 가까운 학교에 특수학급이 없다면, 진학하기 전에 미리 특수교육지원센터와 상담 후 해당 교육청이나 교육지원청, 학교에 특수학급 설치를 요구하는 것도 방법입니다.

「특수교육법」에 따르면 초등학교·중학교는 특수교육 대상자가 1인 이상 6인 이하인 경우 1학급을 설치하고, 6인을 초과하는 경우 2개 이상의 학급을 설치해야 합니다. 고등학교는 특수교육 대상자가 1인 이상 7인 이하인 경우 1학급을 설치하고,

7인을 초과하는 경우 2개 이상의 학급을 설치해야 합니다.

2) 전공과

관련법

　"전공과"란 고등학교 과정을 졸업한 특수교육 대상자에게 진로 및 직업교육을 제공하기 위해 특수교육기관에 설치·운영하는 수업연한 1년 이상의 과정을 말합니다(「장애인 등에 대한 특수교육법」 제24조 제1항).

　고등학교 과정 이후 1~3년 과정으로 자기 관리, 여가, 정보통신, 조립, 포장, 대인서비스, 공예, 원예, 농업 등의 내용을 포함한 진로 및 직업 교육을 제공합니다. 다음의 〈표 4-1〉과 같이 특수학교에서 많이 운영하고 있으며, 특수학급이 설치된 일반학교에서도 운영하고 있습니다.

표 4-1 전공과 설치 학교 현황

	학교 수	학급 수	학생 수
특수학교	154	672	5,232
일반학교	18	34	213
계	172	706	5,445

출처: 교육부(2020).

3) 대안학교

관련법

"대안학교"란 학업을 중단하거나 개인적 특성에 맞는 교육을 받으려는 학생을 대상으로 현장 실습 등 체험 위주의 교육, 인성 위주의 교육 또는 개인의 소질·적성 개발 위주의 교육 등 다양한 교육을 하는 학교를 말하며, 대안교육 각종학교로 분류됩니다(「초·중등교육법」제60조의3 제1항).

대안학교는 학교의 설립목적, 특성에 따라 다양한 교육과정을 운영합니다. 부모님이 가지고 있는 자녀교육에 대한 가치관과 학교 교육 방침이 맞는지, 자폐 학생을 포함한 특수교육 대상학생을 위해 적절한 지원을 학교에서 제공할 수 있을지, 사전에 학교와 충분히 의논하는 과정이 필요합니다.

국공립 대안학교와 설립인가를 받은 대안학교를 졸업한 경우 초등학교·중학교·고등학교 졸업 학력이 인정됩니다. 비인가 대안학교를 이수할 경우에는 국가로부터 학력인증은 받을 수 없고, 검정고시 제도를 활용하여 학력을 취득해야 합니다.

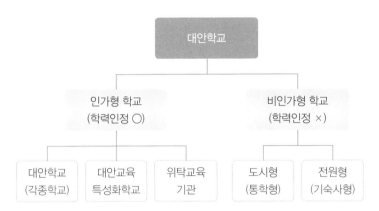

[그림 4-1] 대안학교의 종류

표 4-2   비인가 대안학교의 지역별 현황

지역		학교	과정	연락처
경기	과천	과천맑은샘학교	초	02-504-6465
	고양	고양우리학교	초	031-979-5212
	고양	고양자유학교	초·중·고	031-977-1448
	광명	광명YMCA볍씨학교	초·중	02-809-2081
	의정부	꿈틀자유학교	초·중	031-848-3346
	의왕	더불어가는배움터길	중·고	031-421-3779
	안양	안양YMCA초등대안벼리학교	초	031-423-4574
	고양	불이학교	중·고	031-979-2012
	남양주	산돌학교(기숙)	중·고	031-511-3295
	군포	산울어린이학교	초	031-502-7765
	부천	산학교	초·중	032-651-1186
	수원	수원칠보산자유학교	초	031-292-5929
	수원	중등수원칠보산자유학교	중·고	031-292-5929
	용인	수지꿈학교	초·중	031-264-4552

경기	안양	안양발도르프학교	초·중·고	031-472-9113
	양평	양평자유발도르프학교	초	070-7786-0890
	과천	중등무지개학교	초	02-507-7778
	파주	파주자유학교	초·중·고	031-944-7295
	광주	푸른숲발도르프학교	초·중·고	031-793-6591
	하남	하남꽃피는학교	초	031-791-5683
	고양	한걸음학교	초·중·고	031-975-1399
경남	양산	부산경남꽃피는학교	중·고	055-363-0628
	산청	간디마을학교(기숙)	중·고	055-972-7972
부산	금정	거침없는우다다학교	중·고	051-514-8812
	북구	부산참빛학교	초·중·고	051-364-4211
	남구	부산발도르프학교	초·중·고	051-621-7643
서울	성북	공간민들레	중·고	02-322-1318
	관악	꿈꾸는아이들의학교	중·고	02-855-2529
	종로	꿈틀학교	중·고	02-743-1319
	양천	내일새싹학교	초·중	02-2063-3333
	강북	삼각산재미난학교	초	02-995-2277
	서대문	서울꽃피는학교	고	02-766-0922
	성북	서울정릉발도르프학교	초	070-4135-2010
	관악	성장학교별	중·고	02-888-8069
	마포	성미산학교	초·중·고	02-3141-0507
	강북	소보사대안학교	초·중·고	010-9292-4505
	서초	숲나-플레10년	초·중·고	070-7656-8328
	광진	아름다운학교	중·고	02-2201-8190
	영등포	하자작업장학교	고	070-8871-3940
	영등포	사람사랑나눔학교	초·중·고	02-986-7474

인천	남동	열음학교	초	032-654-5754
전북	남원	실상사작은학교(기숙)	중·고	063-636-3369
광주	광산	지혜학교(기숙)	중·고	062-962-0980
전남	곡성	곡성평화학교(기숙)	중·고	061-363-7775
	강진	늦봄/문익환/학교(기숙)	중·고	061-433-7210
	순천	사랑어린학교	중	061-742-1231
충북	제천	제천간디학교(기숙)	중·고	043-653-5791
충남	금산	금산간디학교(기숙)	중	041-751-1249
	금산	금산간디학교(기숙)	고	041-753-2586
	공주	대전충남꽃피는학교	초	041-855-7761
	서산	샨티학교(기숙)	중·고	041-665-0213
제주	제주	보물섬학교	초·중	070-8870-0669

출처: 대안교육연대 psae.or.kr 발췌 후 수정.

원래 다니던 학교에 학적을 두고 다니는 위탁형 대안학교의 경우, 과정을 이수하면 원적 학교의 졸업장을 수여받는 형식으로 학력인증을 받습니다. 재학생은 다니던 학교를 자퇴하지 않고 적을 둔 상태에서 위탁 교육을 신청해야 하며, 이미 학교를 중퇴한 청소년의 경우 재입학(편입학)을 통해 학적을 회복한 후에 위탁교육을 신청할 수 있습니다. 학교 안에 대안교실을 두고 운영하는 시·도도 있습니다. 시·도별로 운영이 다르니 자세한 내용은 시·도별 교육청 대안교육지원센터에 문의하면 됩니다.

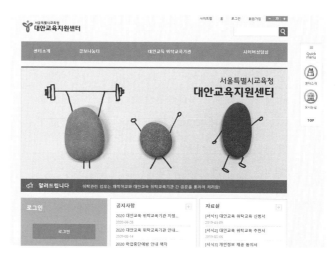

[그림 4-2] 서울특별시교육청 대안교육지원센터 홈페이지

출처: http://daeancenter.or.kr/index.do

4) 특수교육 관련 서비스

특수교육 관련 서비스는「특수교육법」제28조에 명시되어 있는 내용입니다.

'교육감과 각급 학교의 장은 가족상담, 부모교육 등의 가족지원, 보조인력, 각종 교구, 학습 보조 기기, 보조 공학 기기 등의 설비, 통학 차량, 통학비, 통학 보조인력의 지원 등 통학 지원대책을 마련하여야 한다'. '기숙사 운영 시 생활지도원, 간호조무사를 두어야 한다'. 그리고 '학교에서 제공하는 각종 정보는 장애유형에 적합한 방식으로 제공되어야 한다'는 것이 법 내용입니다.

　지금까지 계속 법 이야기가 나오고 있습니다. 그 이유는 우리 자녀의 교육이 시혜가 아니라, 법에 근거한 권리라는 것을 강조하기 위해서입니다. 법에 근거하여 필요시 학교에 요구할 수 있습니다.

관련법

　"특수교육 보조인력"이란 교사의 지시에 따라 교수·학습 활동, 신변처리, 급식, 교내외 활동, 등하교 등 특수교육대상자의 교육 및 학교 활동에 대해 보조 역할을 담당하는 사람을 말합니다(「장애인 등에 대한 특수교육법 시행규칙」 제5조 제1항).

　특수교육 대상자를 위한 보조인력은 교육공무직원(특수교육지도사 또는 특수교육실무사), 사회복무요원, 자원봉사자가 있습니다. 교육공무직원의 경우 교육청에서 배정한 지역별 정원을 토대로 배치 기준에 따라 특수교육운영위원회 심의를 통해 배치하고 있습니다. 사회복무요원은 학교에서 신청서를 제출하여, 병무청에서 인력 배정을 통해 배치됩니다. 자원봉사자는 각 학교에서 교육지원청에 신청합니다. 신청 기간 내 신청서를 제출한 학교를 대상으로 배치되며, 학기 중에 추가 신청은 어렵습니다.

　학교 장면에서 보조인력의 적절한 지원은 큰 도움이 되겠습니다. 하지만 자녀가 너무 많은 지원에 의존하게 되는 것은 아닌지, 스스로 해야 할 기회와 자연스럽게 친구 관계를 맺는 기회를 덜 갖게 되는 것은 아닌지, 보조인력과 교사와의 관계에 어려움은 없는지 함께 의논하며 확인하는 과정도 필요합니다.

등하교 지원: 장애인 활동지원

자녀가 혼자서 등교를 할 수 있게 하는 것이 중요하겠습니다. 하지만 아직 도움이 필요한 자녀라면 매일 아침, 저녁으로 등하교를 챙기는 것이 쉽지 않을 수 있습니다. 이 경우, '장애인 활동지원'을 활용해 보십시오.

「장애인활동 지원에 관한 법률」에 근거하여 만 6세 장애인부터 나라에서 지원을 받을 수 있습니다. 주소지 관할 주민센터에서 접수하고, 국민연금 공단 담당자와 면담을 통해 수급자 심의위원회를 거쳐, 활동지원 이용 가능 여부와 시간이 결정됩니다.

하지만 이 제도로 학부모님을 만날 수 없다 보니, 학부모님과의 소통에 어려움을 호소하는 교사도 있다고 합니다. 직접 매일 만나지 않아도 교사와 소통할 수 있는 방법을 찾는 것이 필요하겠습니다.

2. 학교생활 적응: 학업

1) 인지적 특성:
내 아이의 강점은 무엇일까요?

학업 성취에 영향을 주는 인지 · 행동적 특성

- 자극의 과다선택
- 전체보다 부분에 대한 집중
- 내적 동기의 부족
- 사회적 강화에 대한 무관심
- 감각적 문제
- 강박적인 집착
- 특정한 영역에 대한 과도한 관심

아이마다 인지적 수준이 다양합니다. 자폐 아동의 지능지수는 표준화된 지능검사를 통해 측정하는데, 매우 낮은 수준부터 높은 수준까지 폭넓게 분포합니다. 어린 나이에 문자나 숫자를 스스로 습득하는 경우도 있는 반면, 간단한 글자나 숫자 읽기도 어려워하는 경우까지 다양합니다. 그러나 조기에 개입하여 다양한 치료나 교육을 제공함에 따라 지적기능의 예후는 긍정적으로 나타나기도 합니다.

인지 영역별 차이가 크기도 합니다. 자폐 아동의 경우, 지능검사 내에서 영역별로 편차를 보이곤 합니다. 기능수준이 낮은 자폐 아동의 경우 주로 비언어 과제에서 상대적으로 점수가 높고, 말을 잘하는 고기능 자폐 아동의 경우 언어 과제에서 점수가 높게 나타나기도 합니다(이소현 등, 2016).

과목별 성적의 차가 클 수 있습니다. 수학계산은 잘하지만 응용문제는 풀지 못할 수도 있고, 아주 어려운 단어를 알고 있지만 그 단어가 사용된 글의 맥락을 파악하기 어려워하는 경우도 있습니다. 따라서 자폐 아동의 인지 능력을 파악할 때에는 전체 지능지수보다 지적 능력의 프로파일이나 양상을 살펴보는 것이 더 중요합니다(방명애 등, 2018).

(1) 읽기와 쓰기

① 읽은 내용을 이해하기 어려워합니다

일반적으로 자폐 아동은 문자를 읽을 수 있고, 어릴 때부터 글자나 숫자 같은 문자에 관심을 보이기도 하고 스스로 깨우치기도 합니다. 이에 저학년까지는 또래보다 우수한 성취를 보이기도 합니다. 또한 고기능 자폐 아동은 대체로 말을 잘하고 풍부한 어휘력과 높은 읽기 수준을 보이며, 현학적 표현의 사용을 즐기기도 합니다.

그러나 추상적 개념의 사용과 요구가 많아지는 초등학교 고학년 시기부터 문자를 읽는 능력과 그 문장의 핵심을 이해하고 숨은 뜻을 파악하는 능력 간의 격차가 커지게 됩니다. 그리고 내용을 추론하거나 문제를 해결하기 위해 배경지식이나 정보를 활용하는 데 어려움을 보일 수 있습니다.

② 쓰기를 힘들어합니다

자폐 아동에서 소근육 운동 및 눈–손 협응 영역의 발달이 지연되는 경우가 흔합니다. 이로 인해 글씨 쓰기를 힘들어하고 쓰기에 대한 동기가 형성되지 않아 쓰기 과제 자체를 거부하는 아동도 있습니다.

그래서 쓰기 활동을 통한 과제물을 제출해야 할 일이 많아지는 초등학교 고학년 이후에, 자폐 아동은 실제 인지 능력에 비해 학습능력이 낮게 평가될 수 있습니다. 나아가 쓰기를 거부하는 등의 태도는 순종적이지 않고 반항하는 모습으로 여겨질 우려도 있습니다.

(2) 수학

① 수학적 능력이 다양합니다

자폐 아동의 수학적 능력은 숫자나 수 개념을 이해하기 어려워하는 경우부터 어려운 수학 공식을 잘 외우고 계산을 잘하는 경우까지 다양합니다. 꾸준한 학습과 훈련을 통해 사칙연산과 같은 문제를 해결할 수도 있습니다. 그리고 퍼즐, 패턴이나 도형과 같은 시공간적 문제에 흥미를 보이고 쉽게 해결할 수도 있습니다.

② 문장으로 제시되는 수학 문제를 해결하기 어려워합니다

독해력의 제한 때문에 문제 자체를 이해하지 못했을 수 있습니다. 문제를 해결하기 위해 순서를 세우거나 답을 도출하기까지 과제에 집중하기가 어렵기 때문일 수도 있습니다. 또 공식을 잘 외우지만 문제에 적용하지 못하기 때문일 가능성도 있습니다.

(3) 기타

① 특정 주제에 대해 높은 관심을 보입니다

자폐 아동은 숫자, 동물에서부터 역사, 기후, 행성을 비롯한 과학 등 특정 주제에 대해 높은 관심을 보이기도 합니다. 그리고 이러한 관심은 수집이나 지식 습득과 같은 행동으로 표현됩니다. 예를 들어, 999라는 숫자에 흥미가 있는 아이는 좋아하는 피규어를 999개 모으려고 노력하기도 하고, 자동차를 좋아하는 아이는 모 브랜드 자동차의 이름과 기능을 출시 연도순으로 백과사전처럼 줄줄 외우는 경우도 있습니다. 그리고 이러한 관심은 변화되기도 하는데, 예를 들어 동물에 대한 관심은 척추동물이나 곤충 등으로 옮겨 가기도 합니다.

그래서 자신의 관심사와 관련된 과목 수업에서는 집중을 잘할 수도 있습니다. 그러나 그렇지 않은 과목에 대해서는 집중하기 어렵고 이 때문에 행동문제를 보이기도 합니다.

② 주의집중에 어려움이 있습니다

자폐 아동은 활동을 하다가 다른 관심사로 빠지기도 하고, 주위 환경에 쉽게 방해를 받아 주의가 산만해지고 과제를 마무리하지 못하기도 합니다. 반면, 지나치게 꼼꼼하고 중요하지 않은 세부 사항에 주의를 기울이느라 정작 해야 할 일을 시작하지 못하는 아동도 있습니다. 주의를 기울여야 할 것을 적절히 선택하고 방해가 되는 것을 차단하는 방법을 스스로 찾는 것이 자폐 아동에게는 어려운 부분일 수 있습니다.

주의집중의 다양한 어려움과 대처

주의집중의 어려움은 주의집중의 시작, 유지, 전환으로 크게 세 가지로 나누어 생각해 볼 수 있습니다. 아동이 어느 부분에서 특히 어려움을 보이는지 살펴보고, 이에 맞추어 도움을 제공하여 과제의 참여도를 높여 줄 수 있습니다. 사례를 통해 어떻게 도와줄 수 있을지 생각해 봅시다.

• 주의집중을 '시작'하기

숙제를 하러 방에 들어간 영호는 숙제를 시작하지 않은 채 의자에 앉아 빙글빙글 돌기만 합니다.

이때 누나가 "영호야, 2월 28일 화요일 숙제 시작!"이라고 짧게 말합니다. 영호는 누나의 말을 듣고 숙제 목록표를 보고 숙제를 알았고, 첫 번째 숙제를 시작할 수 있게 되었습니다.

• 주의를 '유지'하기

영호는 교과서의 시를 노트에 옮겨 쓰고 있는데, 밖에서 비행기가 지나갑니다. 영호는 비행기를 쳐다보자 국군의 날 비행 훈련 장면이 떠올랐고, 노트 여백에 비행기를 그리기 시작했습니다.

이때 5분에 한 번씩 설정해 둔 알람이 울렸습니다. 영호는 알람 소리를 듣고 자신이 시를 다 쓰지 못하고 있음을 알아차렸습니다. 영호는 다시 시를 이어서 쓰게 되었습니다.

• 주의를 '전환'하기

영호는 그림 그리기를 시작하면 놀랍도록 집중합니다. 피아노 선생님이 오셔서 수업을 받아야 하는데, 그림 그리기를 멈추기 어렵습니다. 엄마는 가급적 영호가 그리기를 다 마칠 수 있도록 충분한 시간을 주려고 합니다. 그러나 만약 멈추고 다른 것을 해야 할 경우에는 미리 약속한 신호("하나, 둘, 셋, 그만")를 줍니다.

☆ 생각해 봅시다

내 아이의 주의집중의 어려움은 _____ 상황에서 많이 나타납니다. 이것을 도와줄 수 있는 방법은 _____가 있습니다.

③ 실행 기능의 결함을 보입니다

자폐 아동·청소년의 학업 성취에 부정적 영향을 주는 가장 큰 인지적 특성은 실행 기능의 결함입니다.

초등학교 고학년 이후 과목도 많아지고 학교 일정도 복잡해지는데, 자폐 아동은 해야 할 일의 우선순위를 정하거나 기한에 맞추어 일정을 효율적으로 계획하는 데 어려움을 경험합니다. 그리고 실제로 잘할 수 있는 능력이 있더라도, 과제를 시작하고 마무리하기까지 정보를 처리하고 산출하는 데까지 시간이 오래 걸릴 수 있습니다.

지금까지 자폐 아동의 전반적인 인지적 특성을 살펴보았습니다. 그렇다면, 내 아이의 개별적인 인지적 강점과 약점, 그리고 학습 스타일과 선호는 무엇입니까? 평상시 자녀를 면밀하게 관찰하여 내 아이의 특성에 대해 파악하는 것은 중요합니다. 왜냐하면 부모님은 학교 개별화교육계획(IEP) 회의나 치료 시작 전, 선생님·치료사에게 자녀에 대한 기본 정보로 알려줄 수 있고, 가정에서 자녀의 학습 준비를 돕는 데 중요한 자원이 될 수 있기 때문입니다.

내 아이의 강점 찾기

• 내 아이의 강점을 먼저 찾아봅시다.

예: 눈으로 본 것을 잘 기억합니다.

귀로 들은 리듬이나 영상에서 나온 말을 잘 외웁니다.

순서나 규칙을 잘 기억하고 지키는 것을 좋아합니다.

사물의 세밀한 부분을 잘 관찰하거나 그대로 그릴 수 있습니다.

역사 연대기 외우기를 좋아합니다.

자폐 아동의 특성 중 규칙이나 일관성에 대한 고집, 특정한 분야에 대한 몰입, 세부 사항에 주의를 기울이는 점 등을 문제점으로만 보기보다, 강점으로 여기면서 학습의 디딤돌이나 진로지도에 활용할 수 있습니다. 예를 들어, 도서관 책을 정리하거나 카페 바리스타가 되는 것은 규칙과 순서에 관련된 자폐 아동의 인지적 특성을 강점으로 한 업무일 것입니다.

• 강점 찾기 질문

–자녀는 무엇을 할 때 즐거워합니까?

–자유시간이 있을 때 무엇을 선택합니까?

–부모에게 주로 어떤 것들을 물어봅니까?

–아이가 먼저 나에게 와서 하는 말은 무엇입니까?

–아이가 사 달라고 하는 물건은 무엇입니까?

–가르치지 않아도 알고 있는 지식은 어떤 것이 있습니까?

☆ 생각해 봅시다

내 아이가 잘하는 것은 _____ 입니다.

2) 학교 적응 준비

(1) 기능적 학업 기술

① 어려운 수업, 다 배워야 할까요?

아동이 초등학교 고학년이 되어 교과서를 받으면 '아이가 이 어려운 것을 어떻게 배울까?' '과연 이 내용이 아이에게 도움이 될까?' '이 시간에 도움실로 가는 게 나을까?'와 같은 고민이 생길 수 있습니다. 우리는 초등학교 고학년 이후 학교의 교육과정과 목표, 내용이 내 아이에게 필요한 것인지 생각해 볼 필요가 있습니다.

- 교육목표와 내용이,
    - 내 아이의 현재와 미래에 필요한가?
    - 내 아이의 일상생활에서 활용될 수 있을까?
    - 부모와 가족들에게도 의미 있는가?

교육목표와 내용이 내 아이에게 어려운 것 같다고 해서, 그 개념을 가르치지 않아도 된다는 것을 의미하지는 않습니다.

우선, 자폐 아동의 장애 특성을 고려하는 것이 중요합니다. 즉, 아동의 사회성, 의사소통 기술을 향상시키기 위해서 무엇을 배워야 할지 생각해 봅니다. 그리고 아동의 생활연령에 따라 강조하는 바와 다루어야 할 내용이 달라져야 합니다. 어릴 때에는 양육자와 애착을 형성하고 주고받는 상호작용을 강조할 필요가 있는 반면, 청소년기에는 독립적인 생활기술을 습득하는 것을 강조해야 합니다. 학교에서 개별화교육계획(IEP) 회의를 할 때 일반교사, 특수교사와 함께 이러한 내용을 의논하고 협력해 볼 수 있습니다.

이렇게 내 아이의 특성에 맞게 수업목표나 내용을 조정하는 것을 우리는 개별화(individualized)한다고 합니다.

■ 연령별 교육내용의 강조점

영유아기	• 조기발견과 조기개입 • 상호작용을 촉진하는 가정환경 • 공동관심 • 양육자와의 관계 형성 • 특별한 관심을 활용한 사회적 관계 형성 • 가족 참여
아동기	• 학업지원 • 학교생활 지원 • 또래 관계 형성을 위한 사회성 기술 • 감각문제를 고려한 성교육 • 특별한 관심을 활용한 전환기 교육 • 지역사회 적응기술
청소년기	• 청소년기 신체적 변화에 대한 적응 • 특별한 관심을 활용한 직업기술 준비 • 성인기 사회 적응을 위한 사회적 관계 형성 기술 • 지역사회 적응을 위한 독립적인 기술

출처: 이소현 등(2016).

② 무엇을 배우면 좋을까요?

자폐스펙트럼장애 자체의 특성, 내 아이의 인지 및 행동 특성과 부모의 교육철학 등을 고려하여 학업 및 적응 기술을 증진시키기 위해 가정에서 지도할 수 있는 것을 생각해 볼 수 있습니다.

예를 들어, 수학과목에서 사칙연산이나 단위를 배우는 학년이라면 실제 일상생활에서 많이 쓰이는 덧셈, 뺄셈 연산이나 무게, 길이를 도구를 사용하여 익히게 할 수 있습니다.

그리고 글을 이해하는 데 어려움을 보이는 아이에게 좋아하는 보드게임 설명서를 활용하여 읽기를 지도하면, 학습동기도 높아질 것입니다.

기능적 학업기술이란?

자폐 아동을 가르칠 때에는 학교나 지역사회에서 사람들과 관계를 맺으면서 생활할 때 가장 많이 사용할 수 있는 기술들을 교육목표로 정하고 실생활에 접목하는 방향으로 내용을 구성하는 것이 좋습니다. 이러한 목표기술을 기능적 기술(functional skill)이라고 합니다. 추상적인 개념을 가르치는 것보다 실생활과 연관지을 때 자폐 아동들은 흥미를 보이고 집중하며 습득도 잘합니다.

기능적 학업기술 목표 세우기

사례

정우 부모님에게는 새로운 고민이 생겼습니다.

정우가 초등학교 4학년이 되면서 사회과목 수업이 어려워져 수업 시간에 집중을 잘하지 못하고, 좋아하는 지하철역 이름, 자동차 종류 이름을 읊는 등 혼잣말을 많이 한다고 합니다. 또 선생님이 켜 놓은 컴퓨터로 가서 자기가 좋아하는 영상으로 바꾸어 틀기도 해서 수업에 방해가 될 때도 있다고 합니다.

학교에서 보내 준 수업계획안을 보니 이번 주 사회시간에는 '지역사회의 기관과 하는 일'을 배울 예정입니다. 정우가 일반학급에서 친구들과 함께 수업에 참여할 수 있도록 집에서 어떻게 도와주면 좋을까요?

• 정우의 어려움과 강점은 무엇입니까?
  1. 어려움–혼잣말을 함, 수업 시간을 방해함
  2. 강점–역 이름이나 명칭에 관심이 많음, 영상이나 사진 같은 이미지를 좋아함

• 집에서 무엇을 도와줄 수 있습니까?
  1. 지역사회의 기관 중 정우가 자주 이용하는 동네의 기관들의 이름과 하는 일에 대해 미리 알아보아 수업 내용을 친숙하게 합니다.

기능적 학업기술 목표

- 영호가 이용하는 동네의 기관 이름과 하는 일 알기(예: 복지
  관, 청소년문화센터, 세탁소, 편의점, 도서관, 소아과 등)
- 기관의 간판 사진 찍어 보기
- 기관에서 하는 일 표현해 보기(예: 그림 그리기, 사진 붙이기,
  문장으로 써 보기)

---

2. 정우가 좋아하거나 친숙한 기관의 이름이나 하는 일의 장
   면을 사진으로 찍어 선생님께 전달할 수 있습니다.

- 정우는 자신에게 친숙한 사진 자료이기 때문에 수업에 더 잘
  집중할 수 있습니다. 또한 정우의 실생활에 적용해 볼 수 있
  는 내용을 배우므로 더 기능적이고 효과적인 활동이 될 수
  있습니다.

(2) 중·고등학교 입학 전 준비

중·고등학교는 무엇이 다를까요?

• **과목이 많아지고 과목마다 담당 교사가 다릅니다.**

중·고등학교에서는 과목의 수가 많아지고 들을 과목을 선택하는 경우도 있습니다. 그리고 과목마다 교사가 다르고, 교사마다 수업 스타일이나 학생들에게 기대하는 것이 다를 수 있습니다. 학교 사정에 따라 수업 시간표나 교사가 바뀌는 등의 다양한 변수가 생길 수도 있습니다.

• **과목마다 교실이 달라질 수 있습니다.**

초등학교에서는 한 교실에서 모든 과목 수업을 듣고 담임교사가 아이들을 지도합니다. 그러나 중·고등학교에서 담임교사는 교실에 상주하지 않습니다. 그리고 과목에 따라, 과학실, 미술실, 기술가정실, 체육실, 강당 등 수업받는 장소가 달라집니다.

• **시험 기간이 따로 있습니다.**

중간고사, 기말고사, 수행평가 등 중·고등학교에서는 시험 기간이 별도로 있습니다. 수행평가의 경우, 과목마다 평가 날짜가 다를 수 있습니다.

초등학교에서 중·고등학교로 진학할 때, 많은 학생이 막연한 불안과 두려움을 느낍니다. 특히 자폐 아동은 이러한 변화에 더욱 취약할 수 있습니다. 새로운 학교, 교실, 선생님과 친구들,

그리고 새로운 수업 분위기 등 모든 것이 바뀌게 되는데 이러한 변화는 아동에게 기대나 설렘보다는 불안을 야기할 수 있습니다.

자폐 아동은 자신의 스트레스를 적절한 방법으로 표현하는 데 서툴기 때문에, 이러한 상황에서 학업문제뿐만 아니라 행동문제를 보이기도 합니다. 예를 들어, 등교를 거부하기도 하고, 교실을 무단이탈하거나, 감각적 혹은 공격적 행동문제를 보이기도 합니다.

따라서 이러한 물리적인 환경 변화를 겪기 전에 내 아이의 특성에 따라 가정에서 준비한다면 보다 순조롭게 적응할 수 있습니다. 이것은 수업 참여나 또래와의 관계 형성에도 긍정적인 영향을 줄 수 있습니다.

학교 입학 전, 무엇을 준비하면 좋을까요?

사례

학교 입학을 앞두고 있는 지윤이 부모님은 요즘 밤잠을 설칩니다. 지윤이는 어렸을 때부터 익숙해진 규칙이나 환경이 바뀌면 불안해하고 고음을 지르면서 몸을 좌우로 흔드는 행동을 자주 보였습니다. 그래서 새롭게 만나게 되는 친구들이나 선생님들과 학교생활을 잘할 수 있을지 걱정이 됩니다.

지윤이가 좀 더 잘 적응할 수 있도록 무엇을 준비하면 좋을지 생각해 봅시다.

- 자녀와 함께 학교에 미리 가 봅니다.

  학교에서 자녀가 다니게 될 동선을 따라 차례대로 가 봅니다. 교문–교실–식당–화장실–특별실(과학실, 음악실, 미술실, 기술·가정실, 특수학급) 등 각 교실의 표지판도 읽어 보고 책상, 사물함, 칠판 위치 등 교실구조를 살펴봅니다. 사물함의 경우, 열쇠를 미리 준비해서 비밀번호를 외워 잠그고 여는 연습을 하도록 합니다.

  각 장소를 사진이나 동영상으로 찍어 자주 보면서 설명해 주면 좋습니다.

- 교과서를 미리 살펴봅니다.

  교과서를 미리 구입하여 새로운 과목 이름에 익숙해지게 합니다. 과목 이름별로 노트를 만들어 보거나 교과서 목차나 그림도 함께 봅니다. 예를 들어, 기술·가정 교과에 대해 "기술·가정은 줄여서 기가라고 부르기도 해. 요리나 기계에 대해서 배우는 과목이야. 가사실습실(기가실)이라는 곳에 가기도 해. 거기는 우리 집 주방처럼 생긴 곳인데 싱크대, 가스레인지, 오븐 같은 것도 있어서 요리시간을 가질 수도 있어. 우리 지윤이는 뭐 해 먹어 보고 싶어?" 하면서 이야기를 나누어 볼 수 있습니다.

- 시간표 보는 방법을 익힙니다.

  중·고등학교에서는 과목이 많아지고 시간표가 변경될 때도 있는데 담임 선생님이 미리 알려 주지 못할 수도 있습니다.

  그러므로 시간표 예시를 만들어 요일별 시간표를 보는 방법이나 시간표에 따른 수업 준비를 연습해 볼 수 있습니다.

갑자기 시간표가 바뀌는 상황도 연출해 봅니다. 가령, 오늘은 비가 오니 체육 대신 음악으로 바뀌었다고 말해 줍니다. 이때 시간표에 체육이라고 써 있어도 음악이라고 생각하고 음악수업을 준비해야 한다고 알려 줍니다.

그리고 음악은 교실에서 할 수도 있고, 음악실로 가야 할 수도 있음을 알려 줍니다. 교실에서 하는지, 음악실에서 하는지 모를 때에는 짝에게 물어볼 수 있도록 엄마와 역할을 정해서 연습해 보면 좋습니다.

• 시계, 달력, 핸드폰의 다이어리 및 알람 기능을 연습해 봅니다. 중학교에서는 과목마다 과제, 가정통신문, 수행평가나 시험 일정이 다를 수 있습니다. 기한을 알 수 있는 다양한 수단들 중, 자녀가 좋아하거나 잘 이해하는 것을 미리 찾아 둡니다. 자폐 아동은 보통 수를 좋아하고 정해진 규칙을 선호하는 편이므로, 이러한 도구 사용은 아동에게 흥미와 심리적 안정을 줄 수 있을 것입니다.

〈과제 제출 날짜를 표시한 달력〉

* 과제 제출 날짜에 해당과목 교과서 사진을 붙여 눈에 잘 띄게 합니다.

☆ 생각해 봅시다

내 아이가 갈 학교 이름은 ＿＿＿＿＿＿＿＿＿＿＿＿＿입니다.

나는 학교에 가기 전, 아이와 함께

① ＿＿＿＿＿＿＿＿＿＿＿＿＿＿＿.

② ＿＿＿＿＿＿＿＿＿＿＿＿＿＿＿를 해 볼 계획입니다.

3) 수업 적응 준비

(1) 환경 고려하기

자폐 아동이 환경 변화의 스트레스로 인해 보이는 어려움을 개인의 행동문제로 접근하기 전에, 우선적으로 고려해야 할 점이 있습니다. 바로 자녀가 접하는 환경을 아이의 특성에 맞게 바꾸어 줄 수 없을까 하는 것입니다.

환경적 지원이란 아동이 상황의 변화를 예측하고 다른 사람이 기대하는 바를 알 수 있도록 물리적인 공간을 구성해 주는 것입니다. 자폐 아동의 인지적·행동적 특성을 고려했을 때, 환경구성이나 학습 과정을 구조화하는 환경적 지원은 우선적으로 고려해 볼 수 있는 전략입니다.

환경적 지원은 아동이 접하는 환경이 다양하기 때문에 필요합니다. 그리고 환경적 지원은 학교, 교실, 자녀의 방과 같은 물리적인 공간뿐만 아니라, 시간표, 교과서, 과제, 필기도구, 자녀의 책상이나 조명, 커튼까지 자녀가 사용하는 모든 교구·교재들과 그 제시 방법을 포함합니다. 예를 들어, 지문을 읽을 때 단어를 건너 뛰는 실수를 하는 아동에게 줄을 그으며 읽을 수 있도록 형광펜을 주는 것도 환경적 지원입니다.

자폐 아동을 위한 환경

다음 세 가지 원리를 고려해서 내 아이에게 맞는 가정 환경을 만들어 봅니다. 환경 구성만 잘해 주어도, 자녀의 행동문제를 줄이고 과제 참여를 높일 수 있습니다.

- 감각적 특성을 고려한 편안한 환경입니까?
- 예측이 가능한 구조화된 환경입니까?
- 변화에 적응할 수 있는 융통성 있는 환경입니까?

환경을 구조화하는 것은 다음과 같은 이점을 가집니다. 첫째, 자녀의 불안을 낮출 수 있습니다. 이유 없이 배회하거나 활동을 시작하지 못하고 안절부절못하는 행동을 줄일 수 있게 됩니다. 둘째, 자녀에게 무엇을 언제 어디서 시작해야 하는지 명확하게 알려 주는 예측 가능성을 만들어 줍니다. 셋째, 교사나 부모, 또래에 대한 의존성을 낮추고 독립성을 높이는 데 도움을 줍니다.

가정에서도 학습 공간과 놀이 공간을 구분해 놓거나 가족들과 함께 있는 공간과 혼자 조용히 있을 수 있는 공간을 마련해 두는 것도 환경의 구조화입니다.

그러나 구조화된 환경적 지원은 성인이 일방적으로 정한 틀을 아동에게 제시하는 것으로 그쳐서는 안 됩니다. 어느 정도의 틀 안에서 아동이 선택할 수 있는 것들을 최대한 다양하게 제시해야 하며, 아동의 욕구와 자존감을 충족시키는 것을 간과하지 않도록 유의합니다.

한편, 방해되는 자극을 줄여 주는 것도 필요합니다. 자폐 아동은 외부의 감각적 자극에 쉽게 영향을 받고 이를 스스로 조절하는 것이 어려울 수 있으므로, 시각적 · 청각적 · 촉각적 민감함을 최소화해 주는 것이 도움이 됩니다.

같은 환경이라 해도 아동마다 민감하게 반응하는 감각의 종류와 강도가 다를 수 있습니다. 예를 들어, 어떤 아동은 선풍기 바람이 방해가 되므로 바람이 직접 닿지 않는 곳에 앉는 것이 적절할 수 있지만, 어떤 아동은 땀이 나는 것을 싫어해서 바람이 잘 드는 곳에 앉는 것이 나을 수도 있습니다. 자녀의 감각적 특성을 먼저 파악하고 그에 맞는 방법을 찾는 것이 중요합니다.

감각적 민감함을 줄이는 방법

(다음의 내용은 예시이므로 아동에 따라 다르게 적용될 수 있습니다.)

- 시각적 민감함을 줄여 주기
  - 창 측 자리보다 벽 측 자리에 앉기
  - 빛의 양을 조절하도록 커튼 치기
  - 현재 활동과 관련 없는 물건 치우기
  - 사물이 반사되는 유리나 덮개 깔지 않기

　　　－방 안의 액자, 장식 등 시각적 분산을 줄여 주기

- 청각적 민감함을 줄여 주기

　　　－스피커 앞자리 피하기

　　　－학생들의 출입이 많은 문 옆자리에 앉지 않기

　　　－시끄럽거나 쉴 때 들을 수 있는 음악, 헤드폰, 귀마개 준비
　　　　하기

- 촉각적 민감함을 줄여 주기

　　　－차가운 책상 위에 테이블보 덮어 주기

　　　－선풍기 바람이 직접 오는 자리 피하기

　　　－쉬는 시간에 즐길 수 있는 촉각 장난감, 물건(예: 작은 스펀
　　　　지공) 준비하기

☆ 생각해 봅시다

우리 집에서 아이를 산만하게 할 수 있는 것은,

① _____

② _____입니다.

이것을 줄이기 위해서 사용할 수 있는 방법은,

① _____

② _____입니다.

감각적 민감함을 줄이는 방법(사례)

🔲 사례: 우리 집에는 흔들의자가 있어요

준기네 집 거실 한쪽에는 '흔들의자'가 있습니다. 부모님은 그 의자 아래에 두꺼운 카펫을 깔아 두었고 의자 위에 푹신한 방석과 쿠션을 놓았습니다. 의자 팔걸이에는 헤드셋도 있습니다.

준기는 몸을 앞뒤로 흔들면서 귀를 두드리는 반복된 행동을 합니다. 평소에도 이 행동을 잠깐씩 하지만, 특히 텔레비전에서 광고나 여자 목소리가 나오면 이 행동을 더 많이 합니다.

그래서 가족들은 거실에서 텔레비전을 보지 못하고, 각자 방에서 휴대전화로 영상을 봅니다. 엄마 아빠와 함께 예능 프로그램을 보면서 웃고 이야기하고 싶은 준기의 여동생은 오빠 때문에 가족들과 텔레비전을 보지 못해서 속상해합니다.

그래서 준기 부모님은 거실 한쪽에 준기가 쉴 수 있는 의자를 마련했습니다. 준기가 텔레비전 소리를 듣기 싫을 때에 그 의자에서 헤드셋을 사용하여 텔레비전 소리를 듣지 않거나 안정을 취할 수 있도록 허용했습니다.

어떤 자폐 아동은 감각적 자극을 주는 반복된 행동을 통해 긴장과 불안을 어느 정도 해소하기도 합니다. 이러한 행동을 무조건 못하도록 하는 것보다, 짧은 시간이지만 이 행동을 허용할 수 있는 시간과 공간을 주는 것도 아동의 불안을 줄이는 방법으로 생각해 볼 수 있습니다.

(2) 시각적인 지원 활용하기

자폐 아동은 시각적 학습자인 경우가 많습니다. 우리 주변 환경을 보면 글자나 말 등 언어적 형태의 자극들이 많습니다. 자폐 아동에게 말로 설명할 때, 마치 '한 귀로 듣고 한 귀로 흘리는' 듯한 느낌을 받기도 합니다.

자폐 아동은 언어보다 시각화된 자료를 더 잘 처리합니다. 이는 결핍이나 문제라기보다는, 정보를 처리하는 방식이 다른 것으로 이해될 수 있습니다. 예를 들어, 덧셈이나 뺄셈의 개념을 언어로 설명하기보다, 실물이나 그림으로 설명하면 더 잘 이해합니다. 그리고 글쓰기의 주제를 말로 제시하는 것보다, 아동이 좋아하는 캐릭터를 활용한 영상 자료로 보여 주었을 때 흥미를 가지고 더 잘 참여할 수 있습니다.

이러한 이유로 실제 교육 환경에서 자폐 아동들을 위한 다양한 시각적 지원들이 사용됩니다. 그 대표적인 예로 시각적 스케줄에 대해서 알아보겠습니다.

자폐 아동은 순서와 규칙을 잘 지키는 강점이 있지만, 일과의 우선순위를 스스로 결정하기는 어려워합니다. 그리고 문자나 말보다는 그림을 더 잘 이해합니다. 이러한 자폐 아동의 특성에 착안하여 일과를 시각적인 형태로 제시할 수 있으며, 이를 시각적 스케줄이라고 합니다.

시각적 스케줄의 예시

아침에 할 일			
	알람 끄기	↓	
	이불 정리하기 샤워하기	↓	
	아침식사하기	↓	
	분리수거 하기	↓	보너스 1,000원
	옷 입기 머리 빗기 향수 뿌리기	↓	
	교통카드 챙기기 핸드폰 챙기기	↓	
	평생교육센터 가기	↓	

시각적 스케줄의 좋은 점은 다음과 같습니다.

• 일과를 예상할 수 있습니다. 하루 또는 일주일, 한 달의 일과
  에 대한 루틴을 만들어 주면, 일과를 예상할 수 있기 때문

에 앞으로 벌어질 일에 대한 막연한 불안을 낮추어 줄 수 있습니다. 이는 돌발행동도 줄여줄 것으로 기대됩니다.

- 활동의 동기를 높입니다. 덜 선호하는 활동과 선호하는 활동을 스케줄 순서에 적절하게 배치하여 자녀가 하기 싫어하는 일도 하도록 강화할 수 있습니다.

- 독립심을 기릅니다. 자폐 아동은 "몇 시에 마쳐요?" "이거 하고 어디 가요?" "몇 시에 집에 가요?"와 같이 일과에 대해 반복적으로 질문하고, 때로는 해야 할 일과를 놓치기도 합니다. 아동에게 적절한 시각적 스케줄을 주고, 수시로 확인하도록 해서 성인에게 불필요한 질문을 하거나 일과의 순서 때문에 다른 사람에게 의지하는 것을 줄일 수 있습니다.

시각적 스케줄의 사용법(사례)

🗑 사례: 숙제할 때마다 싸워요

지아는 그림 그리는 것을 좋아해서 저녁마다 숙제를 시작하지 않은 채 그림을 그리려고 하여 숙제시간을 놓칩니다. 한번 그림을 그리기 시작하면 10장, 20장, 계속 그리고 싶어 하기 때문에 숙제를 시키기 전에 그리기 시간을 먼저 주기도 어렵습니다. 엄마와 지아는 이 문제로 저녁마다 힘듭니다.

그래서 지아 엄마는 지아와 함께 집에 돌아와서 할 것들(예: 저녁식사, 씻기, 요일별 숙제, 그리기 시간, 취침)에 대한 시각적 스케줄을 만들어 보기로 했습니다.

지아가 그림 그리는 것을 좋아하므로, 지아에게 시각적 스케줄에 넣을 그림을 그릴 수 있도록 했습니다. 지아는 자신의 일정에 대한 그림을 그리는 것을 좋아했고, 직접 그림으로 그리면서 해야 할 것과 순서에 대해 더 잘 이해하게 되었습니다.

그리고 지아가 일주일 동안 일과를 잘 수행하면, 좋아하는 미술 도구를 살 수 있는 강화물을 약속했습니다. 아직 숙제를 시작하기 전에 엄마가 스케줄을 확인하도록 지시해 주어야 하지만, 시각적 스케줄 덕분에 갈등이 줄어들었습니다.

아동의 인지 수준이나 선호에 따라 시각적 스케줄의 구성이나 사용방법을 다양하게 할 수 있습니다.

- 시각적 스케줄의 주제는 다양합니다. 하루일과 전체를 주제로 할 수도 있고, 특정 활동에 대한 순서를 주제로 만들 수도 있습니다. 학교 시간표도 훌륭한 시각적 스케줄입니다.
- 시각적 스케줄의 표시 방법은 다양합니다. 실물, 그림, 사진, 문자를 활용하여 아동의 인지 수준과 선호에 따라 다양하게 만들 수 있습니다. 그리고 전-후와 같이 간단히 순서를 보여 주는 것에서부터 하루 일정 전체를 목록으로 만드는 것으로도 제시할 수 있습니다.
- 시각적 스케줄의 내용은 다양합니다. 시간에 따른 일과만 넣을 수도 있고, 시간에 따라 아이가 해야 할 일, 준비물, 강화 등 항목을 추가할 수 있습니다.

- 시각적 스케줄의 사용 방법은 다양합니다. 카드로 만들어 완료할 때마다 카드를 다른 상자에 옮기게 하거나, 카드에 벨크로 테이프를 붙여 떼어 내게 할 수도 있습니다. 목록표 형태의 시각적 스케줄에는 완료한 일과에 스티커를 붙이거나 표시를 하게 할 수도 있습니다.

시각적 스케줄을 사용할 때, 다음의 사항을 주의해야 합니다.

- 아동의 인지 수준에 적절합니까? 너무 어려운 기호, 문자이거나 복잡하지는 않습니까? 아동이 시각적 스케줄을 보고 일과와 순서를 이해할 수 있어야 합니다. 시각적 스케줄 자체를 이해하는 일이 또 다른 과제가 되지 않도록 쉽게 만들어야 합니다.

다양한 수준의 시각적 스케줄

〈실물〉

〈사진〉

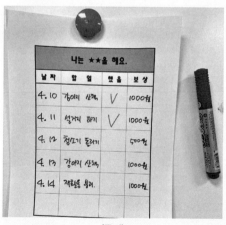

〈문자〉

- 아동이 쉽게 접근할 수 있습니까? 눈에 잘 띄는 곳에 배치하여 자녀가 수시로 확인하게 합니다. 부모님이 일일이 들고 다니면서 모든 과제를 시키는 것이 목적이 아닙니다. 아동 스스로 스케줄을 보면서 할 일을 확인하고 시작, 점검하게 하는 것이 중요합니다. 이를 위해 부모님은 자녀가 스케줄을 확인할 타이밍을 알려 줄 수 있습니다. 예를 들어, 자녀가 일과를 시작하고 있지 않을 때, 시각적 스케줄을 가리키며 신호를 줄 수 있습니다.

- 너무 길지 않습니까? 일과의 수가 지나치게 많은 경우, 아동은 남은 활동의 양에 압도되어 불안해할 가능성도 있습니다. 그리고 다 완료하지 못했기 때문에 좌절할 수 있습니다. 한번에 제시할 일과의 수(활동 혹은 사진의 수)를 적절히 조정하는 것이 좋습니다.

- 스케줄 점검 시간이 있습니까? 하루에 한두 번 점검시간을 가집니다. 자녀가 스케줄을 지키면서 성취감을 느낄 수 있도록 합니다. 자녀가 잘 지킬 수 있도록 중간 점검을 하면서 적절한 보상을 해주면 좋습니다.

- 스케줄에 변화를 줍시다. 아동이 기존 스케줄에 익숙해지면 조금씩 변화를 주는 것이 좋습니다. 스케줄을 지키는 것만큼 변화에 적응하는 것도 자폐 아동이 배워야 할 기술입니다. 스케줄의 순서나 내용을 점진적으로 변형해 봅니다.

나중 상자

🗑 사례

주호 부모님은 부모교육 시간에 시각적 스케줄에 대해 배웠습니다. 그래서 주호의 일과에 맞추어 시각적 스케줄을 만들어 주었습니다.

그런데 주호는 앞의 일과를 끝내지 못하면, 다음 일과로 넘어가기를 힘들어합니다. 치료실에 가야 하는 시간인데도 이전 숙제를 다 하지 못해서 스케줄에 스티커를 못 붙이면, 치료실에 가지 않고 숙제를 하려고 합니다. 그래서 치료실에 지각하는 날이 많아지고 있습니다. 심지어 그날 스케줄을 다 지키지 못하면 잠도 잘 못 자고 불안해합니다.

다 지키지 않아도 된다고 말해 주었고 스케줄을 없애도 보았지만, 소용이 없습니다. 어떻게 해야 할까요?

자폐 아동은 완료, 종료 등에 대해 강박적 생각을 가질 수 있습니다. 끝내지 못한 것에 대한 불안이나 스트레스 때문에 다른 일정에 영향을 줄 때도 있습니다.

이때 "나중에 해도 돼. 오늘은 안 해도 돼."라고 말하는 것은 아동에게 또 다른 예측하지 못한 상황이 될 수 있고, 이는 더 많은 불안을 초래할 수 있습니다.

아이 방에 '나중 상자'를 만들어 둡니다. '나중 상자'에 오늘 끝내지 못한 시각적 스케줄 사진이나 과제물을 넣을 수 있게 합니다. '나중 상자'에 넣으면 나중에 해도 된다는 약속이 되는 것입니다. 즉, 아이에게 또 다른 시각적 지원을 하나 더 주는 셈입니다.

(3) 숙제하기

중 · 고등학교에 들어가면 대다수의 학생들은 과제를 제때에 내지 못하는 실수를 많이 합니다. 특히 자폐 아동의 경우 먼저 할 과제 순서를 정하거나 제출 날짜를 잊어버리지 않기 위한 전략들을 스스로 세우기 어려울 수 있으므로, 대처법을 가르쳐 주면서 도움을 제공해야 합니다.

① 숙제할 공간 마련하기

우선, 숙제를 하는 공간을 마련합니다. 앞서 환경적 지원과 구성 방법을 참고하여 자녀에게 편안하고 감각적으로 불편을 느끼지 않는 환경을 만들어 줍니다.

숙제에 필요한 물건들을 미리 상자에 넣어 두어 자녀가 준비물을 찾느라 산만해지지 않도록 합니다. 책상 위에 숙제할 교과서, 노트, 숙제 목록표, 타이머 등 꼭 필요한 것 외의 물건은 두지 않도록 합니다.

② 숙제 목록표 만들기

앞서 말했듯이, 자폐 아동은 말로 설명하기보다 시각적 자료를 제시하면 더 잘 수행할 수 있습니다. 행동목록표(checklist)도 많이 사용되는 시각적 지원 방법 중 하나입니다. 행동목록표는 아이가 할 행동들의 목록을 제시하고 지킬 때마다 체크를 하면서 그 행동을 시작하고 끝까지 성취하는 습관을 유지하도록 돕습니다. 숙제하기에서도 행동목록표를 적용해 볼 수 있습니다.

숙제 목록표를 만드는 방법은 다음과 같습니다.

■ 숙제가 무엇인지 살펴봅니다

숙제를 시작하기 전에 자녀와 함께 다음 사항에 대해서 이야기를 합니다.

- 숙제는 무엇인지?
- 제출 기한은 언제인지? 기한이 촉박한 숙제는 무엇인지?
- 할 수 있는/하기 어려운 숙제는 무엇인지?
- 하고 싶은/하기 싫은 숙제는 무엇인지?

■ 숙제의 우선순위를 정합니다

자녀가 어려운 것을 먼저 하고 쉬운 것을 강화물처럼 제공하는 것을 좋아하는지, 혹은 쉬운 것을 먼저 하여 동기를 높인 후 어려운 것을 하는 것을 좋아하는지 생각해 봅니다. 부모님은 자녀가 숙제를 할 때 걸리는 시간을 기록해 보고, 예상 외로 시간이 많이 걸리거나 정말 하기 어려운 숙제가 있다면 대안적 방법이 있을지 교사와 상의해 볼 수도 있습니다. 아동이 적은 양의 숙제라도 끝까지 함으로써 성취감을 느끼는 것이 더 중요할 수 있습니다.

숙제 완수를 돕는 대안적인 방법 마련하기

쓰기가 힘들어 숙제를 하기 싫어할 수도 있습니다.

앞서 자폐 아동의 특성 중 소근육 운동 능력의 제한에 대해서 언급했습니다. 숙제하는 것 자체가 어려운지, 쓰는 것이 힘들어서 숙제하는 것을 거부하는 것인지 살펴보아야 합니다. 손에 힘이 약하거나 조절하기 어렵다면 연필보다는 사인펜, 샤프보다는 연필을 주는 것이 도움이 되겠습니다. 또 활동에 즐거움을 더하기 위해서 좋아하는 캐릭터 필기구를 제공하는 것도 대안이 될 수 있습니다.

만약 쓰는 작업 때문에 숙제하는 속도가 느려지고 숙제를 끝까지 해내기가 어렵다면, 교사와 상의하여 녹음이나 컴퓨터 프로그램(한글, 워드)으로 숙제를 제출하는 대안적 방법을 고려해 볼 수 있습니다.

■ 숙제 목록표를 만듭니다

숙제의 우선순위가 정해지면, 숙제 목록표를 만들어 책상 앞이나 과목별 바인더 앞표지 등 아동의 눈에 잘 띄는 곳에 붙여 둡니다. 숙제하기 전 숙제 목록표를 확인하고 숙제를 한 후 체크하도록 훈련합니다.

앞서 다루었던 시각적 지원 방법은 숙제 목록표를 만들 때에도 적용될 수 있습니다.

숙제 목록표에 들어갈 수 있는 내용

- 숙제할 날짜, 과목, 내용, 필요한 준비물
- 도움을 요청할 사람, 도구(예: 인터넷 검색, 계산기)
- 숙제 완료 후 스티커, 체크 표시하는 칸
- 숙제 제출 날짜
- 숙제를 제출했음을 표시할 칸
- 받을 수 있는 강화물

숙제 목록표 예시

숙제는 무엇인가요?	언제 내야 하나요?	다 했나요?	숙제는 가방에 넣어 두었나요?	선생님께 내고 왔나요?
우리 동네 이름 조사하기 사회 5-2	2020년 10월 15일	✖ ○	✖ ○	✖ ○

태양계 행성 그리기	2020년 10월 16일	✘	○	✘	○	✘	○
21쪽까지 풀기	2020년 10월 16일	✘	○	✘	○	✘	○
다 지키면!	나는 단어 맞추기 게임을 30분 할 수 있습니다.						

③ 숙제 제출하기

신발장이나 자녀 방문 앞 등 정해진 장소에 상자를 두어 완료한 숙제를 넣어 두게 합니다. 그리고 그중 제출해야 할 숙제만 가방에 챙겨 넣도록 합니다.

숙제를 학교에 가져갔지만 선생님에게 제출하고 오는 것을 잊어버릴 수도 있습니다. 교사와 자녀가 숙제 제출에 대한 신호를 미리 정해 두는 것도 좋습니다.

숙제 상자

1. 완료한 숙제를 상자 안에 넣고 '상자' 글자에 화살표를 둡니다.
2. 가방을 정리할 때 학교에 가져가야 할 숙제를 상자에서 꺼내어 가방에 넣었다면, '가방' 글자에 화살표를 옮깁니다.
3. 부모님은 점검시간에 화살표 방향을 확인하고, 잘했으면 '강화물' 칸에 화살표를 옮깁니다. 그리고 정해진 보상과 칭찬을 제공합니다.

④ 시간 관리 도구 사용하기

• 달력, 다이어리: 달력에 학교 행사, 시험이나 숙제 제출 날짜 등을 표시하여 수시로 일정을 확인할 수 있도록 합니다.

• 핸드폰 알람: 학교에 지각을 하지 않기 위해 기상부터 아침에 해야 할 일과마다 알람을 설정해 둡니다. 이를 통해 자녀가 시간의 경과를 인식할 수 있도록 합니다.

• 타이머: 다른 곳으로 주의가 흐트러지는 것을 예방하고, 주

의집중을 유지하여 과제를 수행할 수 있도록 도울 수 있습니다. 과제에 필요한 시간만큼 타이머를 설정해 둡니다.

타이머나 알람을 사용할 때 주의할 점

어떤 자폐 아동은 과제를 시간 안에 다 하는 것에만 관심을 두고 내용은 살피지 않을 수 있습니다. 또 다른 아동은 타이머로 시간을 제약하는 상황에 극도로 불안해할 수도 있습니다. 그래서 주어진 시간 안에 과제를 완성하지 못할까 봐 타이머를 확인하느라 정작 과제에 집중하지 못할 수도 있습니다.
자녀의 성향을 먼저 살핀 후, 적절한 도구를 선택해야 합니다.

(4) 수업에 참여하기

① 수업 준비하기

학교에서의 수업에 더 잘 참여할 수 있도록 가정에서 준비할 것이 무엇인지 생각해 봅시다. 앞서 말했듯이, 자폐 아동은 한꺼번에 제시되는 것들을 순차적으로 해결하기 어려워하지만, 순서를 제시하고 시각적인 지원을 활용하면 잘 수행할 수 있습니다. 이 특성을 수업 준비에도 이용할 수 있습니다.

■ 과목별로 필요한 것을 분류합니다

각 과목별로 교과서, 노트, 학습지나 숙제, 준비물 등을 분류하여 정리합니다. 예를 들어, 해당하는 과목 시간에 필요한 것들을 한눈에 확인할 수 있도록, 같은 과목의 노트, 바인더, 준비물 지퍼백 앞에 그 교과서의 사진이나 같은 색깔 스티커를 붙여 두는 것입니다. 혹은 과목별로 상자나 서랍을 만들어 분류해 놓을 수도 있습니다.

바인더 앞면에는 그 주차의 숙제나 준비물, 시험 일정 등을 표로 만들어 붙여 두어 쉽게 확인할 수 있도록 합니다.

자폐 아동은 잘하던 것들도 당황하거나 불안해지면 안절부절못하고 수행하지 못할 때가 있습니다. 이러한 구조화된 제시방법들은 아동에게 차근히 수행할 수 있는 지표를 마련해 줄 것입니다.

과목별 바인더(예시)

* 과목별로 바인더의 색깔과 앞면에 붙인 주차별 목록표의 색깔을 동일하게 하여 쉽게 구분할 수 있도록 합니다.

■ 익숙해지도록 미리 연습합니다

• 반복연습을 합니다. 자폐 아동에게 새로운 전략들을 알려 주는 것만큼 중요한 것은 '반복연습'입니다. 아동이 전략에 익숙해지도록 부모가 알려 주고, 확인하고, 강화하는 과정을 반복해 준다면, 전략을 더 잘 습득하고 적용할 수 있습니다. 학교에 가기 전 가상으로 수업 시간을 예상해서 미리 연습해 볼 수도 있습니다. 예를 들어, 교실로 들어갔다고 생각하고, '책상 앞에 앉아 시간표 보기' → '해당 교시 과목의 교과서, 노트, 바인더 꺼내기' → '바인더 앞에 있는 숙제표 확인하기' → '선생님에게 숙제 내기' → '준비물 칸 확인하고 준비물이나 시각적 지원 자료(예: 수업개요표, 계산기, 타이머 등)를 꺼내기'와 같은 일련의 순서를 연습합니다.

• 사진이나 동영상을 찍어 수시로 봅니다. 아동이 연습하는 장면을 사진이나 동영상으로 찍어 자녀와 함께 수시로 보며 이야기를 하는 것도 좋은 방법입니다. 자기 자신을 모델로 하여 기술을 습득하게 하는 모델링 방법은 다른 사람을 통해 배우는 것보다 자존감과 흥미를 더욱 높일 수 있어 효과적입니다.

② 수업 시간 적용하기

수업 참여를 위해 준비를 했지만, 선생님과 또래들이 있는 교실에서 실제적으로 적용하는 것은 쉽지 않을 수 있습니다. 왜냐하면 수업 시간에 때때로 예기치 못한 상황들과 마주할 수 있기 때문입니다. 예를 들어, 날씨나 학교 사정으로 수업 시간이나 장소가 바뀔 수 있습니다. 수업 형태가 갑자기 그룹으로 진행될 수도 있고, 수업 중 교과서의 페이지를 건너뛸 수도 있습니다. 또래들의 행동 역시 예상하기 어려운 변수 중 하나일 것입니다.

자폐 아동은 이러한 갑작스러운 변화를 불안해하며, 스트레스가 심해지면 분노하기도 합니다.

■ 선생님에게 아이의 특성을 설명합니다

먼저, 선생님에게 변화에 대한 아이의 특성을 설명하고, 일정이나 장소 등이 변경된다면 가급적 미리 자녀에게 알려주기를 부탁할 수 있습니다. 담임선생님이 직접 전달하기 어려운 경우, 이를 전달해 줄 또래를 정하는 것도 좋습니다. 자녀가 학교 환경에서 잘 할 수 있는 것들을 미리 선생님에게 전달합니다. 예를 들어, 그림을 잘 그린다, 파워포인트 만들기를 재밌어 한다, 자료 검색하기를 좋아한다, 공식을 잘 외운다 등 아동의 강점에 대해 알립니다. 선생님이 수업과 관련되는 아동의 강점을 미리 알고 있다면 수업뿐만 아니라 친구들에게도 긍정적인 영향을 줄 수 있습니다.

생각해 봅시다

☷ 사례

자폐스펙트럼장애를 진단받은 중학교 1학년 민정이는 친구들을 사귀기 어렵습니다. 민정이는 친구들이 유치하다고 생각합니다. 민정이는 일반학급 수업 시간을 어느 정도 이해하며 다니고 있고, 특히 영어 단어시험 시간을 좋아합니다. 단어 철자를 한번 보면 사진을 찍듯이 잘 외우고, 스마트폰으로 단어 게임 레벨을 올리는 것은 민정이의 취미입니다.

영어 시간에 민정이는 친구들의 단어 시험 성적을 말해 버리거나 친구들이 틀린 단어를 지적하여 친구들에게 미움을 사기도 합니다. 선생님은 민정이 부모님께 민정이의 이러한 점에 대해 전달하고, 어떻게 하면 좋을지 이야기를 나누었습니다.

이번 주부터 민정이는 영어 수업 시간에 친구들의 단어 시험을 채점하고, 틀린 단어를 고쳐 주고 시험지도 나누어 주는 보조교사 역할을 해보기로 했습니다. 이 역할은 친구들이 민정이의 재능을 인정해 주는 기회가 되었습니다. 민정이 역시 영어 수업을 더 좋아하게 되었습니다.

■ 변화에 대처할 수 있는 행동을 만듭니다

자녀가 교실에서 예기치 못한 상황이 생겨 불안해지면, 도움을 요청할 수 있는 말이나 행동을 연습해 봅니다. 즉, 사용할 수 있는 긍정적인 행동의 레퍼토리를 늘려 주는 것입니다.

예를 들어, 선생님이 갑자기 진도를 건너뛰었는데 내가 놓쳤다면, 짝꿍의 책 페이지를 보거나 선생님께 물어볼 수 있습니다. 그러나 자폐 아동은 당황하거나 불안해지면 이러한 대처방법을 생각하기 어려울 수 있습니다. 따라서 이러한 경우에 짝의 어깨를 살짝 두드리고 물어볼 수 있는 말의 예시들을 알려 주고 연습해 봅니다(예: "지금 몇 페이지야?" "어디 하는 거야?").

■그룹 수업에 참여합니다

요즘에는 초등학교에서부터 2명, 4명 이상의 그룹 형태로 수업이 진행될 때가 많습니다. 선생님께서 "4명이 한 모둠을 만들어."라고 지시할 수도 있고, 아이의 선호와 관계없이 정해진 친구들과 과제를 해야 할 때도 있습니다. 자폐 아동에게 그룹 수업은 사회성 기술의 제한으로 인해 더욱 혼란을 줍니다. 그룹을 구성하는 것, 그룹 안에서 잘할 수 있는 것을 찾고 친구들의 기대에 맞추어 행동이나 역할을 조절하는 것까지 다양한 기술이 요구됩니다.

〈수업 시간에 활용할 수 있을 만한 기술〉
- 그림 그리기
- 파워포인트 만들기
- 인터넷으로 사진이나 정보 검색하기
- 사진 찍기

이와 같은 기술을 익혀 두는 것은 그룹 활동 시간에 아이가 참여하는 데 아주 효과적입니다. 아이와 함께 가정에서 이러한 다양한 기술들을 연습하면 좋습니다. 예를 들어, 가정신문 만들기 같은 활동을 제안하고 가족들의 여행경험, 에피소드, 가족행사 등을 알아보고, 이를 사진으로 찍어 파워포인트로 만드는 활동을 해 볼 수 있습니다.

■ 그 외 학교 상황 적응

학교생활에서 수업 시간이 대부분을 차지하지만 수업 외에도 아동이 만나게 될 환경이나 장면은 다양합니다. 예를 들어, 점심시간, 체육 시간, 쉬는 시간, 자율학습 시간 등이 있습니다.

사실, 자녀의 모든 학교 환경을 가정에서 모두 연습할 수는 없습니다. 부모님은 자녀에게 상황의 변화와 요구에 따른 문제해결 능력을 키워 주는 것에 초점을 둘 필요가 있습니다. 그리고 이것은 학교에서뿐만 아니라 아동이 앞으로 성인이 되어서도 필요한 능력이기 때문에, 좀 더 장기적이고 포괄적으로 접근할 필요가 있습니다.

• 실수에 대한 대처: 자폐 아동은 실수나 오류에 더 주의를 기울이고 완벽하고자 하는 경향이 있습니다. 예를 들어, 글자나 숫자를 잘못 쓰면 지웠던 흔적이 남는 것이 싫어서 매번 새 종이에 다시 쓰거나, 답이 틀릴까 봐 불안해서 답을 쓰

혼잣말 연습하기(예시)

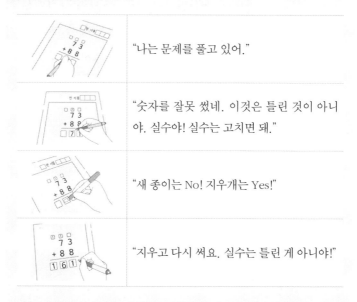

	"나는 문제를 풀고 있어."
	"숫자를 잘못 썼네. 이것은 틀린 것이 아니야. 실수야! 실수는 고치면 돼."
	"새 종이는 No! 지우개는 Yes!"
	"지우고 다시 써요. 실수는 틀린 게 아니야!"

* 초기에는 아이의 시도에 칭찬과 강화를 제공하여 긍정적 경험을 갖도록 합니다.

기 전에 계속 확인하거나 문제 풀이를 거부하기도 합니다. 실수나 오류에 대한 아동의 인식을 바꿔 주는 것은 중요합니다. 이에 대한 대처 방법 중 하나로 혼잣말(self-talk) 연습하기를 해 볼 수 있습니다.

• 가정에서도 변화를 주기: 자폐 아동에게 순서를 익히게 하고 일상생활에서 정해진 스케줄을 실천하도록 해서 안정이 찾아오면, 부모님도 이 패턴을 고수하고 싶은 마음이 들 수 있습니다. 그러나 환경은 끊임없이 변화하므로, 가정에서

도 임의적으로 변화된 상황을 만들어 자녀가 해결해 볼 수
있는 기회를 자주 주어야 합니다.

예를 들어, 언어치료실을 다녀온 후 재활용 분리수거를 하
는 것이 아이의 스케줄이라고 가정해 봅시다. 그러나 어느
날은 재활용 분리수거 대신 동생과 운동하기로 변경해 봅
니다. 그리고 자녀에게 어떤 운동을 할 것인지 선택할 수
있게 해줍니다. 실제로 어떤 날은 아파트 재활용 분리수거
를 못하게 되는 날도 있을 수 있기 때문입니다.

(5) 시험 치르기

자폐 아동의 경우, 시험 시간에 시간 관리의 문제, 쓰기의 곤
란, 불안, 실행 기능의 결함 등이 결합되어 어려움이 발생합니
다. 특히 시험 치르기와 관련하여 담임 혹은 교과 선생님과 상
의해야 할 부분이 생길 수 있습니다.

먼저 답안지(OMR 카드) 작성 방법에 익숙하지 않다는 어려움
을 경험할 수 있습니다. 중·고등학교 시험은 시험지와 답안지
가 분리된 경우가 많습니다. 어떤 자폐 아동의 경우 OMR 카드
를 주면 많은 선택지에 압도되어 모조리 마킹을 해 버리기도 합
니다. 가정에서 학습지나 문제집을 풀 때 OMR 카드 인쇄용을
사용하여 표기방법에 익숙해지도록 연습해 볼 수 있습니다.

그리고 시험 중에는 지금 풀 문제만 볼 수 있도록 합니다. 자
폐 아동이 시험을 보는 장면을 상상해 봅시다. 1번 문제를 풀다
가 아래 3번 도형 문제가 재밌어 보여 갑자기 3번 문제를 풀기

시작합니다. 그러다가 시험지 뒷장을 보니 만화로 된 그림 문제가 있어 그 문제를 보느라 앞 장 문제를 덜 푼 것을 잊어버리기도 합니다. 그러다 시험 시간은 끝나 버립니다. 지금 풀어야 할 문제만 보이도록 시험지를 접는 방법을 알려 주거나, 다 푼 문제는 번호에 동그라미 표시하는 방법을 알려줄 수 있습니다.

3. 학교생활 적응: 관계

1) 사회적 특성

초등학교 고학년 이후 사춘기에 접어들면서, 아이들은 성인보다 또래와의 관계가 더 중요해지고 또래로부터 배우는 것도 많아집니다. 10대들의 대화 주제는 빠르게 변합니다. 일반적으로 아이들은 상대방의 말의 내용뿐만 아니라 표정, 몸짓, 말투를 통해 이러한 변화를 인식하고 적절하게 대처합니다.

그러나 자폐 아동은 이러한 변화를 알아차리기 어렵습니다. 친구들이 그 대화 주제에 흥미를 잃고 다른 이야기를 하고 있음에도 불구하고, 계속해서 자신이 좋아하는 주제로 말하기도 합니다. 이러한 행동들로 인해 친구들 사이에서 거부되기도 하고, 심하면 놀림, 따돌림 등의 대상이 되기도 합니다. 근본적인 결함은 상호작용의 어려움이지만, 이러한 부정적 경험들 때문에 무단결석, 등교거부를 할 수도 있습니다. 이러한 부정적인 경험이 누적되면 다른 사람과의 관계 자체를 피하고 혼자 지내려고 할 수도 있습니다.

자폐 아동에서 사회성의 결함은 크게 '관계에 대한 동기 형성'의 어려움과 '의사소통 기술'의 어려움으로 나누어 볼 수 있습니다. 따라서 사회성을 촉진시켜 주는 방법도 두 가지로 나누어 생각해 볼 수 있겠습니다. ① 또래와 관계를 맺으면서 또래집단에 소속되는 것에 재미를 갖게 하는 것, ② 관계를 잘 맺고 유지할 수 있도록 대화를 비롯한 의사소통 기술을 가르치는 것으로

자폐 아동·청소년의 상호작용 유형

- 고립형: 다른 사람과의 상호작용을 피하고 주로 혼자 있음.
- 적극적이지만 이상한 유형: 사람을 찾고 접촉을 시도하지만 접근 방법이 부적절함. 예를 들어, 물리적으로 너무 가까이 다가가거나, 다른 사람의 흥미와 관계없이 자신의 관심사에 대해서만 이야기함.
- 수동적이고 친절한 유형: 다른 사람과 함께 대체로 잘 있지만 상호작용은 거의 하지 않음. 자폐적 성향으로 보이기보다 조용하고 수줍어하는 것처럼 보이기도 함.
- 지나치게 정중하고 격식을 차리는 유형: 스스로 자신의 사회적 결함에 대해 인식하고 변화시키려고 노력함. 지나치게 격식을 차리거나 과도하게 정중해 보여서 오히려 상호작용이 부자연스러워짐.

출처: 이소현 등(2016).

나누어 살펴보겠습니다.

① 사회적 관계나 우정에 대한 관심과 동기가 적습니다

청소년은 새로운 친구를 사귀고 싶어 하고, 사귄 친구와 계속해서 친하게 지내기 위해 노력하면서 우정을 만들어 가는 데 관심이 많습니다.

그러나 자폐 아동의 경우, 타인과의 관계에 대한 욕구가 적고 우정이라는 감정에 대해 이해하기가 어려워합니다. 그래서 친구들도 자폐 아동의 사회적 특성을 잘 모른다면, 자폐 아동이 자신을 별로 좋아하지 않는 것으로 오해하게 되어 관계 유지가 어려워질 수 있습니다.

② 감정을 공유하기 어렵습니다

청소년기에는 친구들끼리 비슷한 감정을 공유하고 비밀을 나누기도 하면서 신뢰를 형성하고 유대를 쌓아 갑니다. 그리고 외모에 관심이 많아지면서, 관련 정보를 나누고 비슷하게 꾸미면서 동질감을 키우기도 합니다.

그런데 자폐 아동은 이러한 또래문화에 관심이 적은 편이며, 다른 친구의 사적인 실수나 잘못을 사실대로 말해 버리기도 합니다. 그리고 친구들의 분위기와 관계없이 지나치게 도덕적으로 행동하고, 그렇게 하지 않는 친구들에게 화를 내기도 합니다. 이러한 행동은 10대의 또래집단에서 받아들여지기 어려울 수 있습니다.

　자폐 아동의 사회적 특성은 마음이론으로도 설명할 수 있습니다. 자폐 아동은 다른 사람 입장에서 감정을 이해하고 공감하기가 어렵고, 친구들도 나와 비슷하게 생각한다고 여깁니다. 예를 들어, 축구경기를 할 때, 자기가 축구를 잘한다고 생각하면, 이기려고 하는 마음에 공을 패스하지 않고 혼자 공을 계속 드리블하고 슛까지 해 버립니다. 이러한 일이 반복되어 친구들이 자신을 축구경기에 끼워 주지 않으면, 왜 그런지 이유는 모른 채 오히려 친구들이 자신을 따돌린다고 오해할 때도 있고, 스스로 친구들과 잘 어울리지 못한다고 위축되기도 합니다.

■ 마음이론

　마음이론(Theory of Mind: ToM, 최근에는 '생각의 원리'라고 불리기도 합니다)은 자신과 다른 사람의 마음 상태를 이해하고, 마음 상태가 사람마다 서로 다를 수 있음을 알고 있어 앞으로 벌어질 행동이나 상황을 추론할 수 있는 능력을 말합니다. 예를 들어, 다른 사람의 입장에서 생각해 볼 수 있는가, 다른 사람의 행동에 따라 내 행동을 바꿀 수 있는가 하는 것입니다.

　자폐 아동은 사람들의 말과 행동을 이해하더라도, 마음 상태를 표현하는 표정이나 제스처를 이해하기 어렵습니다. 또한 어휘를 글자 그대로 해석하여 의사소통에 어려움을 초래합니다. 그리고 비유, 농담, 빈정대기 등을 잘 이해하지 못하여 사회적 상황에서 대처가 미숙해질 수 있습니다.

③ 비언어적 의사소통 방법을 이해하기 어렵습니다

자폐 아동은 사람들이 흔히 사용하는 눈맞춤, 자세, 제스처 등 말 이외의 의사소통 방법을 적절하고 자연스러운 방식으로 사용하지 않는 경향이 있습니다. 눈맞춤을 잘하지 않기도 하지만, 때로는 상대방을 뚫어지게 쳐다보기도 하는 등 시선 사용이 어색할 때도 있습니다. 그리고 억양, 말투 등을 상황에 맞게 조절하는 데 제한이 있어, 친구들은 자폐 아동의 직설적이고 딱딱한 말투를 공격적으로 느끼기도 합니다.

이에 더해, 자폐 아동은 다른 사람의 비언어적 의사소통 방법을 이해하기 어려워합니다. 또래의 말투나 제스처, 지루함이나 짜증 같은 표정을 이해하기가 힘듭니다. 이러한 어려움은 SNS상에서 더 혼동을 주곤 합니다. 자신의 관심사가 아니어도 대화방에서 듣고 있음을 알려 주어야 한다거나 이모티콘의 의미를 이해하고 적절하게 사용하는 것은 자폐 아동에게 또 하나의 과제가 되기도 합니다.

④ 상호성을 유지하기 어렵습니다

자폐 아동과 대화를 하다 보면 일방적이라는 느낌이 들 때가 있습니다. 이는 말을 잘하는 고기능 자폐 아동에게도 마찬가지입니다. 성인이나 또래가 먼저 말을 걸지 않으면 자폐 아동은 거의 말을 하지 않고 혼자 있고 싶어 하는 것처럼 보이기도 합니다. 또는 자폐 아동이 대화를 시작했을 때, 상대방의 차례를 허용하지 못하고 대화를 독점하기도 하며, 상대방이 해야 할 말까지 본인이 다 해 버리기도 합니다.

　놀이나 게임 등의 상호작용에서 자폐 아동들은 겉도는 것처럼 보이기도 합니다. 부모님이 보기에는 자녀가 좋아하는 놀이임에도 불구하고 또래 사이로 끼어들지 못하는 것을 보게 됩니다. 때로는 같이 놀더라도 자기 방식에 따르도록 강요하면서 융통성 없이 행동하거나 친구들을 통제하려고 하여, 친구들과 즐겁게 놀이를 마무리짓지 못하기도 합니다.

　친구들과 놀거나 대화를 하기 위해서는 주고받기, 즉 상호성을 이해해야 하는데 자폐 아동들은 이러한 사회적 규칙을 이해하기가 어렵습니다.

⑤ 또래와 오해가 생길 수 있습니다

　고기능 자폐 아동의 경우, 자신의 관심사에 대해서는 너무 잘 알고 있고 이를 장황하게 설명할 수 있어, 또래들 사이에서 언어기술이 높고 똑똑해 보이기도 합니다. 그래서 또래들이 자폐 아동의 언어 화용적 어려움을 이해하지 못하는 경우, 고기능 자폐 아동과 갈등이 생기면 이들이 이기적이거나 딴청을 부린다고 오해할 수도 있습니다.

　사회적 상호작용에서 부정적 피드백이 많아지면 관계 맺기에 관심이 많은 자폐 아동도 위축될 수 있고, 자신의 의도가 잘 전달되지 않았음에 분노를 느끼기도 합니다. 결국 관계나 우정을 형성하는데 실패하게 되어 외로움을 느끼기도 하고 자존감이 낮아지기도 합니다. 장기적으로는 청소년기 및 성인기에 우울

중을 경험하게 될 취약성도 있습니다.

2) 또래관계

자폐 아동은 또래와의 관계에 대한 동기를 형성하는 것에서 부터 또래들에게 수용될 수 있는 적절한 행동을 익히는 것까지 다양한 지원이 필요합니다.

⑴ 새로운 친구 사귀기

새로운 친구를 만드는 데 있어 아이의 관심사를 활용할 수 있습니다. 자폐 아동은 자신만의 관심사가 있는 경우가 많고 여가 시간의 대부분을 그것에 할애합니다. 예를 들어, 역사, 전자제품, 교통기관, 우주 등 자폐 아동의 관심사는 제각각 다양합니다. 새로운 친구를 사귀는 데 이러한 관심사를 활용해 보는 것은 관계 맺기에 대한 동기를 갖게 하는 출발이 될 수 있습니다.

자녀가 좋아하는 주제의 프로그램이나 동호회에 참여해 봅니다. 요즘은 지역사회 내에 있는 도서관이나 청소년 문화센터 등에 가면 다양한 주제의 프로그램들이 있습니다. 일회성 프로그램도 있고 한 학기나 1년씩 운영하는 정기 프로그램도 있습니다. 자녀가 좋아하는 주제의 프로그램에 신청하여 참여해 봅니다. 여기서 비슷한 관심사를 가진 또래를 만나 수집했던 정보나 물건을 나누면서 관계 맺기를 시작하는 재미를 느낄 수 있고, 상호작용에 대한 긍정적 감정을 갖게 될 수 있습니다.

예를 들어, 별자리를 좋아하는 자폐 아동이 별자리 동호회에 갔을 때 별자리의 이름, 모양, 그에 얽힌 이야기까지 알고 있다면 이 아이의 지식은 관계를 시작하는 데 있어 훌륭한 재산이

생각해 봅시다

🧩 사례

여덟 살 영호는 올해 설날, 친척들과 모인 자리에서 사람들을 놀라게 했습니다. 영호는 식사 자리에서 "달은 지구의 유일한 영구적 자연위성으로, 태양계 내의 위성 중 다섯 번째로 크다. 지구 중심으로부터 달 중심까지의 거리는 평균 38만 4,400km로, 지구 지름의 30배이며, 지구에서 태양까지 거리의 1/389보다 작다." 라고 말했습니다. 요즘 영호는 인터넷 검색을 하면서 자유시간을 보냅니다. 그리고 검색한 결과를 암기하여 가족들 앞에서 말하는 것을 즐깁니다.

영호의 아빠는 영호의 기억력을 친구들과 상호작용하는 데 활용할 수 있는 방법은 없을까 고민했습니다. 그래서 영호의 또래들이 좋아할 만한 주제(프로야구팀, 컴퓨터 게임)들을 알려 주면서 정보를 검색해 보라고 했고, 친구들을 집에 초대해서 이야기 나눌 수 있게 해 주었습니다.

그리고 학교에서 담임 선생님도 수업 전, 영호에게 수업 시간과 관련된 배경지식을 검색해서 수업 초반에 친구들에게 설명해 주는 역할을 하게 하셨습니다. 이후 친구들이 영호에게 전화를 해서 수업 시간에 설명했던 내용을 물어보는 경우도 생겼습니다.

될 것입니다.

사회기술훈련 프로그램에 참여하는 방법도 도움이 될 수 있습니다. 사회기술을 가르치는 데에는 두 가지 방법이 있습니다. 이미 가지고 있는 사회성 기술을 다양한 환경에서 사용할 수 있도록 숙달시키기는 것과, 아직 갖고 있지 않는 사회성 기술을 습득하도록 가르치는 것입니다. 자폐 아동에게는 이 두 가지 모두가 필요합니다. 따라서 성인이 포함되어 있는 구조화된 환경 안에서 게임이나 역할극 같은 활동을 통해 새로운 사회성 기술을 습득하고 숙달할 수 있도록 합니다.

한편, 새로운 친구를 사귀는 데 있어 부모님의 역할은 일반화를 촉진하는 것이 될 수 있습니다. 자녀가 사회기술훈련 프로그램을 통해 사회성 및 의사소통 기술을 배웠다면, 부모님은 일상생활에서 이러한 기술을 연습할 기회를 자주 제공하면서 도움을 줄 수 있습니다. 배운 사회성 기술을 연습하고 강화하지 않으면 친구들과의 관계로까지 일반화되고 유지되기 어렵기 때문입니다. 친구를 초대하거나 식당, 공원, 볼링장, 패스트푸드점 등 다양한 장소에 데려가서 배운 기술을 적용해 볼 수 있는 기회를 의도적이고 정기적으로 만들어 주어야 합니다. 친구나 친척을 만나기가 어렵다면, 전화나 화상통화를 시도해 볼 수도 있습니다. 또, 자녀가 다양한 장소에서 사회성 기술을 적용하는 장면을 녹화해 보고, 자녀와 함께 여러 번 보면서 잘된 점, 고쳐 볼 점, 재미있었던 점 등을 이야기하면서 피드백을 제공하는 것도 많은 도움이 됩니다.

사회기술훈련 프로그램에서 배울 수 있는 것

친구관계 기술	대화기술
• 인사하기 • 주고받는 대화하기 • 공유하기 • 타협하기 • 규칙을 따르기 • 좋은 친구의 특성 알기	• 대화 시작, 유지하고 마치기 • 주고받기 • 다른 사람에게 질문하기 • 관심을 표현하기 • 적절한 주제 선택하기
생각과 감정을 이해하기	갈등 해결하기
• 공감을 보여 주기 • 다른 사람의 입장 알기 • 어려운 감정 다루기	• 거절하기 • "안 돼"라는 말에 대처하기

(2) 친구에게 다가가기

자폐 아동에게 사회적 상호작용에 대해서 가르칠 때, 아동이 하지 않아야 할 행동을 지적하는 것보다 적절한 행동을 알려 주는 데 초점을 맞추기를 권합니다. 타인과 관계 맺는 즐거움과 동기를 형성하고 유지하기 위해서는 긍정적인 행동을 통해 좋은 경험을 갖게 하는 것이 더 중요합니다.

자녀가 사람들과 상호작용을 시작할 때 자연스럽지 않은 행동들은 무엇인지 관찰해 보고 이것을 어떤 긍정적인 행동이나 말로 바꾸면 좋을지 생각해 봅니다.

동심원 활동

동심원 활동을 통해, 복잡하고 다양한 사회적 관계를 시각적으로 제시할 수 있고, 각 동심원에 속하는 사람들과 지낼 때 할 수 있는 말과 행동을 배울 수 있습니다.

① 큰 종이에 여러 개의 동심원을 그린다.

② 가장 작은 원 안에는 아동과 가족의 이름을 쓴다.

③ 다음 동심원에는 친지 이름을 쓴다.

④ 다음 동심원에는 친구, 선생님 이름을 쓴다.

⑤ 가장 바깥 원에는 소아과 의사, 편의점 주인 등 가끔 만나는 사람을 쓴다.

⑥ 모두 결정되면, 각 동심원에 포함된 사람들을 만날 때 할 수 있는 행동에 대해 이야기를 나눈다. 부모는 각 사람들에게 할 수 있는 인사나 행동의 예시들을 포스트잇에 적어 어느 동심원에 적합한 행동인지 붙이게 할 수도 있다(예: 안아 주기는 가족에게는 적절한 행동이지만, 학교 친구나 선생님에게는 적절치 않다. 이들에게는 미소짓기가 더 적절할 수도 있다).

출처: Attwood (2010).

친구에게 다가가기 위해 시작하는 행동과 말을 연습하면 좋습니다. 자폐 아동이 처음 친구에게 다가갈 때 어떻게 해야 하는지 몰라, 주변을 서성거리거나 친구를 건드리거나 심지어 의도와 다르게 방해를 할 때도 있습니다. 친구에게 처음 다가갈 때, 친구가 나에게 주의를 기울일 수 있도록 하는 행동이나 질문들의 목록을 알려 줄 수 있습니다.

친구에게 다가가기

- 맨 처음, 무엇을 할까?
  - 친구 이름을 부른다.
  - 인사를 한다.
  - 친구가 다른 것을 하고 있다면 어깨를 톡톡 두드리고 기다린다.
  - 친구가 말할 때에는 친구의 눈과 얼굴 주변을 골고루 본다.

- 무엇을 물어볼 수 있을까?
  - 주말에 뭐 해?
  - 좋아하는 예능 프로그램 어떤 거야?
  - 좋아하는 영화(음식, 스포츠)는?
  - 기르는 동물 있어?

☆ 생각해 봅시다

내 아이는 친구들과 처음 만났을 때,

지금은 이렇게 합니다.	이렇게 바꾸어 줍니다.
예) 만나자마자 "염화나트륨 화학식은 NaCl이고, 염화칼슘 화학식은?" 하고 이미 알고 있는 화학식을 물어봄.	예) "나는 화학식 외우는 거 좋아해. 너도 화학 좋아해?"라고 물어보도록 함.
✎ _____	✎ _____

친구에 관심 가지기

자녀가 관심을 보이거나 자녀와 가까이 있는 친구에 대한 카드를 만들어 봅니다. 친구의 관심사, 좋아하는 활동, 친구에 대한 나의 느낌 등에 대해서 카드 형태로 만들어 수시로 보면서 이야기를 나누어 봅니다.

이것은 자녀가 친구에 대해 기억하고 친구의 관심사에 자신을 맞추어 다가가도록 도울 수 있습니다.

① 친구 카드를 만들어요.
  - 인덱스 카드를 준비합니다.
  - 카드 앞면에 친구 이름을 씁니다.

② 자녀와 함께 그 친구에 대해 이야기를 나눕니다.
  - 그 친구가 좋아하는 캐릭터나 게임
  - 그 친구의 생김새, 외모
  - 그 친구를 칭찬하는 말
  - 그 친구와 하고 싶은 활동, 게임
  - 그 친구에 대한 나의 느낌

③ ②에서 나눈 이야기를 바탕으로 카드 뒷면에 그 친구에 대한 정보를 씁니다. 간단한 키워드나 그림으로 표현할 수도 있습니다.

④ 여러 명의 친구 카드를 만들어 두고 자녀와 함께 보면서 친구에 대해 관심을 갖게 하고 건넬 수 있는 말도 연습해 봅니다.

〈카드 앞면〉	〈카드 뒷면〉
오 주 아	"주아는 라이언 캐릭터를 좋아해." "생일날 라이언 인형 선물할 거야."
한 지 민	"지민이가 시험 20점 받아서 울었어." "지민이 국어는 20점." "지민이한테 이 말 하면 안 돼!"

(3) 다가오는 친구 대하기

'함께 놀아야 한다'는 것이 자폐 아동에게 부담이 되지 않도록 합니다. 우리는 자폐 아동이 또래들 사이에서 무언가를 열심히 하고 있을 때, 좋은 관계를 맺고 있다고 생각하게 됩니다. 그러나 자폐 아동은 친구가 가까이 접근하는 것을 불편해하기도 하고, 자기 물건을 만지거나 끼어드는 것을 침입적이거나 공격적이라고 느끼기도 합니다.

실제 아동・청소년들의 상호작용 장면을 살펴보면, 서로 계속해서 말을 하거나 상호작용을 주고받지 않습니다. 함께 모여 있기는 하지만, 적극적으로 놀이나 대화를 주도하는 친구가 있는가 하면 옆에서 훈수나 대꾸만 하는 친구, 놀이를 방해하는 친구, 그리고 놀이를 지켜보는 친구까지 다양합니다. 좀 더 여유를 가지고 자녀를 지켜봐 주시기 바랍니다.

한편, 거절하는 것도 유용한 사회기술입니다. 부모님은 자녀의 학교생활이 궁금하지만, 특히 중·고등학교에서는 담임 선생님이 교실에 상주하지 않기 때문에 이러한 것에 대해 자세하게 알기란 쉽지 않을 수 있습니다.

아동에게 다가오는 친구들과 무조건 잘 지내지 않아도 될 뿐만 아니라, 아동도 자신의 성향에 맞는 친해지고 싶은 친구를 고를 수 있습니다. 어떤 친구가 놀자고 했지만, 그 친구가 마음에 들지 않거나 그 놀이가 싫으면 거절할 수도 있습니다. 또한 대화나 게임 중에도 그만하고 싶다고 표현할 수 있습니다.

자녀에게 무조건 친구들을 허용하고 친하게 지낼 것을 강요하거나 기대하는 것보다, 스스로 내가 원하는 것을 제안하고 잘 거절할 수 있는 방법을 알려 줄 필요가 있습니다. 이것은 자폐 아동의 자기결정과 자기옹호를 위해서도 중요한 부분입니다.

친구 선택하기

친하게 지내고 싶을 때 사람들이 보일 수 있는 행동이나 태도를 알아차리게 된다면, 아동은 사람들과 친해질 수 있는 기회를 더 잘 알아차릴 수 있습니다.

〈방법〉

1. "이제부터 엄마와 퍼즐 맞추기를 할 거야. 너하고 친해지고 싶은 친구가 누구인지 알 수 있어. 너희 반에 있는 친구 중에서 생각해 봐."

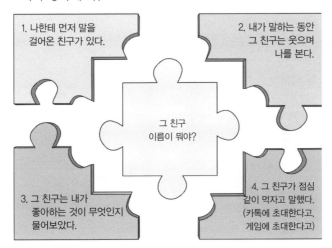

1. 나한테 먼저 말을 걸어온 친구가 있다.

2. 내가 말하는 동안 그 친구는 웃으며 나를 본다.

그 친구 이름이 뭐야?

3. 그 친구는 내가 좋아하는 것이 무엇인지 물어보았다.

4. 그 친구가 점심 같이 먹자고 말했다. (카톡에 초대한다고, 게임에 초대한다고)

2. 각 퍼즐조각에 있는 질문을 물어보고 자녀가 "그렇다."라고 대답하면 자녀에게 조각을 주고 친구의 이름을 쓰게 합니다.
3. 4개의 퍼즐조각 모두 맞추어지면 "그 친구 이름이 뭐야?"라고 물어봅니다.
4. 자녀가 친구 이름을 말하면 가운데 조각을 주고 퍼즐을 완성합니다.

상호성을 익히는 것도 중요합니다. 대화를 할 때 내가 좋아하는 주제만 일방적으로 이야기하지 않고 다른 사람의 차례도 허용해야 한다는 것을 알려줍니다. 그리고 친구들 사이에 갑자기 대화주제가 바뀌면 일단 참고 듣다가, 다시 내가 하고 싶은 이야기를 할 수 있음을 알려줍니다.

놀이나 게임 규칙을 지키는 것보다 대화에서의 상호성이나 규칙을 지키는 것은 훨씬 더 어렵습니다. 그래서 평상시 가족들과 대화를 나눌 때 대화의 상호성을 익힐 수 있도록 연습하면 좋습니다.

대화 시작하고 주고받기

1. 다양한 주제로 대화 시작하기

• 주제 막대 뽑기

① 다양한 일상적 대화의 주제의 키워드를 막대에 씁니다. 자녀의 관심사도 넣어 자녀의 흥미를 돋웁니다.

② 통에 막대들을 넣고 하나씩 뽑아 그 주제로 이야기를 시작합니다.

③ 자신의 관심사가 아니더라도, 그 주제에 관한 대화에 한 번 이상 참여하게 합니다("그렇구나." "재밌겠다." "나는 ○○ 뽑았는데 이거 잘 몰라. 말하고 싶은 사람 있어?" 등).

2. 말 주고받기

대화나 상호작용의 상호성, 즉 주고받기를 연습합니다. 주제에 관련된 내용이 아니더라도, 대화를 유지하기 위한 말들 "그랬어?" "우와, 그런 일도 있구나." "재미는 없었겠다." "그게 뭔데?"와 같이 대화를 유지할 수 있는 어휘나 문장들을 연습해서 레퍼토리를 늘여 줍니다.

• 캐치볼하기

① 부모님이 말을 한 후 자녀에게 공을 던집니다.

② 자녀는 공을 받은 후 대화를 이어 갑니다.

③ 자녀는 다시 부모님에게 공을 던집니다.

이 과정을 통해 대화를 시작하기, 다른 사람이 이야기하는 동안 기다리기, 대화를 이어받기와 같은 주고받는 과정을 경험하고 익힙니다.

• 대화 순서판

① 메모지에 대화에 참여할 사람의 이름을 여러 장 씁니다.

② 이름들을 교대로 붙입니다.

③ 첫 번째 사람이 대화를 시작합니다.

④ 말을 한 사람은 자기 이름표를 떼어 '도착' 칸에 붙입니다.

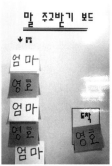

⑤ [확장] 처음에는 부모님, 자녀 두 사람만 게임에 참여하지만, 나중에는 형제, 친구를 대화에 초대하여 대화에 참여하는 사람을 늘려 갑니다.

3. 목소리 조절하기

자폐 아동은 때로 주변을 의식하지 않고 큰 목소리로 말하기도 합니다. 이러한 행동은 특히 또래들 사이에서 받아들여지기 어렵습니다. 자녀가 너무 크게 말할 때, 부모님이 신호를 줄 수 있습니다. 그리고 이러한 신호는 점진적으로 줄여 나갈 수 있도록 합니다.

① 부모님과 자녀가 정한 신호(예: 'V' 표시 손가락을 보여 줌)를 보여 주면, 자녀가 "작게 말하자."라고 말하게 합니다. 그리고 원래 하고자 했던 말을 작게 하도록 합니다.

② ①에 익숙해지면, 부모님이 신호를 보내면 "작게 말하자."라고 말하는 대신 "음음" 하는 작은 소리로 바꿉니다.

③ ②에 익숙해지면, 부모님의 신호도 눈짓이나 깜빡임 등으로 줄여 나갑니다.

4. 대화 끝내기

① 다음에 제시된 시트지를 주고 대화를 그만하고 싶을 때 할 수 있는 행동들, 하면 안 되는 행동들을 써 봅니다. 자녀가 평상시 보이는 행동들도 포함시킬 수 있습니다.

② 시트지에 적힌 행동들을 해 보고 영상으로 찍어서 함께 봅니다. 그리고 어떤 행동이 적절한지, 그렇지 않은지 다시 한번 더 이야기합니다.

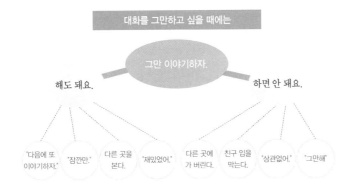

(4) 스포츠를 활용할 수 있습니다

자폐 아동의 취미생활은 대개 오락, 게임, 검색, 블록 등 정적인 활동들이 많을 수 있습니다. 그러나 대 · 소근육을 사용하고 자신의 신체 움직임이나 감각적 예민함을 조절하는 데 스포츠는 많은 도움이 됩니다. 예를 들어, 수영, 마라톤, 웨이트 트레이닝, 볼링, 요가 등의 스포츠들은 순간적 판단력, 승패 등의 중압감에서 벗어나 편안한 상황에서 즐길 수 있는 스포츠이자 취미생활이 될 수 있습니다.

이러한 스포츠를 통해 새로운 관계를 만들 수도 있습니다. 비슷한 종류의 스포츠를 좋아하는 친구들끼리는 기질이나 성향이 비슷한 편이라 더 잘 어울릴 수 있을 것입니다.

4. 학교와의 소통

학교 교육의 3주체는 학생, 교사, 학부모입니다. 학부모와 교사가 각 주체로서 협력할 때 학생에게 적합한 교육을 제공하고 최적의 결과를 얻을 수 있습니다.

1) 협력적 관계

학부모는 교사가 어렵습니다. 하지만 교사도 학부모가 어렵습니다. 서로 어렵기만 한 사이보다는 서로 마음을 열고 신뢰하며 협력하는 사이가 우리 자녀의 교육에도 도움이 될 것입니다.

(1) 학교 교직원과 관계 맺기

첫 번째 목표는 상호 신뢰하고 존중하는 관계를 만드는 것입니다.

먼저, 교사를 신뢰해야 합니다. 교사도 나와 목적하는 바가 같습니다. 바로 '학생의 성장'입니다. 나의 자녀를 위해 최선을 다할 선생님에게 믿음을 표현하고 적극적으로 협력해야 합니다. 때때로 문자나 이메일로 사소한 감사를 표현하는 것도 하나의 방법이겠습니다. 자녀에게도 교직원에 대한 긍정적인 마음을 전해 주십시오. "선생님이 차근차근 잘 알려 주셔서 이렇게 배웠구나!" "등하교 챙겨주시는 보안관 선생님이 계셔서 참 다행이야.”

　자녀의 학교생활에서 다양한 의견이 생길 수 있습니다. 학교와 나의 자녀 모두에게 도움이 되는 의견이라면 언제든지 학교에 의견을 제시하십시오. 직접 학교에 가서 교사를 만날 수도 있고, 전화, 온라인 등 다양한 방법이 있습니다. 학교와 교육청에서는 연중 다양한 설문조사를 실시합니다. 방과 후 프로그램 평가, 교육과정평가 등 다양한 설문조사 때 성심껏 의견을 제시하면 좋습니다. 부모님의 의견이 공식적인 자료로 남게 됩니다.

　때로는 반드시 해결해야 할 문제나 불만이 있을 수 있습니다. 부모님이 원하는 것이 무엇인지 구체적으로 생각해 보십시오. 단순히 불만을 토로하는 것을 넘어서, 해결이나 개선 방안을 제시하는 것이 좋습니다. 교사와 학교 입장에 서서 상황을 파악해 보는 과정도 필요합니다. 학교에는 나의 자녀를 포함하여 많은 학생들이 함께 교육받는 곳입니다. 다른 학생들의 입장에서도 생각해 보십시오. 자녀가 가진 권리는 ‘최상의’ 교육이라기보다 ‘적절한’ 교육을 받을 권리입니다. 개인을 비난하거나 책임질 사람을 찾기보다는 문제해결에 중점을 두어야 합니다. 쉽지 않겠지만 가능한 한 학교와 부모, 자녀 모두가 상생하는 해결점을 찾기 위해 노력해야 할 것입니다(경기북부장애인가족지원센터, 2012). 자녀가 일반학교에 완전통합이라 특수학급에 가지 않더라도, 학교의 특수교사와 자녀에 대해 이야기를 나눠볼 수 있습니다. 학교의 모든 아이들은 모든 선생님들의 아이들입니다.

　학교에는 교사가 아닌 다양한 사람들이 있습니다. 학교 보안관, 영양사, 행정 직원, 통학 버스 기사 등 다양한 학교 구성원에게 먼저 상냥하게 인사해 보는 것은 어떨까요? 나의 자녀가 학교에서 잘 적응하고 지내는 데 도움을 줄 수 있는 분들입니다.

(2) 다른 학부모와 관계 맺기

다른 학부모와 좋은 관계를 맺기 위해서 우선적으로 할 수 있는 일은 학교 활동에 적극적으로 참여하는 것입니다. 학부모회, 학교운영위원회에 참여하면 학교 운영에 대해 잘 알 수 있고, 학교 운영과 관련한 다양한 결정과정에 직접 참여할 수 있습니다. 급식검수, 시험감독, 학부모 연수 등에 자발적으로 참여하여 학교 및 다른 학부모들과 만남의 기회를 가져 보십시오. 더 만날수록 더 이해할 수 있습니다.

다른 장애학생 부모들과 자조 모임을 만들거나, 모임에 참석하시길 권합니다. 서로 이해하며 서로를 지지할 수 있는 큰 조력자가 될 것입니다. 모임이 부담스러울 수 있습니다. 친한 한 명을 먼저 만드는 것부터 시작하면 어떨까요? 나와 같은 경험을 하는 누군가와 마음을 열고 이야기 나눌 수 있다는 것은 보이지 않는 큰 힘이 될 것입니다.

(3) 비장애학생들과 관계 맺기

자녀가 아직 저학년이라면 통학길에서 자녀의 장애에 대해 직접 물어보는 다른 학생들을 만날 수도 있습니다. 아이들은 궁금해서 물어보는 것입니다. 그럴 상황을 대비하여 미리 답을 준

비하면 좋습니다. 자녀가 고학년이라면 담임 또는 특수교사와
상의해서 글로 써서 나눌 수도 있습니다. 서로 아는 만큼 이해
할 수 있겠습니다.

우리 반 친구들에게 보내는 편지

안녕! 난 지후야!

이미 알고 있는 친구들도 있겠지만 난 자폐장애가 있대.

내가 가끔 엉뚱한 이야기하는 것도, 가끔 손 흔들면서 제자리에서
뛰는 것도 그래서야.

내 행동으로 수업을 방해했다면 미안해. 하지만 그렇다고 나를
싫어하진 말아 줘.

내가 보기엔 펭수도 나처럼 소리 지르고, 손 흔들면서 뛰는데 사
람들은 너무 좋아하더라.

나는 아직 배우고 있는 것이 많아.

상대방의 마음을 공감하기, 내 마음을 말로 적절하게 표현하기는
너무 어려워(물론 국어, 수학도 어려워).

영화에 나오는 자폐장애인처럼 천재적인 재능은 없지만 나는 전기
밥솥에 밥도 잘하고, 옷도 잘 개고, 글씨를 또박또박 잘 쓸 수 있어.

내가 물어봤던 걸 또 물어봐서 귀찮게 했던 것 미안해. 내가 자꾸
물어보면 종이에 적어 주고 그걸 보라고 해 줄래?

그리고 너네가 하는 말들이 너무 어려울 때가 있어.

"니은니은" "낄끼빠빠"는 무슨 뜻이야?

답은 문자 보내. 더 궁금한 게 있으면 물어보고.

010-○○○○-○○○○이야.

자폐장애 이해를 돕는 만화책을 소개합니다

만화책이라서 편하게 읽을 수 있습니다.

자폐 부모님 중 비장애학생이 내 자녀에게 도움 주기를 기대하는 경우가 많습니다.

내 아이가 다른 친구들에게 도움을 줄 수 있는 방법은 없을까요? 내가 동네의 어른으로서, 인생의 선배로서 아이들에게 도움을 줄 수 있는 방법은 없을까요?

세상의 모든 아이들은 어른들의 관심과 지지가 필요합니다.

다른 학생들과 관계 맺기

사례: 수민이 엄마의 이야기

학교 행사에 갔다가 얼굴을 알게 된 같은 반 학생을 길에서 마주
쳤습니다. 내가 먼저 웃으며 인사하자 그 학생도 인사하고 지나
갔습니다. 다음번 등굣길에 마주쳤을 때는 그 학생이 인사를 먼저
했습니다. "이름이 뭐니?" "아침 먹었니?" 등 가벼운 대화를 하며
같이 등교했습니다. 제 딸 수민이는 조용히 옆에서 같이 걸어갔습
니다. 그 다음에 봤을 때 이름을 기억하고 불러 주니 놀랐습니다.
다음에 봤을 때는 "수민이 오늘 학교에서 발표했어요."라고 이야
기해 주기도 했습니다. 수민이는 말을 하지 않아서, 나는 몰랐던
사실을 알게 돼서 기뻤습니다.

내가 먼저 맺는 사소한 관계가 자녀에게 새로운 관계를 만들어
줄 수도 있겠습니다.

(4) 개별화교육계획(IEP) 회의 참여하기

관련법

각급학교의 장은 특수교육 대상자의 교육적 요구에 적합한
교육을 제공하기 위해 보호자, 특수교육교원, 일반교육교원,
진로 · 직업교육 담당 교원 및 특수교육 관련 서비스 담당 인력
등으로 개별화교육지원팀을 구성합니다(「장애인 등에 대한 특
수교육법」 제22조 제1항).

개별화교육지원팀은 매 학기의 시작일부터 30일 이내에 특

수교육 대상자에 대한 개별화교육계획을 작성해야 합니다(「장애인 등에 대한 특수교육법 시행규칙」 제4조 제2항).

개별화교육계획에는 특수교육 대상자의 인적사항과 특별한 교육지원이 필요한 영역의 현재 학습 수행 수준, 교육목표, 교육내용, 교육방법, 평가계획 및 제공할 특수교육 관련 서비스의 내용과 방법 등이 포함되어야 합니다(「장애인 등에 대한 특수교육법 시행규칙」 제4조 제3항).

특수교육 대상자가 다른 학교로 전학할 경우 또는 상급학교로 진학할 경우 전출학교는 전입학교에 개별화교육계획을 14일 이내에 송부해야 합니다(「장애인 등에 대한 특수교육법」 제22조 제3항).

교육부 국립특수교육원(2020)의 특수교육실태조사에 따르면 특수학교 보호자의 98.1%, 특수학급 보호자의 96.4%가 IEP 회의에 참석하고 있다고 답하였습니다. 대부분의 부모님들이 IEP 회의에 참석하고 있다는 것입니다.

참석 전에 IEP 회의 참석과 관련하여 다음의 사항을 스스로 질문해 보십시오.

- 교사가 준비해 놓은 자료에 서명만 하고 돌아오려는 것은 아닙니까?
- 팀 구성원으로서 적극적인 역할을 계획하고 있습니까?
- 자녀의 과거 자료를 확인하였습니까?
- 질문할 것들을 미리 작성하였습니까?

• 참석 전에 자녀에게 무엇을 원하는지 자녀의 의견도 충분히 물어보았습니까? 가능하다면 자녀와 함께 회의에 참석할 수도 있습니다.

IEP는 중간에 수정도 가능합니다. 필요시 담임 선생님과 의논하면 됩니다.

2) 학교폭력 대처

참으로 안타깝고 슬픈 일입니다. 하지만 침착하게 대응해야 합니다. 사실 관계를 정확하게 확인하는 것이 필요합니다.

학교생활 중 아이들 사이에는 다양한 갈등이 나타날 수 있습니다. 그런 상황에서 폭력이 일어나지 않도록 예방하는 것이 중요하겠습니다. 폭력은 신체에 가해지는 물리적 폭력에만 국한되지 않습니다. 많은 경우 장애학생이 피해자이지만, 때로 가해자가 되기도 합니다. 학교 폭력 관련 상황에서는 가해자이든 피해자이든 모두가 적절한 지원이 절실한 학생들이라는 관점에서 접근하는 것이 필요합니다.

놀라거나 화가 날 수 있지만, 자녀의 감정과 상태를 먼저 살펴주십시오. 자녀가 보는 앞에서 분노를 표출하지 않도록 신경 써 주십시오. 자녀는 그 분노가 자신을 향한 것으로 오해할 수도 있습니다. 성폭력인 경우 병원 진단을 받아서 신체 피해를 확인하고, 증거자료를 확보해야 합니다.

학교폭력대책심의위원회 제도가 있습니다. 이 제도의 목적은 '처벌'이 아니라 '교육'입니다. 가해학생의 반성과 사과를 통해 사건의 재발을 방지하는 것입니다. 그리고 무엇보다 피해학생의 회복이 목적이 되어야 합니다. 하지만 많은 경우 단호한 '처벌'에 집중합니다. 침착하게 상황을 파악하여, 학교와 상의한 뒤, 적법한 절차를 따르기를 바랍니다. 장애학생이 관계되어 학교 폭력이 발생하면, 학교는 해당 교육청의 학교 폭력 담당부서, 특수교육지원센터의 '장애학생인권지원단'에 보고해야 합니다. 중대 사안(성폭력, 집단 폭행)일 때에는 가해 및 피해 학생을 즉시 분리 조치해야 하며, 가해 및 피해 학생을 함께 상담해서는 안 됩니다. 사안이 알려지지 않도록 비밀누설 금지 등 의무 사항에 유의해야 하고, 2차 피해가 발생하지 않도록 해야 합니다. 피해학생은 협의 결과에 따라 상담, 의료, 수사, 법률, 보호 지원 등을 받게 됩니다.

다시금 강조하겠습니다. 중요한 것은 사건 이후 학생들의 치유와 일상생활 복귀에 우리가 집중해야 한다는 것입니다.

학교폭력에 대처하기

🎲 사례

학교를 잘 다니던 경호가 어느 날부터 일반학급에 들어가기를 거부하기 시작했습니다. 경호는 언어로 의사표현에 어려움이 있다 보니 경호의 부모님은 답답할 수밖에 없었습니다.

경호는 어렸을 적부터 엄마의 팔 안쪽을 만지며 잠드는 습관이 있었는데, 교실에서 종종 친구들의 팔을 만졌던 것입니다. 대부분의 친구는 "하지 마!"라고 말하고 팔을 빼고 말았지만, A는 그런 모습을 보고 경호를 비하하고 혐오하는 발언을 하였고, 경호가 별 반응을 보이지 않자 경호의 목에 팔을 감고 조르기를 했습니다. 이런 상황이 몇 번 반복되었으나, 쉬는 시간에 일어났던 일이고 상처가 남지 않아서 상황이 발견되지 않았습니다. 그런 상황을 말리는 아이가 있었으나 A는 "우리 아빠도 장애인이야. 괜찮아."라고 말해서 더 이상 말릴 수 없었다고 했습니다. 알고 보니 A의 아버지는 사고로 장애 진단을 받았고, 이후 직장생활을 못하고 집에서만 지내면서 A에게 폭언과 폭력을 행사했던 것으로 나타났습니다.

경호와 A는 각각 상담교사로부터 심리치료를 받았으며, A의 아버지도 주민센터와 연계해서 경제적·심리적 지원을 받게 되었습니다. 학교는 경호네 학년 모두에게 폭력 예방 교육, 장애이해 교육을 실시하였습니다. 경호의 부모님은 특수교사와 상의하여 경호에게 적절한 신체접촉에 대해 가르치고, 부드럽고 말랑한 공을 사서 필요할 때 대신 만지라고 가르쳤습니다.

청소년기 사춘기 발달

이 번 장에서는 사춘기 시기의 자폐 청소년에게 일어나는 신체적·사회적·감정적 변화와 이에 대비하는 방법에 대해 알아볼 것입니다. 일반적으로도 청소년이 사춘기를 겪는 시간은 본인과 모든 가족 구성원에게 스트레스가 될 수 있으며, 어떻게 새롭게 경험하는 문제를 다루고 접근해야 할지 어려움을 겪는 경우가 많습니다. 자폐 자녀의 경우 이러한 문제는 더 복잡해질 수 있습니다.

부모님들은 사춘기 변화에 대해 자녀와 대화하는 것을 어색해하는 경우가 많습니다. 이로 인해, 관련 주제에 대해 비유적인 표현을 사용하거나 에둘러서 간접적인 방법으로 말하는 것을 시도하기도 합니다. 하지만 자폐 청소년은 사회적 맥락이나 상황에 맞추어 말하는 사람의 숨겨진 의도를 파악하는 데 어려움이 많기 때문에, 자녀와 사춘기 발달에 대해 논의할 때는 애매모호한 표현이 아닌 구체적·사실적 정보를 이해하기 쉽고 직설적인 방법으로 알려 주어야 합니다. 자폐 청소년마다 지적 능력, 언어 표현 능력의 차이를 보이기 때문에 책에서 소개되는 여러 가지 방법들은 개별 자녀마다 이해하기 쉬운 맞춤형 방식으로 제공되어야 합니다. 사용되는 단어 수준, 문장의 길이, 시각적 도구의 모양 등이 자녀의 기능 수준이나 선호하는 방식에 따라 달라질 수 있습니다.

1. 신체 변화에 대한 준비 및 성교육

사춘기와 관련된 여러 변화들에 대해 언제, 어떻게 자녀에게 설명해 주어야 하는지 결정하는 데 어려움을 경험하는 부모님도 있을 것입니다. 부모님들은 종종 성(sexuality)과 관련된 주제에 대해 이야기하는 것에 대해 부끄러움이나 불편함을 느끼기 때문에, 또래보다 사회적 발달이 뒤처지는 것처럼 느껴지는 자폐 자녀에게 성과 사춘기에 대해 알려주기를 미루게 됩니다. 하지만 자폐 아동·청소년도 대부분 또래와 비슷한 시기에 청소년기 신체 변화나 성적 욕구를 경험합니다. 오히려 자폐 아동·청소년은 자신의 삶에서 발생하는 변화를 이해하고 수용하는 데 더욱 오랜 시간과 노력이 필요하기 때문에, 정상적으로 발달하는 또래 친구들보다 관련 정보를 더 이른 시기에 제공하는 것이 도움이 될 수 있습니다. 특히 사춘기 신체 변화에 대해서는 각 상황이 닥쳐서 자녀가 당혹감과 혼란스러움을 느낄 때까지 미루지 말고, 적절한 시기에 일찍 설명해서 자녀가 변화에 스스로 대비할 수 있도록 준비해 주는 환경을 마련해야 합니다.

사춘기 신체 변화를 준비하기 위해 가장 중요한 것은, 자녀가 언제든지 신체 변화나 성적 호기심과 같은 질문에 대해 편안하게 물어볼 수 있는 분위기가 조성되어야 한다는 것입니다. 사춘기 변화가 정상적인 신체 발달의 일부이며 전혀 부끄럽거나 겁내지 않아도 되는 과정임을 알려 주고 당황하지 않도록 안심시켜 주어야 합니다. 건강하게 사춘기 변화를 경험하는 과정은 자녀의 자존감을 높이는 데도 도움이 됩니다.

대부분의 자폐 청소년에게 신체 변화나 성(性)에 대해 교육할 때는 시각 자료를 활용한 학습이 효과적입니다. 그러므로 가능한 한 자녀에게 친숙하거나 선호도가 높은 시각 자료(사진, 그림 등)를 활용하여 사춘기에 나타날 수 있는 신체 변화와 이에 대비하는 방법에 대해 설명해 주는 것이 도움이 되겠습니다(AMA 등, 2013 참조).

1) 2차 성징

(1) 남성

사춘기가 시작되면 남성 호르몬인 테스토스테론 수치가 증가하며 여러 가지 신체 변화가 일어납니다. 가장 주요한 변화는 만 8~14세 사이에 나타나는 고환과 음낭의 크기가 커지는 것입니다. 이후 음경이 자라기 시작하고, 생식기 주변과 겨드랑이에 털이 나고, 얼굴에는 수염이 자랍니다. 생식기가 성숙하며 발기, 사정, 몽정이 나타납니다.

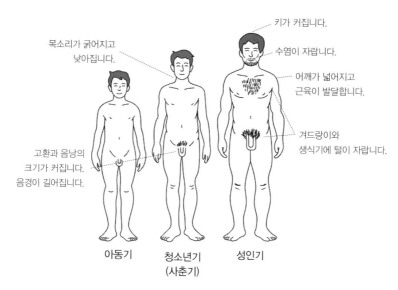

목소리가 굵어지고
낮아집니다.

키가 커집니다.

수염이 자랍니다.

어깨가 넓어지고
근육이 발달합니다.

겨드랑이와
생식기에 털이 자랍니다.

고환과 음낭의
크기가 커집니다.
음경이 길어집니다.

아동기　　청소년기　　성인기
　　　　　（사춘기）

[그림 5-1] 남성의 사춘기 신체 변화

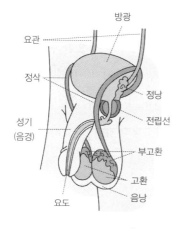

방광

요관

정삭

정낭

성기
(음경)

전립선

부고환

고환

요도　음낭

고환에서 만들어진 정자는 부고환에서
잠시 쉬었다가 정낭을 거쳐 전립선으로
옮겨지게 됩니다. 정낭과 전립선에서 정
자와 섞이는 액체를 만들게 되는데, 정자
와 섞인 액체를 정액이라고 합니다. 정액
은 요도를 통해 몸 밖으로 나오게 되는
데, 이것을 사정이라고 합니다.

[그림 5-2] 남성의 생식기관

(2) 여성

사춘기가 시작되면 여성 호르몬인 에스트로겐 수치가 증가하며 여러 가지 신체 변화가 일어납니다. 가장 첫 번째로 나타나

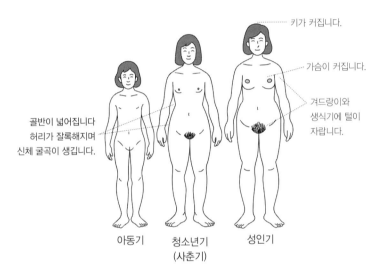

키가 커집니다.

가슴이 커집니다.

겨드랑이와
생식기에 털이
자랍니다.

골반이 넓어집니다
허리가 잘록해지며
신체 굴곡이 생깁니다.

아동기

청소년기
(사춘기)

성인기

[그림 5-3] 여성의 사춘기 신체 변화

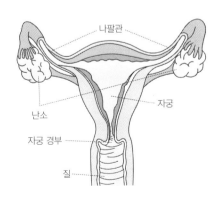

나팔관

자궁

난소

자궁 경부

질

난소 안에는 수백 개에서 수천 개의 난자가 들어 있습니다. 매달 한 개씩 난자가 배출되면 나팔관을 통해 자궁까지 이동하게 됩니다. 이동한 난자가 정자를 만나면 수정이 되어 자궁 안에서 아기가 자라고, 난자가 정자를 만나지 못하면 아기를 준비하느라 두꺼워졌던 자궁벽이 탈락하며 월경을 하게 됩니다.

[그림 5-4] 여성의 생식기관

는 변화는 만 8~13세 사이에 나타나는 가슴 몽우리입니다. 이후, 생식기 주변과 겨드랑이에 털이 나게 되며, 첫 월경은 가슴 몽우리가 생긴 후 약 2년 후에 나타날 수 있습니다.

2) 발기

평소 음경은 부드러운 상태이지만, 음경으로 혈액이 많이 들어오면서 커지고 딱딱해지는 경우가 있습니다. 이것을 발기라고 합니다. 사춘기 남성은 성적으로 흥분했을 때뿐 아니라 음경을 만지거나, 일상생활에서 긴장하거나, 아침에 일어났을 때 이유 없이 발기가 되기도 합니다. 발기는 자신이 마음대로 조절할 수 있는 것이 아니라서 창피감이나 당황스러운 감정을 느끼기 쉽지만, 이러한 현상은 지극히 정상이므로 걱정하지 않아도 된다고 알려주고 자녀를 안심시켜 주는 것이 좋습니다. 공공장소에서 예상치 못하게 발기가 일어날 경우를 대비해서 성기 부위를 가려 줄 수 있는 긴 티셔츠를 입거나, 몸에 달라붙지 않는 크기가 넉넉한 바지를 입는 것이 도움이 될 수 있습니다.

3) 몽정

사정이란 정액이 음경을 통해 몸 밖으로 나오는 것을 말합니다. 대부분의 소년은 자는 도중 사정을 하고, 이것을 몽정이라고 합니다. 처음 몽정을 경험한 아이들은 속옷에 묻어 있는 끈

적끈적한 하얀 액체인 정액을 보고 당황하고, 본인이 큰 병에 걸린 것은 아닌지 불안해할 수 있습니다. 자녀에게 미리 시각 자료를 활용하여 무슨 일이 일어날 수 있는지 설명해 주고, 이것은 정상적인 사춘기 과정의 일부이며 시간이 지나면 저절로 사라질 것이라고 알려줍시다. 자녀가 첫 몽정을 경험하면 아이와 함께 속옷이나 침구를 변경하고, 건강한 성인으로 성장해 가는 모습을 축하하고 격려해 주는 것이 도움이 됩니다.

4) 월경

월경은 소녀가 성장한 여성으로 발달해 나가고 있다는 주요한 신체적 신호 중 하나입니다. 첫 월경을 시작하기 전에 미리

자녀의 월경을 준비하는 방법

- 속옷에 빨간색 색소를 사용하여 월경이 시작될 때 피가 어떻게 보일지를 미리 알려 줍니다.
- 딸과 함께 마트에 가서 다양한 생리대를 구경하고 스스로 마음에 드는 생리대를 골라 볼 수 있도록 합니다.
- 다양한 시각 자료(사진, 그림)를 사용하여 생리대 교체와 관련된 단계를 구체적으로 설명해 주고, 실제로 생리대를 착용하고 교체하는 단계를 연습해 보도록 도와줍니다.
- 속옷에 생리대를 붙일 위치를 그림으로 표시하는 것도 도움

이 됩니다.
- 얼마나 자주 생리대를 교체해 주여야 하는지 구체적으로 알려 줍니다. 휴대전화로 알람을 설정해서 화장실 방문이 필요할 때를 알려주는 것도 좋습니다.
- 월경 주기가 규칙적이라면 달력에 미리 표시해 두거나 월별 알림을 설정하여, 언제 생리용품을 미리 챙겨 다녀야 하는지 알려 줄 수 있습니다.
- 수업 시간에 갑자기 화장실 사용이 필요할 경우 손을 들고 해야 하는 말에 대해 대본을 미리 적어 두는 것도 도움이 됩니다.
- 딸이 첫 월경을 시작하면 여성이 된 것을 축하하는 파티를 열어 주세요.

출처: Autism Speaks (2013)에서 발췌 후 수정.

인식하고 준비할 수 있도록 도와주는 것이 중요하지만, 미리 이러한 변화에 대해 설명을 해 주었을 때 '피가 묻어난다'는 말에 오히려 자녀의 두려움이나 불안감이 커질 수 있으므로 주의가 필요합니다. 적절한 시기와 상황에서 생식기관이 어떻게 기능하고 왜 이러한 변화가 나타나는지 알려 주는 것은 혼란을 줄여 줄 수 있습니다.

5) 자위

자녀가 자위행위 하는 것을 알게 되어도 너무 놀라지 마십시오. 사춘기 청소년에게 나타나는 자위행위는 신체 변화에 따른 새로운 감각을 느끼고 탐구할 수 있다는 정상적 행동이자 신호입니다. 다만 자폐 자녀에게 자위행위가 정상적인 과정임을 설명해 주는 것이 필요함과 동시에, 자위행위를 하는 장소나 이와 관련된 이야기를 언제, 어디에서 하는 것이 적절할지 등 구체적

자위행위를 조절하는 방법

- 사적인 장소와 공적인 장소에 대해 설명해 줍니다.
  (예: "사적인 장소는 네 침실이나 혼자 사용하는 화장실이고, 그 외에는 모두는 공적인 장소라고 생각하면 돼.")
- 청결하고 안전한 자위행위를 위한 방법을 구체적으로 설명해 줍니다.
  ① 손을 깨끗하게 씻는다.
  ② 혼자만 있는 사적인 공간으로 들어간다.
  ③ 방문을 닫고 창문이 있다면 커튼을 치거나 블라인드를 내린다.
  ④ 기분이 좋아지는 신체 부위를 만진다.
  ⑤ 손과 생식기 부위를 휴지로 닦고, 사용한 휴지는 휴지통에 버린다.
  ⑥ 화장실에서 손을 씻는다.

사춘기 변화를 맞이하는 건설적인 자세

사춘기 변화는 개인마다 나타나는 시기와 속도가 다릅니다. 사춘기를 일찍 시작하든 늦게 시작하든, 사춘기를 경험하는 과정과 느끼는 감정은 사람마다 모두 다르게 나타납니다. 자녀가 사춘기 변화에 대해 걱정하고 두려워하기보다는 즐거운 변화로 받아들이며 자신감을 가질 수 있도록 도와주세요.

출처: Autism Speaks ATN/AIR–P(n.d.), Ford 등(n.d.)에서 발췌 후 수정.

인 규칙을 알려 주어야 합니다. 종종 자폐 청소년은 자위행위를 한 후 너무 흥분한 나머지 본인의 경험에 대해 사람들이 모여 있는 공공장소에서 큰 소리로 이야기하거나, 자위행위를 묘사하는 등의 부적절한 행동을 보이기도 합니다. 자녀에게 미리 '자위행위는 혼자 있는 조용한 공간에서 사적으로 해야 하는 것'이며, '공공장소에서 이와 관련된 이야기나 행동을 보일 경우 다른 사람들이 불편해할 수 있고, 법적으로도 문제가 될 수 있음'을 교육해야 합니다.

자녀가 접근해도 괜찮을 정도의 성인물에 대한 수준과 정보에 대해 미리 함께 논의해 보는 것도 도움이 됩니다. 자녀가 좋아하고 즐겨찾는 인터넷 사이트, 잡지, 책자 등을 함께 둘러보면서, 나이에 따라 봐도 괜찮은 사진·내용과 그렇지 않은 정보를 구분해서 목록을 만들어 볼 수 있습니다. 필요하다면 유해한 음란물, 성인 사이트에 대한 접근을 제한하기 위해 보안을 걸어 둘 수도 있습니다. 자위행위가 통제되지 않는다면 전문가의 도움을 받아야 합니다.

6) 위생 관리

청소년기에는 호르몬의 변화로 얼굴과 몸에 여드름이 나기 시작하고 땀 분비도 증가하여 불쾌한 냄새가 날 수 있기 때문에 위생 관리에 더욱 신경을 써야 합니다. 자폐 청소년은 다른 사람의 시선에 대해 신경쓰거나 세심하게 배려하기 어렵고, 위생 관리에 대한 동기가 낮을 수 있습니다. 또한 소근육 운동 발달이 미흡한 점도 독립적인 위생 관리를 어렵게 하는 요인이 될 수 있습니다. 청결은 건강과 자신감에 기여하는 중요한 요소이며 대인관계에서도 필수적인 매너이기 때문에, 사춘기 시기에 청소년이 스스로 자기 관리의 중요성과 위생 관리 방법을 배우는 것이 특히 중요합니다. 이를 도와주기 위해 이전과는 다른 일상적인 루틴(routine) 활동을 만들어야 합니다. 시각적인 체크리스트를 만들어 스스로 점검하고 관리할 수 있도록 하는 것이 도움이 됩니다. 충분한 칭찬과 보상으로 스스로의 위생 습관이 자리잡힐 수 있도록 도와주십시오. 보상은 자녀와 의논해서 정해야 한다는 것도 기억해 주십시오.

위생 관리 방법

• 시각 자료를 사용하여 건강한 위생 관리 활동 일정을 구체적으로 만들어 줍니다.

〈예쁜/멋진 ○○의 청결한 하루〉

	해야 할 활동	하고 난 후 스스로 체크해요.
	아침 기상 후 세수해요.	☺ (스티커)
	아침밥을 먹은 후 양치해요.	
	점심밥을 먹은 후 양치해요.	
	저녁밥을 먹은 후 양치해요.	
	하루에 한 번 샤워해요.	
	외출 후 돌아오면 손과 발을 씻어요.	

시각적 스케줄(체크리스트) 예시

• 시각 자료는 가장 사용하기 쉬운 위치에 두는 것이 좋습니다.
  − 샤워에 대한 시각 자료는 샤워기 바로 옆 욕실 벽에 붙입니다.
• 부모님이 모델이 되어 직접 위생을 수행하는 방법을 보여 줍니다.

- 위생을 관리하는 행동과 일상생활을 구체적으로 연결해서 알려 줍니다.
  - "친구를 사귀기 위해서는 매일 깨끗하게 씻어야 해."
- 의사소통할 때에는 구체적이고 정확하게 여러 차례 설명해 줍니다.
  - "잘 씻지 않아서 땀 냄새가 나면 친구들이 가까이 와서 이 야기하기 싫어할 거야."
- 자녀가 위생 활동을 잘 수행한 후에 작은 보상을 제공할 수 있습니다.
  - 예: 소정의 용돈, 자녀가 좋아하는 놀이시간 등

2. 뇌의 변화에 따른 정서 발달

1) 청소년기의 변화

0~3세는 인간의 뇌에 1차 지각변동이 이루어지는 시기입니다. 이때 가지치기가 매우 빠른 속도로 이루어진 후 아이의 뇌는 잠시 소강상태를 보입니다. 신체 성장은 물론 활발하지만 뇌는 천천히 발달합니다. 그러다 10대에 들어서면서부터 뇌는 다시 급격한 지각변동을 일으키기 시작합니다. 2차 지각변동기입니다. 이 시기가 바로 아동의 두뇌를 업그레이드할 두 번째 기회이기도

하고, 다른 측면에서는 적응에 실패할 위기인 것입니다.

1차 가지치기의 시기에 운동이나 언어의 기능에 집중되었다면, 2차 가지치기에는 사회성, 고위인지, 정서조절, 충동조절 등과 관련된 기능의 발달에 집중된다고 볼 수 있습니다. 뇌의 발달로만 본다면, 우리가 '인간답다'고 말하는 기능의 대부분이 집중적으로 발달하는 매우 중요하고 꼭 필요한 시기입니다.

물론 10대에도 1차 가지치기가 이루어진 부분의 발달이 계속 진행됩니다. 1차 가지치기를 통해 살아남은 시냅스들이 서로 연결되면서 네트워크를 형성하고, 이를 통해 언어와 운동 등의 발달이 정교화됩니다. 뇌에 새로운 길이 생기거나 길이 더 넓어지는 것입니다. 그래서 유아기의 뇌를 '모델링 시기'라고 한다면, 청소년기의 뇌를 '리모델링 시기'라고 부르기도 합니다.

발달과정 시기별로 변화하는 뇌 MRI 사진을 살펴보면, 그 시기에 발달되는 뇌의 주요 부위를 알 수 있습니다. 해당 부위의 뇌가 어떤 기능을 주로 사용하는지 이해한다면 자녀의 신체 및

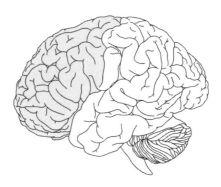

[그림 5-5] 대뇌 측면도: 전두엽

정서 발달을 이해하는 데 도움이 됩니다. 0~10세 아동의 MRI 사진을 보면 감각·운동 영역에 가지치기가 뇌 전반에 걸쳐서 골고루 일어나는데, 반면 10대 청소년의 MRI 사진에서는 특정 부위에 가지치기가 집중되어 있는 것을 볼 수 있습니다. 이 부위는 사람의 정서, 사회성, 지적 능력을 총괄 담당하는 앞쪽 뇌, 전두엽입니다(그림 5-5).

'가지치기'라는 단어가 암시하듯, 두 시기의 뇌는 어떤 뇌세포나 시냅스를 새롭게 만들기보다, 가지치기를 통해 '재구조화'합니다. 성인의 1.5배에 달하는 뇌세포와 시냅스를 가지고 태어난 아이는 1차 가지치기를 통해 감각·운동 부위를 먼저 정리하고 발달시킵니다. 그리고 2차 가지치기를 통해 고위인지-사회성-정서 조절과 관련된 전두엽 등의 부위를 재구조화하고 그 기능을 발달시킵니다.

어느 기능이 더 중요하다고 말할 수는 없지만, 1차 가지치기가 주로 인간이 생존에 필요한 기본적인 기능을 전반적으로 발달시킨다면, 2차 가지치기는 주로 우리가 '인간답다'라고 말하는 사회적 기능을 발달시킵니다. 전두엽과 관련된 뇌의 회로가 완성되는 것이 바로 그것에 의해서입니다.

(1) 발달되어 가는 과정 중 오히려 취약해지는 전두엽의 기능

"10대에 전두엽이 이렇게 활발하게 구조조정이 되고 있다는 건 전두엽의 기능이 좋아지고 있다는 말 아닌가요? 그러면 전두엽이 발달하면서 사회성도 좋아져야 하는데, 왜 중2병과 같은

현상을 보이는 거죠?"

맞습니다. 10대 아이들의 전두엽은 좋아지고 있습니다. 그런데 구조조정이 된다는 건 뇌의 기능이 완성되기 위한 '과정'이라는 뜻입니다. '완성'이 아닙니다. 방망이가 완성되면 홈런을 날릴 수 있지만, 모양을 갖춰 나가는 동안에는 제 기능을 못합니다. 마찬가지로 전두엽의 가지치기가 끝나야 훌륭한 구조화가 완성되고 효율적인 네트워크가 형성되면서 안정적으로 기능할 수 있게 됩니다. 하지만 가지치기가 이루어지는 동안에는 그 부위(특히 전두엽)의 기능이 일시적으로 저하됩니다.

그래서 2차 가지치기가 이루어지는 10대 초 · 중반의 전두엽은 상대적 취약기가 됩니다. 그 기능이 오히려 이전보다 더 못하게 되기도 합니다. 예를 들면, 초등학생 때까지 예의도 바르고 친구들과도 원만하게 지내던 아이가 중학생이 되자 갑자기 대들고 별일 아닌 것에 화를 내는 등 감정 조절 능력이 떨어진다면, '내 아이의 전두엽에서 2차 가지치기가 열심히 일어나고 있구나'라고 보아야 하는 것입니다. 사회성의 측면에서 보더라도 가끔 어떤 청소년은 초등학교 고학년 아동보다 못한 모습을 보이기도 합니다.

그렇다면 전두엽, 즉 앞쪽 뇌는 어떤 기능을 담당하는지 좀 더 자세히 살펴보겠습니다. 앞서 힌트를 드린 것처럼 크게 보면 '인간답게 만드는 기능'입니다. 세부적으로는 다섯 가지로 구분해 볼 수 있습니다.

① 전두엽은 상황에 대한 이해력을 담당합니다. 자신이 처한 상태, 사회적 상황, 분위기를 이해하는 능력으로, '눈치'라고도 할 수 있겠습니다. 주어진 환경적 조건을 객관적으로 파악할 줄 알아야 적절히 대처할 수 있기 때문에 상황에 대한 이해력은 중요한 기능입니다.

② 전두엽은 감정을 조절합니다. 특히 분노, 시기심, 충동 등과 같은 부정적 감정을 조절할 수 있는 능력을 키웁니다. 유아기의 자녀가 자기 감정을 말로 표현할 수 있게 되면 떼쓰는 모습이 확연하게 줄어드는 것을 경험했을 것입니다. 아이의 언어 능력이 발달하는 것은 그저 단어를 많이 알게 되는 것이 아니라, 상황을 이해하여 그것을 말로 표현할 수 있게 되는 것입니다. 전두엽의 첫 번째 기능인 상황에 대한 이해력이 발달하면서, 부정적 정서를 조절할 수 있는 힘이 생깁니다.

③ 전두엽은 계획 및 문제해결 능력을 담당합니다. 여기서 계획은 미래지향적인 계획, 즉 '내가 올해에는 이것을 성취해야지' 하는 멀리 내다보는 능력을 말합니다. 그리고 자신의 계획을 실행하기 위한 과정을 합리적으로 설계하는 능력입니다. 자기를 모니터링하고, 자기 주변의 상황을 파악하고, 계획 실행이 어려울 것 같다면 수정해 나가는 미래지향적인 기능입니다. 한편, 계획은 뜻대로 되지 않는 경우가 많습니다. 어떤 상황을 이성적이고 객관적으로 파악하고, 계획 실행의 여러 변수를 예측하거나 또는 변수

에 맞게 적절한 피드백을 통해 수정해 나가는 등의 고차원
적인 사고가 모두 전두엽의 기능에 포함됩니다.

④ 전두엽은 충동 조절과 주의집중력 조절을 담당합니다. 욕구 충
동을 조절할 수 있는 능력, 충분한 시간 동안 집중할 수 있
는 능력을 키우려면 전두엽의 발달이 중요합니다. 중학교
때만 해도 집중력이 30분을 못 가던 아이들이 고등학교 들
어서는 꽤나 오래 수업에 집중할 수 있는 것, 독서력이나
사고 능력이 급격하게 발달하는 이유가 바로 여기에 있습
니다. 집중해서 사고할 수 있게 되면서 몰입과 창의력도
함께 발달할 수 있게 됩니다.

⑤ 전두엽은 결과를 예측할 수 있는 능력을 담당합니다. 우리는
어떠한 선택이나 행동을 계획하고 결정할 때 이 선택과 행
동이 불러올 결과를 예측하고 준비합니다. 이 능력은 계
획 및 문제해결 능력과 연관된다고 볼 수 있습니다.

이 다섯 가지 전두엽의 주요 기능은 유기적으로 연결되어 발
휘됩니다. 그런데 전두엽이 왕성하게 리모델링되는 10대 초·
중반 시기에 전두엽의 지각변동으로 인해 상대적으로 이 기능
이 취약해지면 다음과 같은 일들이 발생할 수 있습니다.

① 상황에 대한 이해력이 떨어집니다.
② 분노, 공격성 등이 높아집니다. 다소 불편한 상황을 마주했
을 때 부정적인 감정이 들게 되고, 이해력이 떨어지다 보

니 이러한 감정을 소화시키지 못하고 그대로 표현하게 되는 것입니다. '이 상황이 이래서 이렇게 되었구나'라고 이해하면 우리는 불편한 상황을 마주해도 감정을 누그러뜨릴 수 있지만, 이해력이 떨어지면 불편한 상황에 대한 불편한 감정만 남게 되는 것입니다.

③ 계획을 세우거나 문제를 해결할 능력이 떨어집니다. 상황을 멀리 보지 못하게 됩니다. 자신의 행동을 모니터링하고 피드백해 나가는 과정을 이루지 못합니다.

④ 충동을 조절하기 어렵고, 집중력이 떨어집니다. 감정을 해소할 겨를 없이 부정적인 감정이 들면 그대로 표출합니다. 오래 집중하는 능력도 떨어집니다. 감정이나 학업에 대한 인내심이 전반적으로 떨어지는 것입니다.

⑤ 자신의 행동이 불러올 결과를 예측하지 못합니다. 멀리 내다보고 문제를 해결할 수 있는 사고 능력이 떨어지는 데다가 감정 조절 능력도 미성숙한 상태이다 보니, 자신의 충동적인 감정대로 했을 때 벌어질 일을 예측할 수 있는 능력이 부족해집니다. 미래가 아닌 당장의 문제만 크게 들여다보면서 부정적으로 사고하게 되기도 합니다.

(2) '중2병'은 내 아이의 두뇌가 발달하고 있다는 증거입니다

10대 초반 전두엽의 지각변동으로 인해 취약해진 뇌의 능력 때문에 나타나는 여러 현상들이 우리가 흔히 말하는 '중2병'의 모습과 양상이기도 합니다. 우리가 이 시기의 자녀를 이해해야

하는 이유가 여기에 있습니다. 뇌의 업그레이드를 위한 리모델링 과정에서 생기는 일종의 일시적 성장통인 것입니다.

전두엽은 기본적으로 20년 동안 가지치기를 합니다. 10대 초반에 시작해서 30대 초반에 끝납니다. 장기전 같지만, 가지치기의 양을 따져 보면 10대 초반에 50% 이상이 일어납니다. 즉, 전두엽의 가지치기가 10대 초반에 매우 빠른 속도로 이루어지기 때문에 자녀가 급격하게 달라지는 것입니다. 다르게 말하면, 아이도 어른의 뇌로 바뀌어 가기까지 적응하고 있는 중 입니다.

고등학생만 되어도 차분해지고 철이 든 것처럼 보이는 것도, 왕성한 가지치기가 끝났고 안정적인 상태로 접어들었다는 것을 보여 줍니다. 가지치기가 완전히 중단된 것은 아니나 그 양과 속도가 줄어든 것입니다. 10대 초반의 왕성한 뇌의 변화를 거치고 나면, 10대의 전두엽 기능은 그 이전과는 현저히 다르게 수준 높은 기능을 갖추게 되어 점점 성인 수준의 조절 능력을 갖게 됩니다. 그리고 부정적인 정서를 통제하고, 계획과 문제해결 능력을 갖추고, 주의집중을 하고, 몰입할 수 있게 되는 것입니다. 이것이 모두 인간을 인간답게 만드는 능력인데, 이 능력을 만들어 내기 위한 일시적 퇴행기, 불안정기가 바로 10대 초 · 중반입니다.

2) 공격성의 증가

불안정한 전두엽 때문에 힘든 10대 초 · 중기의 아동 · 청소

년에게, 도전이 한 가지 더 주어집니다. 바로 남성 호르몬인 테
스토스테론이 급증하는 것입니다. 남성 호르몬의 급격한 증가는
성인으로의 신체 변화(근육량 증가, 2차 성징 발현)에 꼭 필요한 과
정이지만, 정서적으로는 공격적인 성향을 증폭시킵니다. 그 이
유는 남성 호르몬이 공격성과 관련된 뇌의 특정 부위를 자극하
기 때문입니다. 전두엽의 기능이 취약해지면서 충동 조절이 잘
안 되는 아동·청소년에게, 남성 호르몬 양의 증가는 불난 집에
휘발유를 붓는 것과 같은 결과를 불러옵니다.

참고로 남성 호르몬은 남자에게만 나오는 것이 아닙니다. 여
성에게도 남성 호르몬이 나옵니다. 반대로 남성에게도 여성 호
르몬이 나옵니다. 분비되는 양은 서로 다르지만, 10대 초반부터
호르몬의 양이 급격하게 증가하는 것은 동일합니다. 그런데 유
독 10대 남학생의 공격성이 더 눈에 띕니다. 10대 여학생은 공격

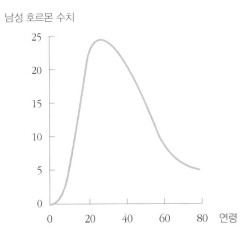

[그림 5-6] 남성 연령에 따른 남성 호르몬의 수치

성이라기보다는 주로 사소한 것에도 화를 내거나 짜증을 내게 됩니다. 왜냐하면 10대 여학생은 상대적으로 여성 호르몬인 에스트로겐의 분비량이 많고, 이것이 남성 호르몬을 상대적으로 보완하기 때문입니다. 반면, 10대 남학생에게 분비되는 여성 호르몬의 양은 남성 호르몬을 보완할 만큼 많지 않습니다. 그래서 남성 호르몬으로 인한 공격성에 더 크게 반응하게 되는 것입니다.

[그림 5-6]은 남성의 인생 주기에 따른 남성 호르몬의 양을 나타낸 그래프입니다. 10대 초 · 중반부터 10대 후반까지의 기울기가 매우 가파른 것을 볼 수 있습니다. 이 시기에 남성 호르몬의 양이 매우 그리고 가장 급격하게, 증가하는 것입니다. 적응 문제를 일으키는 변화는 그 양도 중요하지만, 더 중요한 것은 속도입니다. 가장 극심한 남성 호르몬의 증가 속도가 10대 기간 내내 나타나는 것입니다.

우리가 잘 알고 있듯이 성호르몬은 10대로 진입한 아이들의 2차 성징을 불러오고, 그 이후부터 사춘기가 시작됩니다. 남성 호르몬은 신체의 성장과 발달뿐 아니라, 인지나 정서에도 영향을 미칩니다. 그 이유는 이 호르몬이 뇌의 특정 부분, 즉 대뇌 측두엽의 가장 안쪽 부위인 편도체(amygdala)에 영향을 미치기 때문입니다.

남성 호르몬의 급증으로 인해, 편도체가 자극을 받아 활성화되면 두 가지 정서 및 행동 반응이 나타나기 쉬워집니다. 첫째는 공포 또는 불안 예민성이 증가하는 것이고, 둘째는 생존을 위한 투쟁, 즉 공격성이 증가하는 것입니다. 이 부위는 진화론적으로 인간의 뇌에서 가장 원시적인 부위 중 하나입니다.

(1) 공격성도 자기 보호를 위한 본능적 능력입니다

공포나 불안, 공격성을 '능력'이라고 볼 수 있을까요? 예. 맞습니다. 흔히 부정적으로 여겨지는 불안과 공격성은 우리가 생존하는 데에 꼭 갖춰야 할 능력입니다. 이 부위는 인간뿐 아니라 하등 동물들도 가지고 있는 뇌의 가장 원시적인 기능입니다. 쉽게 말하면, 나와 적을 구분하게 하고 적으로부터 나를 보호하는 행동을 할 수 있게 해 주는 능력입니다.

인간의 뇌는 안쪽에서부터 바깥쪽으로, 그리고 아래쪽에서 위쪽으로 발달합니다. 따라서 가장 안쪽/아래쪽 부위인 편도체는 진화 초기에 만들어진 뇌 부위입니다. 가장 바깥쪽 위쪽에 있는 뇌 부위인 전두엽은 진화적으로 가장 발전된 현대적인 뇌

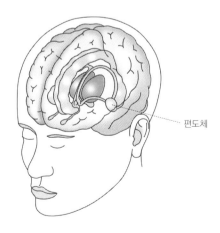

편도체

[그림 5-7] 대뇌 변연계: 편도체의 위치

부위인 것입니다. 그래서 뇌에서 가장 고등기관이라 할 수 있는 전두엽은 인간만이 제대로 발전시킬 수 있었고, 인간을 만물의 영장으로 만들어 주었다고 할 수 있습니다.

우리가 10대의 뇌에서 주의 깊게 살펴봐야 하는 부위는 전두엽과 편도체입니다. 전두엽이 가지치기를 통해 발달하는 것이라면, 편도체는 남성 호르몬에 의해 자극을 받으면서 발달합니다. 편도체는 위협이 다가왔을 때 공포를 느끼게 하여 위협하는 대상으로부터 도망치거나 공격함으로써 자신을 보호하게 만듭니다. 예를 들어, 동물실험에서 많이 활용되는 생쥐의 편도체를 자극하면, 생쥐는 영역 싸움을 시작합니다. 영역 싸움이란, 여기까지는 내 영역이므로 들어오지 말라고 경고하는 것입니다. 영역은 자기만의 영역, 친족이 들어올 수 있는 영역, 낯선 사람을 받아들일 수 있는 영역 등으로 구분할 수 있습니다. 이렇게 경계를 만듦으로써 다른 누군가가 함부로 경계를 넘어와 자신을 해치지 않도록 자기를 지키고 보호하는 것입니다. 테스토스테론이 자기 보호 본능이 작동하는 부위를 자극하여 활성화시킵니다.

청소년기에 편도체가 테스토스테론 자극을 받으면 서열·위계에 대한 예민성이 크게 나타납니다. 힘의 강함과 약함을 매우 중요하게 생각하는 경향성이 생깁니다. 본인이 강자가 되고 싶은 열망이 생기고, 강자에게 약해지는 경향성도 강해집니다. 이것도 일종의 자기 보호를 위한 본능적인 반응 중 하나입니다. 힘이 약한 사람이 힘이 강한 사람에게 복종하거나, 힘이 강한 사람이 약한 사람 위에 군림하려는 것을 말합니다. 심하면 폭력을 행사하기까지 하는 서열·위계에 대한 예민성도 편도체의 자극에 의한 것이라고 볼 수 있습니다. 물론 편도체의 기능만으로 학교 폭력의 모든 문제를 설명할 수는 없지만, 일부는 이와 같은 생물학적 요인으로 설명이 가능합니다. 신체적−언어적 폭력이 10대 초·중반에 급증하는 이유 중에 하나가 되는 것입니다.

(2) 서열·영역 싸움에 대한 본능적 반응도 어른이 되기 위한 과정입니다

왜 10대가 되면 테스토스테론의 분비량이 급증하고, 편도체가 자극되고, 부정적인 반응을 보이게 되는 걸까요? 이 시기에 편도체의 기능이 자극되어야 하는 이유가 있을까요? 성인으로서의 삶을 준비하는 과정이라는 합목적성의 관점으로 설명하기도 합니다.

성인이 된다는 것은 스스로 자기를 보호할 수 있는 힘을 가지는 것입니다. 여기에는 타인으로부터 스스로를 방어할 수 있는 힘을 가지는 것과, 자기의 영역과 타인의 영역을 구분하여 타인이 함부로 침범하지 못하도록 경계하는 것이 포함됩니다. 편도체가 자극을 받으면서 힘과 권력, 경계에 대해 학습하게 됩니다. 이러한 학습이 쌓여 성인이 되었을 때 궁극적으로 자기를 보호할 수 있는 울타리를 만들게 됩니다. 아이든 성인이든 자신에게 위협적인 신호가 들어오면 편도체에서 경고음을 울리고 방어체계를 만들면서 민감하게 공격적으로 방어하는 것입니다. 그런데 그 위협에 대한 판단과 반응의 정도가 문제인 것입니다. 사실은 위협이 아닌데 위협으로 판단하거나 방어가 너무 지나치면, 피해망상, 과민성, 기분 변화, 공격성 문제가 생기는 것입니다. 이 판단과 정도의 조절을 담당하는 것이 전두엽입니다.

안정적인 전두엽 기능이 완성된 경우에는 위협에 대한 적절한 판단과 사회적으로 용납되는 수준의 반응을 합니다. 하지만 아직 미성숙한 10대는 편도체의 경고음에 대해 매우 민감하게 반응하며, 경고에 대한 판단도 틀릴 위험성이 큽니다. 게다가 전두엽이 한참 가지치기가 진행되고 있는 불안정한 시기이니, 고위인지 기능을 포함한 조절 기능 면에서 더 취약해져 있습니다. 이러한 전두엽과 편도체의 기능을 이제 알았다면, 10대 초·중기 아동·청소년의 부정적 정서, 공격성, 공포나 불안에 더 민감하게 반응하는 모습을 잘 이해해 줄 필요가 있습니다.

부정적인 정서를 만들어 내는 편도체는 자극이 덜할수록 좋은 것일까요? 아닙니다. 편도체도 자극되고 발달되어야 합니다. 그래야 자신에게 경고 신호인, 즉 자신이 위협에 처해 있으므로 문제를 해결하라는 자율경보시스템이 형성될 수 있습니다. 독립된 생활이 가능한 성인이 되기 위한 과정입니다.

10대 자녀의 예민한 반응을 마주하게 된다면, '미숙한 전두엽과 예민한 편도체'를 떠올려 봅시다. 똑똑한 뇌를 만들고 있는 중이고, 남성 호르몬이 잘 발산되고 있다는 것, 즉 아이가 잘 자라고 있다는 표시입니다. 앞서 급격한 테스토스테론 기울기를 보인 그래프에서 보았듯이 10대 때 이 부위가 과하게 발달하고 있습니다.

다행히 이 폭풍의 시기가 오래가지는 않습니다. 10대 중반에서 후반으로 가면서 바뀌기 때문입니다. 미숙한 전두엽의 기능이 회복되고 테스토스테론에 대한 반응성이 감소되면서, 점점 안정기에 접어드는 것입니다.

청소년기의 변화를 호르몬만으로 전부 설명할 수는 없습니다. 하지만 그 시기의 특성을 이해할 수 있는 하나의 중요한 열쇠이기는 합니다. 특히 다른 시기보다 가장 급변하는 10대 초 · 중반에는 호르몬이 매우 중요한 영향을 미친다고 볼 수 있고, 그중에서도 남학생에게 그렇습니다. 그리고 이러한 요소들이 정신적 문제에 영향을 주는 요인이 되기도 합니다. 따라서 이 시기의 자녀를 둔 부모님이라면 자녀의 편도체를 불필요하게 자극하기보다는, 부드럽게 달래 줄 필요가 있습니다. 10대의 청소년 아이들은 자기 안의 변화만으로도 힘든 시기를 보내고 있기 때문입니다.

3. 사회적 발달

사회적 상호작용에 어려움을 경험하는 자폐 청소년은 사춘기에 발생하는 새로운 사회적 관계의 변화들에 적응하는 데 특히 어려움을 겪습니다. 청소년기는 기존과는 다른 새로운 관계를 맺고 자아 정체성이 발달하는 시기이기에, 이제 자녀는 건강한 성인으로 나아가기 전 성취해야 할 중요한 과제들을 마주하게 됩니다(학교생활과 관련된 '또래관계'의 구체적인 내용은 제4장에서 설명하고 있습니다. p. 216을 참조해 주십시오.)

1) 자존감, 자아 정체성의 발달

청소년기는 내가 누구인지, 어떤 가치를 가진 사람인지, 어떤 사람이 될 것인지에 대해 고민하며 자아 정체성을 확립하고 자존감을 발전시켜 나가는 중요한 시기입니다. 자폐 청소년은 감정과 사회적 상황을 명료하고 정확하게 인지하는 데 어려움을 경험하기 때문에, 스스로에 대해 어떻게 느끼고 생각하는지, 본인의 가치가 무엇인지에 대해 알기 어려워합니다. 또한 자존감 형성의 기반이 되는 또래 관계 내에서 인기를 얻기 힘들고 신체적·인지적 문제가 동반되기도 하다 보니, 자존감이 낮아지는 경우가 많습니다.

이 시기에는 자녀가 자아 정체성이나 자존감과 관련된 주제에 대해 자유롭게 대화하고 질문할 수 있도록 격려하는 것이 중요합니다. 자녀가 무엇을 좋아하고 싫어하는지, 스스로에 대해 어떤 생각과 감정을 갖고 있는지 생각하고 표현할 수 있는 기회를 반복해서 제공해 주어야 합니다. 본인이 좋아하는 활동이 있다면 사회적인 교류와 함께 활동을 지속할 수 있는 환경을 만들어 주어서(예: 축구를 좋아한다면 축구 클럽 활동, 음악을 좋아한다면 음악

학원 등) 자기 자신에 대해 긍정적 경험을 쌓고 사회기술을 발달시켜 나갈 수 있도록 도울 수 있습니다. 부모님의 청소년기 경험을 공유해 준다면, 자녀 또한 모든 10대 청소년이 비슷한 고민을 한다는 것을 이해하면서 불안이 낮아질 수 있습니다. 다른 한편으로는 개인적 고민들에 대해 가족이나 지인이 아닌 전문가로부터 조언을 받는 것을 더 편안하게 여길 수도 있으므로, 필요 시 전문 상담가에게 도움을 받을 수 있다고 미리 알려 주면 좋습니다.

기본적으로 모든 사람들은 다르며, 그렇기에 모든 사람들이 특별하고 소중한 것이고, 우리 모두가 다른 사람들과 다르다고 느끼면서도 서로가 조화를 이루며 살아가기 위해 노력하는 것이 당연한 것임을 알려 주어야 합니다. 자폐 자녀가 학교에서 또래 친구들과 다르다고 느끼고, 타인으로부터 그런 말을 더 많이 듣는 것 같아 신경을 쓸 수 있습니다. 이때 부모님이 '다르다는 것은 나쁜 것이 아니며, 오히려 본인의 개성과 장점이 될 수 있다'는 점을 강조해서 전달해 준다면, 자녀가 긍정적인 자존감을 형성해 나가는 데 도움이 될 수 있습니다.

본인과 비슷한 자폐 청소년들과의 교류도 권장됩니다. 자폐 청소년들을 위한 많은 인터넷 커뮤니티와 지지 센터가 있습니다. 비슷한 어려움을 공유하는 사람들과 관계를 맺고 대화하면서 자폐증에 대한 이해를 돕고, 공감 능력을 키우고, 소속감을 경험함으로써 자신감을 높이고 자아 정체성을 확립해 나가는 데 도움을 받을 수 있습니다.

2) 이성 교제

자폐 청소년은 감정적 친밀감을 느끼고 상호작용하는 데 어려움이 있고, 다른 사람에 대한 공감 능력이 제한되기 때문에 이성 교제가 보통의 또래에 비해 더욱 어렵습니다. 이로 인해 많은 자폐 청소년의 부모님은 본인의 자녀가 이성에 대한 관심이 없다고 생각하거나, 관심이 있더라도 친밀한 관계 맺기가 불가능에 가깝다고 결론지어 버리기도 합니다. 하지만 자폐 청소년마다 이성 관계에 대한 관심의 정도는 다양하며, 성공적으로 이성 친구를 사귀거나 결혼하는 사람들도 있습니다.

자녀가 이성에 관심을 갖기 시작한다면, 부모님은 자녀가 새로운 감정과 관계에 대해 이해하면서 적절한 관심을 표현하고, 관심 있는 대상을 대하는 구체적인 규칙과 방법을 알려 주어야 합니다. 이를 통해 복잡한 이성 관계로 인해 자녀가 느끼는 혼란이 줄어들고 성공적이고 건강한 관계를 만들고 유지할 수 있습니다. 특히 좋아하는 상대가 불편해하지 않는 적절한 선을 지키면서도 좋아하는 마음을 표현하는 구애의 방법, 본인에 대한 상대방의 관심 여부를 알 수 있는 언어적 · 비언어적 신호, 적절한 신체적 접촉 범위, 눈맞춤 방법, 관심을 표현하는 질문의 형태와 주제, 관계를 유지하기 위해 적절한 연락의 횟수 등에 대해 구체적인 지침을 제공해 주어야 합니다.

자폐 청소년은 미묘한 사회적 단서나 비언어적 표현에 대한 해석을 어려워하기 때문에, 상대방의 거절을 인지하지 못하고

상대방이 불편할 정도의 구애나 스킨십을 지속하여 문제가 될
수 있습니다. 이러한 행동들은 스토킹이나 성추행으로 오해될
소지가 있고, 다른 한편으로는 오히려 상대에게 쉽게 속거나 이
용당할 위험도 있습니다.

자폐 청소년의 건전한 이성 관계를 돕는 방법

- 이성을 좋아하는 감정은 설레면서도 당황스러운 것이 당연
  하다는 것과, 좋아하는 이성과 좋은 시간을 보내는 일이 삶
  의 새로운 활력소가 될 수 있다는 것을 알려 줍니다.
- 적절하게 관심을 표현하는 방법에 대해 알려 줍니다.
  - 상대방이 좋아하는 것을 물어보고 공통의 관심사를 찾아
    봅니다.
  - 자신의 행동이 적절한지 그렇지 않은지 구체적 상황별로
    확인해 봅니다.
  - 관련된 책이나 영상, 그림 자료를 이용해서 예행 연습해
    봅니다.
  - 여러 가지 상황에 대한 역할극을 수행해 봅니다.
    (예: "오랫동안 너무 빤히 상대방의 눈을 쳐다보는 것은 상
    대를 불편하게 할 수 있으니 5초 정도 눈을 쳐다본 후에는
    잠깐 다른 곳을 보고 돌아오는 것이 좋아.")
- 상대방의 거절에 대한 언어적·비언어적 신호에 대해 알려
  주고, 이러한 신호가 보일 경우 즉시 행동을 중단하도록 알
  려 줍니다.
  (예: "상대방이 '지금은 바쁘다' '시간이 없다'는 표현을 반

복적으로 하거나, 관심 표현에 대한 대답 없이 자리를 피하면 거절의 의미일 가능성이 높아.")
- 허용되는 신체적 접촉과 부적절한 신체적 접촉의 범위에 대해 구체적으로 알려 줍니다.
  - 본인을 중심으로 하여 동심원을 그리고 가족, 확대 가족, 친구, 지인, 낯선 사람의 범주를 나누어 이름을 적어 보고, 각 그룹 내에서 해도 괜찮은 신체적 접촉 수준을 구분해서 교육합니다.
  (예: 각 원 안에 해당되는 사람들을 생각해서 이름을 적어 보고, 각각의 동그라미 안에 있는 사람들과 어떤 행동을 할 수 있는 사이인지 알아봅니다.)

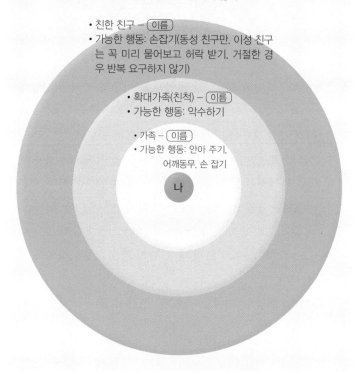

낯선 사람: 서로 만지지 않기

- 친한 친구 – 이름
- 가능한 행동: 손잡기(동성 친구만. 이성 친구는 꼭 미리 물어보고 허락 받기. 거절한 경우 반복 요구하지 않기)

- 확대가족(친척) – 이름
- 가능한 행동: 악수하기

- 가족 – 이름
- 가능한 행동: 안아 주기, 어깨동무, 손 잡기

나

건강한 이성 관계를 맺도록 돕기 위한 팁

자폐 청소년도 당연히 이성 관계에 관심을 보일 수 있습니다.
자연스럽게 받아들여 주시고 많은 대화를 나누어 주세요. 성
폭력 가해자나 피해자가 되지 않기 위한 교육보다는, 허용되는
성 표현을 구체적으로 알려 주는 것을 권해 드립니다.

제6장

성인으로서의 미래

모든 부모님은 자녀의 미래에 대해 걱정합니다. 자폐인을 위한 사회적 지원이 부족하기에 자폐 자녀를 둔 부모님은 더 불안할 수 있습니다. 앞으로 무엇을 하면서 살 수 있는지, 내가 죽은 뒤에 어떻게 살게 될지 등의 질문에 그 누구도 답을 말해 줄 수 없습니다.

어떤 미래가 기다릴지는 모르지만, 우리가 지금 할 수 있는 것을 하나씩 해 나가다 보면 만들어질 미래가 있을 것입니다.

자녀와 함께 자녀의 미래를 그려 본다는 것은 자녀와 가족을 다시 돌아보고, 그동안 함께 이룬 것을 확인하고, 다시 한 번 새로운 다짐을 하게 되는 계기가 될 수 있습니다. 차근차근 함께 준비해 봅시다.

1. 자기결정 기술

초등학교, 중학교, 고등학교는 학년이 바뀌어도 공통점이 있습니다. 정해진 시간에 학교에 가고, 정해진 준비물을 챙겨 가고, 정해진 과목의 수업을 듣고, 정해진 시간에 집에 옵니다. 하지만 졸업을 하고 나면 완전히 다른 상황입니다. 매일 가도록 정해져 있는 곳이 없습니다. 아침에 눈을 뜨고 나서 이제 무엇을 할 것인지, 누구를 만날 것인지 나의 하루에 대한 계획과 결정을 이제는 스스로 해야 합니다. 부모님이 24시간을 모두 계획해 줄 것입니까? 언제까지입니까?

그동안 시키는 대로만, 정해진 규칙대로만 따르며 살다가 갑자기 스스로 결정하라고 하면 잘 할 수 있을지요?

1) 자기결정권

관련법

발달장애인 권리보장 및 지원에 관한 법률

제2장 권리의 보장

제8조(자기결정권의 보장)

① 발달장애인은 자신의 주거지의 결정, 의료행위에 대한 동의나 거부, 타인과의 교류, 복지서비스의 이용 여부와 서비스 종류의 선택 등을 스스로 결정한다.

② 누구든지 발달장애인에게 의사결정이 필요한 사항과 관련하여 충분한 정보와 의사결정에 필요한 도움을 제공하지 아니하고 그의 의사결정 능력을 판단하여서는 아니 된다.

③ 제1항 및 제2항에도 불구하고 스스로 의사를 결정할 능력이 충분하지 아니하다고 판단할 만한 상당한 이유가 있는 경우에는 보호자가 발달장애인의 의사결정을 지원할 수 있다. 이 경우 보호자는 발달장애인 당사자에게 최선의 이익이 되도록 하여야 한다.

우리는 흔히 '말 잘 듣는 아이'를 좋아합니다. 주면 주는 대로 먹고, 시키면 시키는 대로 하는 아이가 키우기 편하다고 생각합니다. 이번에는 성인의 모습을 상상해 보겠습니다. 부모님이 시키는 대로 하고, 시키지 않으면 무엇을 해야 할지 모르는 성인 자녀의 모습은 어떻습니까?

사회성, 의사소통 능력이 부족한 자폐 자녀는 스스로 선택하거나 결정하는 경험이 부족할 가능성이 높습니다. 그 결정을 가장 많이 대신해 주는 사람은 대개 부모님입니다. 자신의 삶의 길을 스스로 결정하고 행하는 것이 자기결정권입니다. 이것은 장애 여부와 상관없이 모두의 권리입니다. 의도하지 않았지만, 부모인 내가 무심코 그 권리를 빼앗고 있는 건 아니었을지요.

자기결정은 자기 마음대로 하는 것만을 뜻하지 않습니다. 행동의 결과도 감수할 수 있어야 합니다. 자신이 주체가 되어 한 결정에 따른 실패와 위험 경험도 자기결정 능력의 증진에 보탬이 될 것입니다. 그러므로 부모님의 역할은 자녀의 장애를 이유로 선택과 결정의 경험을 제한할 것이 아니라, 어렸을 때부터 일상생활에서 스스로 선택하고 결정할 수 있게 기회를 제공하는 것이겠습니다. 자신에게 주어진 권리를 알고 이를 행하는 능력은 하루아침에 개발되지 않습니다.

가정에서 선택하기 연습

- 처음에는 어려울 수 있습니다. "뭐 마실래?"라는 질문이 어렵다면 "물이랑 주스 중에 뭐 마실래?"라고 선택지 중에 고르기부터 시작하면 좋습니다. 말로만 묻기보다 직접 사물을 보여 주어야 할 수도 있습니다.
- 질문에 자녀가 답할 시간을 '충분히' 주어야 합니다.
- 자녀가 선택할 수 있는 것에는 '거부'도 포함되어야 합니다. "내가 이 활동을 하고 싶지 않다." "이건 그만 먹고 싶다." 등의 거부 의사를 표현하고 그것이 존중되는 경험도 중요합니다.
- 문제해결 방법을 고를 수 있게 하는 것도 필요합니다(예: "이 짐을 몇 번씩 왔다 갔다 하면서 옮기는 게 좋을까?" "카트를 가져와서 한번에 옮기는 게 좋을까?").
- 과거 자녀의 선택에 대한 결과를 돌아보게 해서 스스로 다시 생각해 보고 결정할 기회를 제공하는 것도 좋습니다(예: "어제 반팔 입고 나가서 추웠던 것 기억나니?").
- 일상생활에서 이러한 선택의 경험이 쌓이면 스스로 해결 방법을 찾아내는 날이 올 것입니다.

2) 자기옹호

관련법

발달장애인 권리보장 및 지원에 관한 법률

제3조(발달장애인의 권리)

① 발달장애인은 원칙적으로 자신의 신체와 재산에 관한 사항에 대하여 스스로 판단하고 결정할 권리를 가진다.

② 발달장애인은 자신에게 법률적 · 사실적인 영향을 미치는 사안에 대하여 스스로 이해하여 자신의 자유로운 의사를 표현할 수 있도록 필요한 도움을 받을 권리가 있다.

③ 발달장애인은 자신과 관련된 정책의 결정과정에서 자기의 견해와 의사를 표현할 권리가 있다.

제4조(국가와 지방자치단체의 책무)

① 국가와 지방자치단체는 발달장애인의 적절한 발달과 원활한 사회통합을 촉진하기 위하여 장애를 최대한 조기에 발견하여 지원할 수 있도록 필요한 조치를 강구하여야 한다.

② 국가와 지방자치단체는 발달장애인의 장애를 완화하고 기능을 향상시키는 방안을 마련하기 위한 연구와 조사를 지원하여야 하며, 발달장애인의 복지수준 향상과 그 가족의 일상적인 양육부담을 경감하기 위하여 필요한 조치를 강구하여야 한다.

③ 국가와 지방자치단체는 발달장애인이 장애로 인하여 차별을 받는 등 권리가 침해받지 아니하도록 권익옹호에 필요한

지원을 실시하여야 한다.

④ 국가와 지방자치단체는 발달장애인과 그 가족이 이용할 수 있는 복지시책을 적극적으로 홍보하여야 하며, 국민이 발달장애인을 올바르게 이해하도록 하는 데에 필요한 정책을 강구하여야 한다.

⑤ 국가와 지방자치단체는 제1항부터 제4항까지의 책무를 효율적으로 수행하기 위하여 필요한 인력 및 예산을 확보할 수 있다.

제5조(국민의 책무)
모든 국민은 발달장애인의 인격을 존중하고 사회통합의 이념에 기초하여 발달장애인의 복지향상에 협력하여야 한다.

자신의 권리와 책임을 알고 정당하게 요구하고 실행하는 것은 시민 누구에게나 필요한 일입니다. 스스로 자기옹호할 수 있는 능력을 키우는 것이 필요합니다. 자신의 권리를 알고 효과적으로 주장하기, 시민으로서 책임감 있게 행동하기 등 배워야 할 것이 많습니다.

직접 당사자가 이를 실행하기 어려울 때 자녀의 권리옹호를 대신 하는 것은 대부분 부모님입니다. 많은 부모님이 자녀의 교육과 치료를 위해 자녀가 어릴 적부터 많은 노력을 들입니다. 내 자녀를 변화시키기 위해 노력하는 만큼, 내 자녀가 살아갈 사회를 변화시키는 것도 필요합니다. 내 자녀가 갖고 있는 자폐 특성이 자연스럽게 받아들여지고 적절하게 지원이 제공되는 사

회로 말입니다. 혼자서는 힘들 수 있습니다. 이미 먼저 걸어가
길을 만들고 있는 부모님들이 있습니다. 「발달장애인 권리보장
및 지원에 관한 법률」도 역시 자폐 부모님들의 노력으로 만들어
냈습니다.

사 단법인 한국자폐인사랑협회

2006년 12월 26일 창립하여 전국 6개 지부에서 활동하고 있는
한국의 대표적인 권리옹호단체입니다. https://autismkorea.kr

피 플퍼스트

1974년 미국에서 열린 발달장애인자기권리주장대회에 참가
한 당사자가 자신을 '정신지체'라고 부르는 것에 불만을 가지고
"나는 우선 사람으로 알려지길 원한다(I wanna be known as a
people first)."라고 말했습니다. 이후 피플퍼스트(people first)
는 발달장애인권리옹호 운동을 대표하는 말이 되었습니다. 한
국에도 피플퍼스트 조직이 있습니다.

장애인 거주지설이 아닌 사회에서 살아갈 권리, 일할 권리, 참정
권 운동 등 시민으로서의 권리를 당사자들이 직접 주장합니다.

*한국피플퍼스트 http://www.peoplefirstkorea.org/index.php
　(02-6959-5656)

*피플퍼스트서울센터 홈페이지 http://www.peoplefirstsc.or.kr

2. 자기관리 기술

성인으로서 자립생활을 하기 위해서는 필요한 기술들이 있습니다. 자녀가 자조 기술을 기회가 없어서 못 배운 것은 아닌지 생각해 볼 필요가 있습니다.

자녀의 특성에 따라 이 모든 기술들을 배울 수 없을 수도 있습니다. 자립이란 혼자서 모든 것을 해내야 한다는 것이 아닙니다. 자녀의 자립생활 역량을 키우는 것도 중요하지만, 필요할 때 적절한 지원 서비스를 제공받는 방법도 알려주어야 합니다.

1) 집안일

어릴 적부터 자녀에게 집안일을 시키면 좋습니다. 처음에는 단순한 심부름을 연습하고, 익숙해지면 자녀가 무엇을 하고 싶은지 묻고 그 일을 맡기면 됩니다. 수저 놓기, 양말 짝짓기, 수건 개기, 분리수거하기, 화초 물 주기, 반려견 밥 주기 등으로 시작하십시오. 직접 시범을 보이고, 방법을 시각적 자료로 붙여 놓는 것도 도움이 됩니다. 부모님이 직접 집안일을 하는 것보다 자녀에게 가르치는 것이 더 힘들 수 있습니다. 하지만 자녀의 자립생활을 위해 꼭 필요한 일입니다. 처음에는 서투를 수밖에 없으니 인내심을 갖고 기다려야 합니다.

자녀가 한 일이 부족해 보여도 우선 칭찬해 줍시다. 그래야

다음번에 다시 해 보고 싶을 것입니다. 칭찬은 구체적으로 해

줍시다(예: "수저를 반듯하게 놓았네. 고마워." "플라스틱을 네가 다 분리하

니 일이 많이 줄었어! 고마워"). 집안일은 반복적으로 해야 하는 일입

니다. 반복 수행을 통해 책임감을 기를 수 있습니다. 가족 구성

원으로서 함께 집안일을 나누어 하는 것은 행복한 가정의 기본

이기도 합니다.

가전제품(예: 전기밥솥, 청소기, 세탁기, 전자레인지, 냉난방기 등) 사

용법을 알려 줍시다. 요리, 세탁, 청소 등 좀 더 난이도 있는 집

안일을 하는 데 꼭 필요합니다. 무엇을 배우고 싶은지 물어보십

국가장애인평생교육진흥센터

'발달장애인 평생교육과정' 동영상 학습 자료를 활용하실 수 있

습니다.

https://www.nise.go.kr/lifelong/onlineedu/01/index.html

시오. 부모님은 라면 끓이기를 가르치려 했는데, 자녀는 다림질을 배우고 싶을 수도 있습니다.

단계별로 나눠서, 순차적으로 시각적 단서를 활용해서 가르치는 것이 도움이 됩니다. 사용 순서도를 기기에 붙여 놓는 것도 도움이 됩니다.

인터넷에서 영상을 검색하거나 직접 촬영하여 휴대폰에 저장하고, 그때그때 필요한 영상을 찾아서 보고 단계적으로 따라 하는 방법도 활용할 수 있습니다.

2) 일과 계획 및 관리

부모님이 달력에 중요한 약속이나 계획을 적는 것을 자녀에게 보여 주십시오. 하루의 계획을 세우고 성취할 때마다 표시하는 부모님의 습관을 보면서 자녀도 배울 것입니다. 자녀와도 함께 하루의 계획을 세워 보십시오. 오늘 무슨 일을 하고 싶은지, 해야 하는 일은 무엇인지 자녀에게 물어보고 목록으로 작성합니다.

자녀의 의사소통 능력에 따라 그림과 사진을 활용할 수도 있습니다. 그리고 그것을 잘 보이는 곳에 붙여 놓고 하나씩 해낼 때마다 해냈다는 것을 표시하면 됩니다. 휴대폰의 일정관리 앱은 알람 기능 등을 활용할 수 있어 도움이 됩니다.

처음에는 빨리 끝낼 수 있는 쉬운 일부터 먼저 하도록 합니다. 성취감을 느끼며 습관을 잡아가는 데 도움이 될 수 있습니다. 익숙해지면 우선순위의 일들에 대해서도 자녀와 이야기를 나눠봅니다. 매일의 이런 활동이 자녀의 삶에 대한 계획성과 책임감을 기를 수 있게 도와줄 것입니다.

3) 돈 관리

요즘에는 현금을 많이 쓰지 않습니다. 카드나 페이 사용법을 배우고, 결제 금액이 정확한지(혹시 0이 하나 더 들어간 것은 아닌지), 지출 내역은 맞는지 확인하는 것을 배우는 것이 필요합니다.

자녀에게 일주일이나 한 달에 한 번 용돈을 주고, 그 한도 내에서 지출을 결정할 수 있도록 합니다. 체크카드를 주로 많이 사용합니다. 잔액을 확인하고 소비와 지출을 계획하도록 돕습니다. 사고 싶은 것들이 많은데 내가 살 수 있는 것은 무엇인지, 그중에서 무엇을 사야 하는지 결정하고, 직접 가격을 알아보고, 그 돈을 모으기 위해서는 어떻게 해야 하는지 스스로 결정하도록 도와줍니다.

간혹 자폐 성인은 인색한 사람처럼 보일 수도 있습니다. 소중한 사람에게 선물하기, 가족과 친구에게 밥 사주기 등도 함께 연습해 보면 좋습니다.

다음에 대해서도 자녀에게 알려 주어야 합니다.

- 현금인출기 이용하기
- 온라인 결제
- 보안카드 관리하기
- 보이스피싱 피하기

• 다른 사람이 내 명의를 도용해 통장을 개설하지 못하도록
  방지하기

4) 휴대전화 사용

자녀가 휴대전화를 처음 사용할 때 관리 앱(예: Family Link 등)
을 사용해 보아도 좋습니다. 휴대전화 사용시간과 앱 다운로드
등을 관리하여 자녀의 무분별한 휴대폰 사용을 예방할 수 있습
니다. 물론 차차 스스로 관리하며 사용할 수 있게 가르치는 것이
필요하겠습니다.

휴대전화 바르게 사용하기

휴대전화의 카메라나 다양한 애플리케이션은 자녀의 일상생
활과 학습에 유용하게 사용될 수 있습니다. 아동은 말로 하는
의사소통보다 문자나 이미지로 소통하는 방식을 더 편하게 느
낄 수 있습니다. 하지만 다음과 같은 이용 규칙들을 정하고 알
려 주는 것이 반드시 필요하겠습니다.

• 다른 사람의 사진을 찍을 때는 동의를 구합니다.
• 다른 사람이 나의 몸 사진이나 영상을 요구할 때는 거절합니다.
• 자신과 다른 사람의 신체 사진이나 동영상은 다른 사람과 공
  유하지 않습니다.
• 함부로 개인정보를 알려 주지 않습니다.

- 온라인에 남긴 글은 영원히 기록에 남고 추적 가능하다는 것
  을 기억하도록 합니다.

5) 여가, 취미 생활

부모님의 취미는 무엇입니까? 자녀를 돌보느라 너무 바빠 생각할 여유가 없다고 답하실지요? 내가 먼저 나의 마음을 다스리고 새로 힘을 얻는 방법을 알아야, 나의 자녀에게도 알려 줄 수 있습니다. 먼저, 부모님 각자의 여가 생활을 계획해 보십시오. 부모님이 자신의 삶을 누리는 모습은 자녀에게도 좋은 역할모델이 될 것입니다. 그리고 가족이 함께하는 여가 생활을 계획해 보는 것도 좋습니다.

자녀의 취미를 찾기 위해 꼭 장애인 대상 프로그램이 아니더라도, 지역 문화센터, 미술관 등의 수업에 부모님이 함께 참여하는 방법도 추천합니다.

생각해 봅시다

사례

스물아홉 살 현서 씨는 주말마다 경기장에 가서 스포츠 관람하는 것이 취미입니다. 큰 소리로 응원하면 스트레스가 풀려서 좋다고 합니다. 스포츠 경기 관람은 원래 현서 아버지의 취미로, 현서 씨

는 초등학생 때부터 아버지와 종종 경기장을 찾았습니다. 평소에는 자주 소리를 질러서 제지를 받았지만 경기장에서는 맘껏 소리 질러도 괜찮았습니다. 남편과 아들이 나간 사이에 현서 씨 어머니는 자신만의 시간을 가질 수 있었고, 그 시간이 현서 씨 어머니에게는 참 소중한 힘이 되었다고 합니다.

요즘 사람들은 많은 시간을 휴대전화, 컴퓨터, 패드 등의 전자기기를 사용하며 보내기도 합니다. 자녀의 유튜브 구독 채널, SNS 팔로잉 계정 등에도 관심을 가져보면 좋습니다. 자녀에 대해 많은 것을 알 수 있습니다.

온라인에서 동영상으로 취미 생활을 배울 수 있는 기회도 많아졌습니다. 유료 사이트는 재료도 같이 구매할 수 있으며, 과정에 피드백도 받을 수 있습니다. 온라인에서 취미를 공유하는 동호회도 많습니다. 함께 배워 봐도 좋고 자녀의 재능과 취미를 직접 온라인 콘텐츠로 만들어 공유해 보아도 좋을 것입니다.

생각해 봅시다

🏺 사례

정원이는 가족 블로그와 SNS 단체 채팅방이 있어 부모님을 포함하여 이모, 이모부, 사촌들, 할머니, 할아버지가 함께 소소한 일상을 공유합니다. 정원이가 자기가 하고 싶은 말로 도배를 하긴 하지만, 가끔 정원이가 하는 말에 가족들 모두가 큰 웃음을 짓습니다. 정원이가 막무가내로 고집 부리던 모습을 아빠가 찍어서 "슬퍼요."라는 이모티콘과 함께 올린 것을 본 뒤로, 정원이의 고집 부리던 행동이 줄었습니다. 정원이가 그린 그림을 찍어 올렸을 때 가족들이 열렬한 반응을 보인 뒤로, 정원이는 그림을 그릴 때마다 사진을 찍어서 올리자고 합니다. 시간이 지나 오래된 사진과 글들을 보고 추억을 공유하며 웃는 날이 오겠지요.

6) 대중교통 이용

자녀와 대중교통을 많이 이용하십니까? 주로 부모님이나 활동보조인의 차, 학교버스 또는 장애인 콜택시를 이용했을 것입니다. 대중교통 이용은 지역사회에서 독립적으로 살아가기 위해 꼭 필요한 기술입니다. 대중교통 이용하기를 배우는 데 있어서 가장 큰 장벽은 아마 부모님의 불안일 겁니다. 위험하지 않을까 걱정이 많겠지만, 자녀의 능력을 믿고 시작해 봅시다. 휴대폰에서 자녀 위치 추적 앱도 사용할 수 있습니다.

특정한 상황에 대해 미리 이야기 나누는 것도 필요합니다. 예를 들어, 전철을 잘못 타거나, 버스에서 내려야 할 곳을 지나쳤을 때, 사람이 너무 많아서 타거나 내리기가 힘들 때, 짐을 두고 내렸을 때 등의 상황 대처를 미리 연습하면 도움이 될 것입니다.

지하철 요금은 무료지만 버스는 아니라서 버스 요금을 낼 때 잔액이 없어 당황하는 경우가 생길 수 있습니다. 지역사회에서

살다 보면 버스를 타는 게 편할 때도 있기 마련입니다. 미리 충
전된 교통카드, 버스 환승 정보를 준비할 수 있도록 도우면 좋
습니다.

3. 사회적 관계 형성 기술

청소년기, 성인기를 거치면서 사회적 관계는 복잡해집니다.
미묘한 관계의 역동성을 이해하는 것이 자폐인에게는 어려울
수 있습니다.

많은 사람들이 자폐인은 사회적 관계 맺기에 대한 욕구가 없
을 것이라고 생각하는데, 그렇지 않습니다. 추구하는 관계의 형
태나 방법에 있어서 차이가 있을 뿐입니다.

대부분 성인기를 준비하면서 진로교육을 받습니다. 자폐인
의 성공적인 직장생활은 직무능력보다 사회성이 많은 영향을
미칩니다. 미리미리 배워야 할 사회적 기술들이 많습니다. 물론
직장에서 같이 일하는 사람들이 자폐장애에 대한 이해를 갖게
하는 것도 필요합니다.

성인기가 되면서 가족과의 관계도 재정비할 필요가 있습니
다. 이상적으로 자녀가 지역사회에서 활발하게 참여하며 살 수
있다면 좋겠지만, 그렇지 못할 경우 가장 많은 시간을 보내야하
는 사람은 보통 가족이 됩니다. 많은 시간을 함께 보내는 사람
끼리 서로 예의를 갖추고, 성인으로서 적절하게 거리를 두며 존

중하고 잘 지낼 수 있는 방법을 자폐 자녀와 가족 모두가 고민
해야 합니다.

〈표 6-1〉은 교육부 국립특수교육원(2018) 적응행동검사(NISE
K · ABS)의 초 · 중등 학생을 위한 사회적 기술평가 항목입니다.
자녀가 할 수 있는 것은 무엇이고, 무엇을 더 배워야 하는지 확
인해 봅시다.

표 6-1   **국립특수교육원 적응행동검사: (초·중등용) 사회적 기술항목**

		내용
자기 표현	1	의도하지 않게 신체가 노출되면 부끄러움을 느끼고 적절히 처리하고자 한다.
	2	바지 앞 지퍼나 단추가 열려 있으면 부끄러움을 느낀다.
	3	자신의 소중한 물건을 낯선 사람에게 함부로 주지 않는다.
	4	다른 사람이 자신의 몸을 함부로 만지려 하면 거절의 표현을 한다.
	5	중요한 개인 정보를 타인에게 함부로 알려 주지 않는다.
	6	사진을 찍는다고 하면 카메라를 의식하는 행동을 한다.
	7	자기 행동에 대한 나름의 변명이나 이유를 말한다.
	8	잘못한 일에 대하여 후회하는 표현을 한다.
	9	자신이 잘한다고 생각하는 것을 두 가지 이상 말한다.
	10	실력을 향상하기 위해 스스로 계획하고 노력한다.
타인 인식	1	친구 3명 이상의 성과 이름을 말한다.
	2	표정을 보고 '기쁨' '슬픔' '화남' 등 세 가지 이상의 감정을 구분한다.
	3	순서를 지켜야 할 상황일 때 자기 차례를 기다린다.
	4	반말과 존댓말을 친밀도와 상황에 따라 구별하여 사용한다.

	5	누군가 괴로워하거나 슬픈 표정을 지을 때 상황에 맞지 않는 부적절한 행동을 하지 않는다.
	6	다른 사람의 물건을 사용할 때 허락을 구한다.
	7	과도한 신체 접촉이 이성과 동성 모두에게 문제가 될 수 있다는 것을 안다.
	8	상황과 장소에 따라 목소리의 크기를 조절한다.
	9	상대방의 입장에서 생각할 줄 안다.
타인 인식 (계속)	10	친근하게 지내는 친구나 모임이 있다.
	11	타인에게 비위생적으로 느껴질 수 있는 생리적 현상을 장소, 상황, 상대를 고려하여 처리한다.
	12	기다려야 할 상황이면 대략 30분 정도는 자리에서 이탈하지 않는다.
	13	금지된 행동을 하고 싶을 때는 주변의 눈치를 살핀다.
	14	상대방의 행동에 고의성 여부를 판단하여 다르게 반응한다.
	15	성추행이나 성범죄가 무엇인지 안다.
	16	농담과 진담을 구별하여 반응한다.
	17	다른 사람의 사생활과 관련된 곳을 방문할 때는 노크를 한다.
대인 관계	1	실수하거나 잘못했다고 느끼면 상대방에게 미안하다는 말을 하거나 표현을 한다.
	2	약속을 하면 지키려고 노력한다.
	3	위로가 필요한 대상에게 상황에 맞는 적절한 말이나 표현을 한다.
	4	자신의 상황이나 형편을 근거로 적절하게 거절의 표현을 한다.
	5	상대에게 자신이 원하는 활동을 하자고 제안한다.
	6	상황에 따라 다른 사람을 옹호해 주는 표현을 한다.
	7	자신이 원하는 단체 활동은 강요하지 않아도 자연스럽게 참여한다.
	8	여러 사람과 함께 문제를 해결해야 할 경우, 다수결의 의미를 알고 결과에 따른다.
	9	만남이나 모임을 위해 상대방과 시간과 장소 등을 조정한다.

	10	장애인 차별과 관련된 표현을 사용하지 않는다.
	11	인종차별과 관련된 표현을 하지 않는다.
	12	선물해야 할 때 상대와 상황에 맞는 적절한 선물을 준비하여 전달한다.
	13	성차별과 관련된 표현을 사용하지 않는다.
대인	14	자신이 알고 있는 지식이나 경험을 여러 사람 앞에서 설명한다.
관계	15	인터넷, 모바일, SNS 등으로 욕설을 하면 처벌될 수 있다는 것을 안다.
(계속)	16	상대가 거절하더라도 상황에 따라 한두 번 더 설득하려고 시도한다.
	17	도움이 필요할 경우 낯선 사람에게도 간단한 도움을 청한다.
	18	부당한 대우를 받았을 때 적절한 기관 또는 사람에게 도움을 청한다.
	19	하나의 사건을 긍정적인 측면과 부정적인 측면의 두 가지 입장에서 설명한다.

출처: 교육부 국립특수교육원(2018).

앞에서 다룬 기본생활과 관련한 부분을 포함하여, 국립특수교육원 홈페이지에서 회원 가입 후 자녀의 전반적인 적응행동 평가를 온라인으로 할 수 있습니다. 자녀가 우선적으로 배워야 할 것이 무엇인지 파악하는 데 도움이 됩니다.

영화 소개

〈Love on the Spectrum〉은 자폐인들의 사랑을 다룬 호주 다큐입니다. 자폐 성인이 직접 출연합니다.

〈Atypical〉은 미국 드라마로 우리말로는 '별나도 괜찮아'라고 제목을 지었습니다. 역시 자폐인의 사랑 그리고 가족을 그립니다.

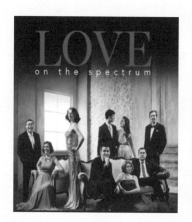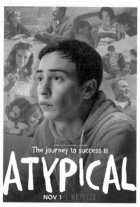

4. 대학 준비

대학 진학은 자녀가 고등학교 졸업 이후 선택할 수 있는 여러 진로 중의 하나입니다. 최근 대학에 진학하는 자폐인의 수가 증가하고 있습니다. 자녀의 관심사와 관련하여 학문의 깊이를 더하고, 다양한 경험을 할 수 있는 좋은 기회로서 대학은 의미가 있습니다. 학교 및 학과 선정에서부터 자녀와 충분히 상의하고 결정해야 합니다.

대학을 꼭 진학해야 하는지도 진지하게 고민해 볼 부분입니다. 최근에는 대학 외에도 장애인을 위한 평생교육 프로그램이 많이 있습니다.

1) 대학 입학 관련 지원

장애인 등에 대한 특별전형을 실시하는 대학은 매년 증가하는 추세입니다. 2019년에는 전문대학 16개교와 4년제 대학 71개교로 모두 87개교가 실시했습니다.

관련법

"각종 장애 또는 지체로 인하여 특별한 교육적 요구가 있는 자로서 대학의 장이 정하는 자는 정원을 따로 둔다." (「고등교육법 시행령」 제29조 제2항 제4호)

대학의 장은 해당 학교의 입학전형절차에서 장애수험생의 수험의 편의를 위해 다음의 수단 중 수험편의에 필요한 수단을 적극적으로 강구하고 제공해야 합니다(「장애인 등에 대한 특수교육법」 제31조 제2항, 규제 「장애인차별금지 및 권리구제 등에 관한 법률」 제14조 제1항 및 규제 「장애인차별금지 및 권리구제 등에 관한 법률 시행령」 제8조 제1항 · 제2항).

각종 학습보조기기 및 보조공학기기 등의 물적 지원

교육보조인력 배치 등의 인적 지원

취학편의 지원

정보접근 지원

「장애인 · 노인 · 임산부 등의 편의증진 보장에 관한 법률」 제2조 제2호에 따른 편의시설 설치 지원

　국립특수교육원 에듀에이블에서 대학별 모집요강, 장애학생 지원, 진로교육 등 장애대학생과 관련한 정보를 제공하고 있습니다.

출처: 국립특수교육원 에듀에이블(www.eduable.net)

2) 대학 생활 관련 지원

　장애인 등에 대한 특별전형을 통해 2019년에 입학한 학생은 전문대학 50명, 4년제 대학 905명으로 모두 955명입니다. 장애인 대학생 수는 점점 늘어나고 있는 추세입니다. 장애학생지원센터를 두게 되어 있으나 아직 지원이 충분하지 않은 실정입니다. 따라서 중간에 그만두는 학생들도 생기고 있습니다.

　국가평생교육진흥원에서 실시하는 장애대학생 교육활동지원 사업도 참고하면 좋습니다.

관련법

　대학의 장은 장애학생의 교육 및 생활에 대한 지원을 총괄·
담당하는 장애학생지원센터를 설치·운영해야 합니다(「장애
인 등에 대한 특수교육법」 제30조 제1항).

　다만, 장애학생이 재학하고 있지 않거나 장애학생 수가 9명
이하인 소규모 대학 등은 장애학생 지원부서 또는 전담인력을
둠으로써 이에 갈음할 수 있습니다(「장애인 등에 대한 특수교
육법」 제30조 제1항, 「장애인 등에 대한 특수교육법 시행령」 제
31조 제1항).

관련법

장애인차별금지 및 권리구제 등에 관한 법률
제14조(정당한 편의제공 의무)
① 교육책임자는 당해 교육기관에 재학 중인 장애인의 교육활동
　에 불이익이 없도록 다음 각 호의 수단을 적극적으로 강구하
　고 제공하여야 한다.
　　1. 장애인의 통학 및 교육기관 내에서의 이동 및 접근에 불이
　　　익이 없도록 하기 위한 각종 이동용 보장구의 대여 및 수리
　　2. 장애인 및 장애인 관련자가 필요로 하는 경우 교육보조인
　　　력의 배치
　　3. 장애로 인한 학습 참여의 불이익을 해소하기 위한 확대 독
　　　서기, 보청기기, 높낮이 조절용 책상, 각종 보완·대체 의

사소통 도구 등의 대여 및 보조견의 배치나 휠체어의 접근
을 위한 여유 공간 확보

4. 시·청각 장애인의 교육에 필요한 한국수어 통역, 문자통
역(속기), 점자자료 및 인쇄물 접근성 바코드(음성변환용
코드 등 대통령령으로 정하는 전자적 표시를 말한다. 이하
같다)가 삽입된 자료, 자막, 큰 문자자료, 화면낭독·확대
프로그램, 보청기기, 무지점자단말기, 인쇄물음성변환출
력기를 포함한 각종 장애인 보조기구 등 의사소통 수단

5. 교육과정을 적용함에 있어서 학습진단을 통한 적절한 교육
및 평가방법의 제공

6. 그 밖에 장애인의 교육활동에 불이익이 없도록 하는 데 필
요한 사항으로서 대통령령으로 정하는 사항

② 교육책임자는 제1항 각 호의 수단을 제공하는 데 필요한 업무
를 수행하기 위하여 장애학생지원부서 또는 담당자를 두어야
한다.

③ 제1항을 적용함에 있어서 그 적용대상 교육기관의 단계적 범
위와 제2항에 따른 장애학생지원부서 및 담당자의 설치 및 배
치, 관리·감독 등에 필요한 사항은 대통령령으로 정한다.

발달장애인만을 대상으로 하는 고등교육기관도 있습니다. 나
사렛대학교, 한국복지대학교, 호산나대학대구대학교 K-PACE
센터, 안산에이블대학입니다. 자세한 내용은 〈표 6-2〉를 참고
해 주십시오.

대학	운영내용	운영방식
나사렛대학교	• 브리지(Bresee)학부 • 발달장애학생 • 민주시민 양성교육	4년제 사립대학 학위수여
한국복지대학교	• 비장애인통합교육/모든 장애 유형 장애학생 등 지원시스템 • 장애인 고등 및 평생직업교육	2년제 또는 3년제 국립전문대학 학위수여
호산나대학	• 발달장애학생 대상 학과중심 (노인케어, 사무자동, 뷰티케 어, 서비스, 애견케어학과)	3년제 비학위과정 대안학교
대구대학교 K-PACE센터	• 발달장애학생 대상 독립생활 기술, 직업교육, 의사소통기술	3년제 비학위과정
안산에이블대학	• 발달장애학생 대상 전공과정/ 평생학습과정	3년제 비학위과정

표 6-2 발달장애인 대상 고등교육기관

3) 장애인평생교육기관

관련법

평생교육법

제19조의2(국가장애인평생교육진흥센터)

① 국가는 장애인의 평생교육진흥과 관련된 업무를 지원하기
위하여 국가장애인평생교육진흥센터(이하 '장애인평생교
육진흥센터'라 한다)를 둔다.

② 장애인평생교육진흥센터는 다음 각 호의 업무를 수행한다.

　　1. 장애인 평생교육진흥을 위한 지원 및 조사 업무

　　2. 진흥위원회가 심의하는 기본계획에 관한 사항 중 장애인
　　　평생교육진흥에 관한 사항

　　3. 장애유형별 평생교육 프로그램 개발의 지원

　　4. 장애인 평생교육 종사자의 양성ㆍ교육 및 연수와 공무원
　　　의 장애인 의사소통 교육

　　5. 장애인 평생교육기관 간의 연계체제 구축

　　6. 발달장애인의 평생교육과정의 개발

　　7. 발달장애인의 의사소통 도구의 개발과 보급

　　8. 장애인 평생교육 프로그램을 운영하는 각급학교와 평생
　　　교육기관 양성을 위한 지원

　　9. 장애유형별 평생교육 교재ㆍ교구의 개발과 보급

　　10. 그 밖에 장애인평생교육진흥센터의 목적수행을 위하여
　　　필요한 사업

제19조의3(장애인 평생교육 종사자에 대한 인권교육)

① 장애인 평생교육 종사자는 장애인 인권에 관한 교육을 받아
　야 한다.

발달장애인 권리보장 및 지원에 관한 법률

제26조(평생교육 지원)

① 국가와 지방자치단체는 발달장애인에게 「교육기본법」 제3조
　및 제4조에 따른 평생교육의 기회가 충분히 부여될 수 있도
　록 특별자치시ㆍ특별자치도ㆍ시ㆍ군ㆍ구(자치구를 말한다.

이하 같다)별로「평생교육법」제2조 제2호의 평생교육기관
을 지정하여 발달장애인을 위한 교육과정을 적절하게 운영
하도록 조치하여야 한다.

② 제1항에 따른 평생교육기관의 지정 기준과 절차, 발달장애
인을 위한 교육과정의 기준, 교육제공인력의 요건 등은 교
육부장관이 보건복지부장관과 협의하여 정한다.

③ 국가와 지방자치단체는 제1항에 따라 지정된 평생교육기관
에 대하여 예산의 범위에서 발달장애인을 위한 교육과정의
운영에 필요한 경비의 전부 또는 일부를 지원할 수 있다.

2016년에「평생교육법」이 개정되면서 장애인 평생교육센터
가 생기는 등 장애인의 평생교육이 강조되고 있습니다. 꼭 장애
인을 대상으로 한 평생교육 프로그램이 아니어도 자녀의 관심
과 적성에 맞춰 지역의 평생교육 프로그램에 참여하는 것도 권
장합니다. 전국 각 시·도에 평생교육진흥원이 있습니다. 동 주
민센터에서도 다양한 프로그램을 운영합니다. 가까운 지역사
회에서 참여할 만한 프로그램을 자녀와 함께 찾아봅시다. 자녀
에게 필요한 지원이 있다면 기관에 요청하십시오.

잠깐! »

'서울은 학교다'라는 기치 아래 '서울자유시민대학' '모두의 학교' '동네배움터' '청년인생설계학교'등 서울 각 지역에서 시민들을 대상으로 평생교육 프로그램을 운영하고 있습니다.

*서울특별시 평생교육진흥원 홈페이지: http://smile.seoul.kr

표 6-3 전국 장애인평생교육기관

시 · 도	기관명	전화번호
강원	반딧불장애인야학	033-764-3388
경기	김포장애인야학학교	031-991-9420
경기	두드림장애인학교	031-864-7447
경기	화성장애인야간학교	031-898-5249
경기	함께하는우리발달장애인평생교육원	031-907-7726
경기	고양어울림학교	031-904-9239
경기	채움누리학교	031-851-8103
경기	반딧불이장애인평생교육시설	031-333-8191
경기	수원새벽빛 장애인야간학교	031-245-9989
경기	해야학교	031-295-1199
경기	안산나무를심는장애인야학	031-410-6762
경기	다산장애인평생학습학교	031-652-7420
경기	함께배움장애인야학	031-548-0535
경기	오산성인장애인씨앗야간학교	031-377-1145
경기	한빛학교	031-248-2240
경기	가온누리평생학교	031-323-3240
경기	우리동네평생교육학교	031-283-8383
경기	솔모루장애인학교	031-533-2188

경남	경남조은장애인평생학교	055-265-0696
경남	밀양장애인평생학교	055-353-1160
경남	사천시장애인평생학교	070-8970-0206
경남	경남시각장애인평생학교	055-716-2250
경남	창원장애인평생학교	055-261-1088
경남	진주장애인평생학교	055-742-2700
경남	창원문화장애인평생학교	055-222-4305
경남	진해장애인평생학교	055-540-0400
경남	양산푸른장애인평생학교	070-8800-5133
경남	마산장애인평생학교	055-232-8884
경북	에제르발달장애인평생교육원	054-434-3191
경북	멘토장애인평생교육원	054-277-9270
광주	KTIL발달장애인평생교육센터	062-531-4514
광주	오늘이행복한학교	062-527-6788
광주	실로암장애인평생교육원	062-672-7789
광주	행촌장애인평생교육원	062-655-0704
대구	질라라비장애인야간학교	053-953-9460
대전	모두사랑장애인야간학교	042-521-9933~4
대전	한울야학평생교육원	042-488-2598
대전	한밭장애인자립생활센터부설장애인평생교육원	042-486-2371
부산	부산장애인평생교육원	051-755-1800
서울	장애인배움터너른마당	02-921-2171
서울	누리평생교육원	070-4288-0900
서울	노들장애인야학	02-766-9101~2
서울	장애인아카데미	070-4293-7816~7
세종	세종특별자치시장애인평생교육원	044-864-3975

울산	울산그루터기장애인학교	052-933-0105
울산	동그라미장애인학교	052-910-6964
울산	울산다울성인장애인학교	052-261-1203
인천	참빛드림학교	032-461-7003
인천	민들레장애인야학	032-551-9294
인천	작은자야간학교	032-435-4414
인천	장애인평생교육시설꿈땅(인천)	070-4232-4672
인천	바래미야학	032-876-4881
인천	인천밀알야학	032-863-5855~6
전북	새누야학	063-243-7809
전북	산돌학교	063-446-4460
전북	군산시발달장애인평생교육시설	063-454-5921
전북	익산시장애인평생교육센터	063-853-7008
제주	제주장애인야간학교	064-751-9102
충남	한빛장애인평생교육원	041-579-1404/ 041-573-1177
충북	평생열린학교	043-856-7858
충북	다사리학교	043-296-1244

출처: 국가장애인평생교육진흥센터 평생배움세상.

표 6-4 발달장애인평생교육센터

시 · 도	기관명	전화번호
경기	구리시발달장애인평생교육센터	031-523-2425
대구	대구광역시발달장애인평생교육센터	053-650-8295~8
서울	종로발달장애인평생교육센터	02-942-2223
서울	성동발달장애인평생교육센터	02-6952-7942
서울	마포발달장애인평생교육센터	02-717-9557

서울	양천구발달장애인평생교육센터	02-6735-2600
서울	관악발달장애인평생교육센터	02-878-0155
서울	은평발달장애인평생교육센터	02-6181-7510
서울	광진발달장애인평생교육센터	02-455-1221
서울	중랑구발달장애인평생교육센터	02-6953-0704
서울	성북발달장애인평생교육센터	02-909-7901
서울	도봉발달장애인평생교육센터	02-955-7979
서울	노원발달장애인평생교육센터	02-935-2999
서울	강동발달장애인평생교육센터	02-477-6571
서울	강서발달장애인평생교육센터	02-6925-7025
서울	송파발달장애인평생교육센터	02-400-2016
서울	광진발달장애인평생교육센터	02-455-1221
서울	서대문발달장애인평생교육센터	02-6358-8700
서울	강남발달장애인평생교육센터	02-2040-1600
서울	강남세움발달장애인평생교육센터	0507-1488-8787
서울	강북발달장애인평생교육센터	070-8915-4335
서울	영등포발달장애인평생교육센터	02-2068-6466
서울	금천발달장애인평생교육센터	02-6956-3420
서울	구로발달장애인평생교육센터	02-2614-9879
서울	미미위역삼발달장애인평생교육센터	070-4354-4701
서울	동작발달장애인평생교육센터	02-534-053
울산	울산광역시발달장애인평생교육센터	052-708-2040~1
인천	인천광역시서구발달장애인평생교육센터	032-583-7942

5. 진로교육

1) 적성 찾기

자녀와 충분히 소통해야 합니다. 부모의 기대와 자녀의 바람은 다를 수 있습니다.

자녀가 좋아할 것이라고 생각되는 것으로 자녀의 적성을 한정할 수도 없습니다. 자녀가 살아가야 할 미래입니다. 최대한 자녀의 의지를 존중해주는 것이 좋습니다. 자녀가 의사소통에 어려움이 있다면 자녀의 일상생활을 관찰하면 됩니다. 자녀가 어떤 강점을 가졌는지, 언제 행복해 보입니까? 자녀가 싫어하는 것도 파악하고 기록하면 좋습니다.

자녀의 평생설계를 도와주는 애플리케이션 '채비넷'을 소개합니다. 인천동구장애인발달장애인, 사회복지공동모금회에서는 발달장애인의 평생설계를 위한 모바일앱 '채비넷'을 개발했습니다. 장애 자녀의 평생설계는 하루아침에 준비할 수 있는 것이 아닙니다. 자녀가 어릴 때부터 자녀의 선호도, 의사소통 방식, 특성에 대해 파악하고 기록하여 이를 바탕으로 자녀의 미래를 설계할 수 있어야 합니다. 채비넷은 이런 정보들을 하나의 앱에서 기록, 관리할 수 있도록 하였습니다. 또한 양육자뿐 아니라 공동참여자로 교사나 치료사 등의 전문가를 초대하여 객관적인 관찰도 기록할 수 있도록 하였으며, 이를 통해 자녀의 미래를 위

출처: 채비넷 애플리케이션.

한 기록을 남길 수 있게 됩니다.

2) 진로 선택

자녀의 강점을 진로에 연결해 봅시다. 자녀의 강점은 뛰어난 기억력처럼 특별한 능력일 수도 있고, 정리정돈을 잘하는 일상의 습관일 수도 있습니다. 특정 주제에 대한 관심도 성인기의 직업 선택에 강점으로 작용할 수 있습니다.

자폐 자녀가 가지고 있는 규칙에 대한 고집, 정확한 도덕관념도 진로 선택에 고려해야 합니다.

스웨덴의 환경운동가 Greta Thunberg는 등교를 거부하고 스웨덴 의사당 앞에서 기후 위기에 대한 대책을 요구하는 1인 시위를 하였고, 이것이 퍼져 나가 100여 개 국가 학생들이 이 시위에 동참했습니다. 관련하여 UN에서 연설도 하고, 교황을 만나기도 했습니다. 하지만 그레타가 과거에 아스퍼거로 진단 받았다는 사실은 많이 알려져 있지 않습니다. 이상과 현실의 괴리를 바로잡으려는 그녀의 강한 의지와 실천은 자폐 특성과 관련이 있지 않을까 합니다.

6. 지역사회 내 지원체계

1) 공식적인 지원체계

자립이란 혼자서 모든 것을 다 해내야 한다는 것이 아닙니다. 지역사회 안에서 적절한 지원을 받으며 살아가는 법을 배워야 합니다. 일상생활 권리로서 보장되어야 할 서비스는 장애인의 일상생활 전반에 필요한 정보와 상담, 훈련, 보조기구, 이동수단 및 활동보조, 주거, 소득, 권익옹호 등에 대한 지원을 포함합니다.

지역 주민센터에 문의하거나, 보건복지부 콜센터 129, 또는 복지로(online.bokjiro.go.kr)를 통해 내용을 확인할 수 있습니다.

〈표 6-5〉에서 자폐 관련 사회서비스 전자 바우처 사업을 소개합니다(2021년 기준).

표 6-5	자폐 관련 사회서비스 전자 바우처 사업	

내용		대상
장애인 활동지원		만 6세 이상 장애인
장애아동 가족지원	발달재활서비스	만 18세 미만 (기준 중위소득 180% 이하)
발달장애인 지원	발달장애인 부모상담지원	「장애인복지법」에 등록된 발달장애 인 자녀의 부모
	발달장애인 주간활동서비스	만 18세 이상 65세 미만 「장애인복 지법」상 등록된 지적 및 자폐성 장 애인
	청소년발달장애학생 방과 후 활동서비스	만 12세 이상 18세 미만 일반 중· 고등학교 및 특수학교에 재학 중인 발달장애학생

출처: 사회서비스 전자 바우처 홈페이지(https://www.socialservice.or.kr:444/).

2) 비공식적인 지원체계

　힘든 일이 있을 때 우리는 전문상담센터보다 먼저 내 마음을 터놓고 이야기할 사람을 찾습니다. 우리의 자녀도 그런 사람이 필요합니다. 가족 말고도 나의 자녀를 지원하고 지지해 줄 사람을 늘려 가면 좋습니다.

　내가 속한 관계에 자녀와 함께해도 좋습니다. 친구들에게 자녀를 소개하고, 내가 참여하는 다양한 모임에 자녀와 함께 참석해 봅시다. 종교모임이나 등산, 축구, 배드민턴 같은 운동 모임 등에 함께 하여 자연스럽게 친분을 쌓는 방법도 있습니다. 자폐 전문가 Barry Prizant는 자폐 자녀를 위해 부모님과 교사가 할 수 있는 가장 중요한 일은 "필요한 도움을 주면서 자녀를 세상으로 데리고 나오는 것이다."라고 말했습니다. 부모님의 사회관계에 자녀를 포함시키면서, 부모님도 자녀와 함께 새로운 세상으로 나가 봅시다. 관계 속에서 자녀에 대한 나의 태도는 자녀 스스로의 자아 인식에도 영향을 미칠 것입니다.

처음에는 어색할 수도 있습니다. 만날 사람들에게 자녀의 특성과 능력, 장점 등을 알려 주면 좋습니다. 자녀의 관심사를 미리 말해 주면, 만났을 때 그 주제의 대화로 좀 더 편안하게 만남을 시작할 수 있을 것입니다. 자녀가 큰 소리에 거부 반응을 보인다는 사실을 미리 알려 준다면, 큰 소리가 날 상황을 함께 예방할 수도 있고 혹은 만남 중에 발생할 수 있는 자녀의 급작스런 행동에 대해 받아들여질 여지가 생길 것입니다.

자녀가 어릴 때부터 이웃들과 가까이 지내면 좋습니다. 급한 도움이 필요할 때 가까운 이웃의 존재가 힘이 될 것입니다. 동네에 단골 가게를 만들어 봅시다. 지역에서 자녀를 지켜 주는 눈으로서 자녀의 안전망이 될 수 있습니다. 익숙함에서 편안함을 느끼는 자폐 자녀에게 자주 보는 동네 가게 직원, 경비원, 환경미화원, 도서관 사서, 주유소 직원 모두 지역사회에서 자녀가 독립적으로 살 수 있게 돕는 든든한 지원자가 될 것입니다.

지역사회 행사를 알아보고 참석해 봅시다. 지역 내 봉사 기회가 있다면 자녀와 함께 참여해볼 수 있습니다. 더 만날수록 더 많이 이해할 수 있을 것입니다.

지역 문제의 해결에도 함께 참여하면 좋습니다. 문제해결을 함께 하며 연대하는 이웃을 만들어 봅시다. 자폐를 자연스럽게 받아들이는 지역사회, 자녀가 편하게 활동할 수 있는 환경은 나 혼자 만들 수 없습니다.

부모와 마을 주민이 함께 만든 일자리: 성미산좋은날협동조합

서울 마포구 망원시장 옆에는 성인 발달장애인들이 커피를 가공하여 판매하는 '성미산좋은날협동조합'이 있습니다. 성년기에 접어든 장애인들의 안정적인 일자리 마련을 위해 발달장애인 부모들과 이웃들이 함께 만든 조합입니다. 그 배경에는 이미 이웃들과 공동체 정신을 함께 나누는 성미산마을이 있어서 가능했겠습니다. (사)전국장애인부모연대가 운영하는 '발달장애인 정보플랫폼 보다센터' 홈페이지에서 성미산 마을의 발달장애인옹호가게 다큐 영상도 볼 수 있습니다((사)전국장애인부모연대, 2018). 좋은 동네를 찾아서 이사를 다닐 것이 아니라 내가 있는 곳을 좋은 동네로 만들어 보면 어떨까 합니다.

참고문헌

경기북부장애인가족지원센터(2012). 학교에서의 장애학생부모를 위한 권리
　　옹호 핸드북. 경기: 경기북부장애인가족지원센터.

곽금주, 장승민(2019). 한국 웩슬러 아동 지능검사 5판(K-WISC-V) 지침서.
　　서울: 학지사.

교육부(2020). 2020 특수교육 연차보고서. 세종: 교육부 특수교육정책과.

교육부 국립특수교육원(2018). 국립특수교육원 적응행동검사 NICE-K · ABS:
　　초 · 중등용(만 6세~만 18세). 충남: 교육부.

김붕년, 김준원, 권미경, 윤선아, 강태웅, 한일웅(2017). 발달단계별, 특성별로
　　접근한 자폐부모 교육. 서울: 학지사.

김중술, 한경희, 임지영, 민병배, 이정흠, 문경주(2005). 다면적 인성검사-청소
　　년용(MMPI-A). 서울: 마음사랑.

김지혜, 이은호, 황순택, 홍상황(2017). 한국판 아동우울검사 2판(K-CDI 2) 전
　　문가 지침서. 서울: 학지사.

김하나, 신민섭(2011). 한국판 아스퍼거 증후군 진단척도의 타당화 및 진단 분
　　할점 산출. 소아청소년정신의학, 22(2), 81-88.

방명애, 박현옥, 김은경, 이효정(2018). 자폐성 장애학생 교육. 서울: 학지사.

(사)전국장애인부모연대(2018). 다큐영상: 발달장애 정보플랫폼 보다센터.
　　https://boda.or.kr/boda_info/boda_info3.php?tsort=35&msort=49 (검색
　　일 2021년 5월 30일)

이소현, 윤선아, 박현옥, 이효정, 이영선(2016). 2016 특수교육 정책연구: 자폐
　　성 장애 특성을 반영한 특수교육 운영모델 개발연구. 세종: 교육부.

홍강의, 안동현, 이영식, 반건호, 곽영숙, 송동호,···, 황준원(2014). 소아정신의학(DSM-5에 준하여 새롭게 쓴). 서울: 학지사.

Aman, M. G., Findling, R. L., Hardan, A. Y., Hendren, R. L., Melmed, R. D., Kehinde-Nelson, O., ... & Katz, E. (2017). Safety and efficacy of memantine in children with autism: Randomized, placebo-controlled study and open-label extension. *Journal of Child and Adolescent Psychopharmacology, 27*(5), 403-412.

American Medical Association, Pfeifer, K. G., & Middleman, A. B. (2013). 십대들의 성장 다이어리 소년편/소녀편 (김붕년 역). 서울: 시그마북스.

American Psychiatric Association. (2000). *Diagnostic and statistical manual of mental disorders* (4th ed., text rev.). Washington, DC: Author.

American Psychiatric Association. (2013). *Diagnostic and statistical manual of mental disorders* (5th ed.). Arlington, VA: Author.

Andreo-Martínez, P., García-Martínez, N., Sánchez-Samper, E. P., & Martínez-González, A. E. (2020). An approach to gut microbiota profile in children with autism spectrum disorder. *Environmental Microbiology Reports, 12*(2), 115-135.

Attwood, T. (2004). Cognitive behaviour therapy for children and adults with Asperger's syndrome. *Behaviour Change, 21*(3), 147-161.

Attwood, T. (2010). 아스퍼거 증후군 (이효신, 방명애, 박현옥, 김은경 역). 서울: 시그마프레스. (원저 2008년 출판)

Autism Speaks. (2013). *Teen with autism needs help with hygiene & appropriate behavior.* Retrieved August 30, 2021 from https://www.autismspeaks.org/expert-opinion/teen-autism-needs-help-hygiene-appropriate-behavior

Autism Speaks ATN/AIR-P. (n.d.). *Parent's guide to puberty and adolescence for children with autism*. Retrieved May 30, 2021 from https://www. autismspeaks.org/tool-kit/atnair-p-puberty-and-adolescence-resource

Bakermans-Kranenburg, M. J., & van Ijzendoorn, M. H. (2013). Sniffing around oxytocin: Review and meta-analyses of trials in healthy and clinical groups with implications for pharmacotherapy. *Translational Psychiatry, 3*(5), e258.

Bearss, K., Burrell, T. L., Stewart, L., & Scahill, L. (2015). Parent training in autism spectrum disorder: What's in a name?. *Clinical Child and Family Psychology Review, 18*(2), 170-182.

Bearss, K., Johnson, C. R., Handen, B. L., Butter, E., Lecavalier, L., Smith, T., & Scahill, L. (2020a). 자폐증의 문제행동에 대한 부모훈련: 부모용 워크북. (김붕년, 김예니 공역). 서울: 학지사. (원저 2018년 출판)

Bearss, K., Johnson, C. R., Handen, B. L., Butter, E., Lecavalier, L., Smith, T., & Scahill, L. (2020b). 자폐증의 문제행동에 대한 부모훈련: 치료자 매뉴얼. (김붕년, 김예니 공역). 서울: 학지사. (원저 2018년 출판)

Ben-Itzchak, E., Nachshon, N., & Zachor, D. A. (2019). Having siblings is associated with better social functioning in autism spectrum disorder. *Journal of Abnormal Child Psychology, 47*(5), 921-931.

Brooks-Kayal, A. (2010). Epilepsy and autism spectrum disorders: Are there common developmental mechanisms?. *Brain and Development, 32*(9), 731-738.

Buckley, A. W., Hirtz, D., Oskoui, M., Armstrong, M. J., Batra, A., Bridgemohan, C., ... & Ashwal, S. (2020). Practice guideline: Treatment for insomnia and disrupted sleep behavior in children and adolescents with autism spectrum disorder. Report of the guideline development, dissemination, and implementation subcommittee of the American Academy of Neurology. *Neurology, 94*(9), 392-404.

Cath, D. C., Hedderly, T., Ludolph, A. G., Stern, J. S., Murphy, T., Hartmann, A., ... & Rizzo, R. (2011). European clinical guidelines for tourette syndrome and other tic disorders. Part I: Assessment. *European Child & Adolescent Psychiatry, 20*(4), 155-171.

Chandrasekhar, T., & Sikich, L. (2015). Challenges in the diagnosis and treatment of depression in autism spectrum disorders across the lifespan. *Dialogues in Clinical Neuroscience, 17*(2), 219-227.

Cohen, S., Conduit, R., Lockley, S. W., Rajaratnam, S. M. W., & Cornish, K. M. (2014). The relationship between sleep and behavior in autism spectrum disorder (ASD): A review. *Journal of Neurodevelopmental Disorders, 6*(1), 1-10.

Cooper, J. O., Heron, T. E., & Heward, W. L. (2010). 응용행동분석. (정경미, 신나영, 김혜진, 양유진, 양소정, 장현숙 역) (제2판). 서울: 시그마프레스. (원저 2007년 출판)

Corona, L. L., Janicki, C., Milgramm, A., & Christodulu, K. V. (2019). Reductions in parenting stress in the context of PEERS-A social skills intervention for adolescents with autism spectrum disorder. *Journal of Autism and Developmental Disorders, 49*(12), 5073-5077.

Danial, J. T., & Wood, J. J. (2013). Cognitive behavioral therapy for children with autism: Review and considerations for future research. *Journal of Developmental and Behavioral Pediatrics, 34,* 702-715.

DeFilippis, M. (2018). Depression in children and adolescents with autism spectrum disorder. *Children, 5*(9), 112.

Deliens, G., Leproult, R., Schmitz, R., Destrebecqz, A., & Peigneux, P. (2015). Sleep disturbances in autism spectrum disorders. *Review Journal of Autism and Developmental Disorders, 2*(4), 343-356.

Dobson, K. S., Hollon, S. D., Dimidjian, S., Schmaling, K. B., Kohlenberg,

R. J., Gallop, R. J., ... & Jacobson, N. S. (2008). Randomized trial of behavioral activation, cognitive therapy, and antidepressant medication in the prevention of relapse and recurrence in major depression. *Journal of Consulting and Clinical Psychology, 76*, 468-477.

Dretzke, J., Davenport, C., Frew, E., Barlow, J., Stewart-Brown, S., Bayliss, S., ... & Hyde, C. (2009). The clinical effectiveness of different parenting programmes for children with conduct problems: A systematic review of randomised controlled trials. *Child and Adolescent Psychiatry and Mental Health, 3*(1), 1-10.

Farley, M. A., McMahon, W. M., Fombonne, E., Jenson, W. R., Miller, J., Gardner, M., ... & Coon, H. (2009). Twenty-year outcome for individuals with autism and average or near-average cognitive abilities. *Autism Research, 2*(2), 109-118.

Ford, E., Ptasznik, G., Blumberg, M., Clayton, S., & Beeching, S. (n.d.) *Puberty-A guide for teenagers with autism spectrum disorder and their parents.* Retrieved May 30, 2021, from https://nhfv.org/library/puberty-guide-teenagers-autism-spectrum-disorder-parents/

Gelbar, N. W. (Ed.). (2017). *Adolescents with autism spectrum disorder: A clinical handbook.* New York, NY: Oxford University Press.

Goel, R., Hong, J. S., Findling, R. L., & Ji, N. Y. (2018). An update on pharmacotherapy of autism spectrum disorder in children and adolescents. *International Review of Psychiatry, 30*(1), 78-95.

Hayes, S. C., & Smith, S. (2010). 마음에서 빠져나와 삶 속으로 들어가라: 새로운 수용전념치료 (문현미, 민병배 역). 서울: 학지사. (원저 2005년 출판)

Hayes, S. C., Strosahl, K., & Wilson, K. G. (2018). 수용과 참여의 심리치료 (문성원 역) (제2판). 서울: 시그마프레스. (원저 1999년 출판)

Hedley, D., & Uljarević, M. (2018). Systematic review of suicide in autism spectrum disorder: Current trends and implications. *Current Developmental Disorders Reports, 5*(1), 65-76.

Hirvikoski, T., Mittendorfer-Rutz, E., Boman, M., Larsson, H., Lichtenstein, P., & Bölte, S. (2018). Premature mortality in autism spectrum disorder. *British Journal of Psychiatry, 208*(3), 232-238.

Ho, B. P., Stephenson, J., & Carter, M. (2018). Cognitive-behavioral approaches for children with autism spectrum disorder: A trend analysis. *Research in Autism Spectrum Disorders, 45*, 27-41.

Howlin, P., Moss, P., Savage, S., & Rutter, M. (2013). Social outcomes in mid- to later adulthood among individuals diagnosed with autism and average nonverbal IQ as children. *Journal of the American Academy of Child & Adolescent Psychiatry, 52*(6), 572-581.

Hsiao, E. Y. (2014). Gastrointestinal issues in autism spectrum disorder. *Harvard Review of Psychiatry, 22*(2), 104-111.

Kim, T., Ryu, J., & Bahn, G. (2016). Brain stimulation and modulation for autism spectrum disorder. *Hanyang Medical Reviews, 36*, 65.

Kim, Y. S., Leventhal, B. L., Koh, Y. (2011). Prevalence of autism spectrum disorders in a total population sample. *American Journal of Psychiatry, 168*, 904-912.

Larson, F. V., Wagner, A. P., Jones, P. B., Tantam, D., Lai, M.-C., Baron-Cohen, S., & Holland, A. J. (2018). Psychosis in autism: Comparison of the features of both conditions in a dually affected cohort. *British Journal of Psychiatry, 210*(4), 269-275.

Laugeson, E. A., & Frankel, F. (2013). 부모와 함께하는 자폐스펙트럼장애 청소년 사회기술훈련(PEERS®) (유희정 역). 서울: 시그마프레스. (원저 2010년 출판)

Laugeson, E. A., Frankel, F., Gantman, A., Dillon, A. R., & Mogil, C.

(2012). Evidence-based social skills training for adolescents with autism spectrum disorders: The UCLA PEERS program. *Journal of Autism and Developmental Disorders, 42*, 1025-1036.

Leitner, Y. (2014). The co-occurrence of autism and attention deficit hyperactivity disorder in children-What do we know?. *Frontiers in Human Neuroscience, 8*, 268.

Lord, C. (1996). Treatment of a high-functioning adolescent with autism: A cognitive-behavioral approach. In M. A. Reinecke, F. M. Dattilio, & A. M. Freeman (Eds.). *Cognitive therapy with children and adolescents: A casebook for clinical practice* (pp. 394-404). New York: The Guilford Press.

Lord, C., Petkova, E., Hus, V., Gan, W., Lu, F., Martin, D. M., ... & Risi, S. (2012). A multisite study of the clinical diagnosis of different autism spectrum disorders. *Archives of General Psychiatry, 69*(3), 306-313.

Lukmanji, S., Manji, S. A., Kadhim, S., Sauro, K. M., Wirrell, E. C., Kwon, C-S., & Jetté, N. (2019). The co-occurrence of epilepsy and autism: A systematic review. *Epilepsy & Behavior, 98*, 238-248.

Maenner, M. J., Shaw, K. A., & Baio, J. (2020). Prevalence of autism spectrum disorder among children aged 8 years-autism and developmental disabilities monitoring network, 11 sites, United States, 2016. *MMWR Surveillance Summaries, 69*(4), 1.

Mash, E. J., & Barkley, R. A. (2017). 아동청소년 정신병리학 (김혜리, 박민, 박영신, 정현희, 하은혜 역) (제3판). 서울: 시그마프레스. (원저 2014년 출판)

Mazzone, L., Postorino, V., De Peppo, L., Fatta, L., Lucarelli, V., Reale, L., ... & Vicari, S. (2013). Mood symptoms in children and adolescents with autism spectrum disorders. *Research in Developmental Disabilities, 34*(11), 3699-3708.

McCracken, J. T., McGough, J., Shah, B., Cronin, P., Hong, D., Aman, M.

G., ... & McMahon, D. (2002). Risperidone in children with autism and serious behavioral problems. *New England Journal of Medicine, 347*(5), 314-321.

McDougle, C. J., Scahill, L., Aman, M. G., McCracken, J. T., Tierney, E., Davies, M., ... & Vitiello, B. (2005). Risperidone for the core symptom domains of autism: Results from the study by the autism network of the research units on pediatric psychopharmacology. *American Journal of Psychiatry, 162*(6), 1142-1148.

McGovern, C. W., & Sigman, M. (2005). Continuity and change from early childhood to adolescence in autism. *Journal of Child Psychology and Psychiatry, 46*(4), 401-408.

Moseley, R. L., Gregory, N. J., Smith, P., Allison, C., & Baron-Cohen, S. (2020). Links between self-injury and suicidality in autism. *Molecular Autism, 11*(1), 1-15.

Nadeau, J., Sulkowski, M. L., Ung, D., Wood, J. J., Lewin, A. B., Murphy, T, K., & Storch, E. A. (2011). Treatment of comorbid anxiety and autism spectrum disorders. *Neuropsychiatry(London), 1*(6), 567-578.

National Autism Center. (2015). *Findings and conclusions: National standards project, phase 2*. Randolph, MA: Author.

Ofei, S. Y., & Fuchs, G. J. (2018). Constipation burden in children with autism spectrum disorder: Emergency department and healthcare use. *The Journal of Pediatrics, 202*, 12-13.

Owen, R., Sikich, L., Marcus, R. N., Corey-Lisle, P., Manos, G., McQuade, R. D., ... & Findling, R. L. (2009). Aripiprazole in the treatment of irritability in children and adolescents with autistic disorder. *Pediatrics, 124*(6), 1533-1540.

Ozonoff, S., Dawson, G., & McPartland, J. (2019). 고기능 자폐 스펙트럼 장애

부모 가이드 (조성연 역). 서울: 삶과지식. (원저 2014년 출판)

Research Units on Pediatric Psychopharmacology (RUPP) Autism Network. (2005). Randomized, controlled, crossover trial of methylphenidate in pervasive developmental disorders with hyperactivity. *Arch Gen Psychiatry, 62*(11), 1266-1274.

Richa, S., Fahed, M., Khoury, E., & Mishara, B. (2014). Suicide in autism spectrum disorders. *Archives of Suicide Research, 18*(4), 327-339.

Ristori, M. V., Quagliariello, A., Reddel, S., Ianiro, G., Vicari, S., Gasbarrini, A., & Putignani, L. (2019). Autism, gastrointestinal symptoms and modulation of gut microbiota by nutritional interventions. *Nutrients, 11*(11), 2812.

Rogers, S. J., Estes, A., Lord, C., Vismara, L., Winter, J., Fitzpatrick, A., ... & Dawson, G. (2012). Effects of a brief Early Start Denver Model(ESDM)-based parent intervention on toddlers at risk for autism spectrum disorders: A randomized controlled trial. *Journal of the American Academy of Child & Adolescent Psychiatry, 51*(10), 1052-1065.

Roux, A. M., Shattuck, P. T., Rast, J. E., Rava, J. A., & Anderson, K. A. (2015). *National Autism Indicators Report: Transition into Young Adulthood.* Philadelphia, PA: Life Course Outcomes Research Program, A. J., Drexel Autism Institute, Drexel University.

Schopler, E., Van Bourgondien, M. E., Wellman, G. J., & Love, S. R. (2019). K-CARS 2 한국판 아동기 자폐 평정 척도 2 (이소현, 윤선아, 신민섭 역). 서울: 인싸이트. (원저 2010년 출판)

Schwartzman, J. M., & Corbett, B. A. (2020). Higher depressive symptoms in early adolescents with autism spectrum disorder by self- and parent-report compared to typically-developing peers. *Research in Autism Spectrum Disorders, 77,* 101613.

Segers, M., & Rawana, J. (2014). What do we know about suicidality in autism spectrum disorders? A systematic review. *Autism Research, 7*(4), 507-521.

Seltzer, M. M., Shattuck, P., Abbeduto, L., & Greenberg, J. S. (2004). Trajectory of development in adolescents and adults with autism. *Mental Retardation and Developmental Disabilities Research Reviews, 10*(4), 234-247.

Shattuck, P. T., Rast, J. E., Roux, A. M., Anderson, K. A., Benevides, T., Gareld, T., ... & Kuo, A. (2018). National autism indicators report: High school students on the autism spectrum. *Life Course Outcomes Program, AJ Drexel Autism Institute, Drexel University*.

Shattuck, P. T., Seltzer, M. M., Greenberg, J. S., Orsmond, G. I., Bolt, D., Kring, S., ... & Lord, C. (2007). Change in autism symptoms and maladaptive behaviors in adolescents and adults with an autism spectrum disorder. *Journal of Autism and Developmental Disorders, 37*(9), 1735-1747.

Shawler, P. M., & Sullivan, M. A. (2017). Parental stress, discipline strategies, and child behavior problems in families with young children with autism spectrum disorders. *Focus on Autism and Other Developmental Disabilities, 32*(2), 142-151.

Shea, S., Turgay, A., Carroll, A., Schulz, M., Orlik, H., Smith, I., & Dunbar, F. (2004). Risperidone in the treatment of disruptive behavioral symptoms in children with autistic and other pervasive developmental disorders. *Pediatrics, 114*(5), e634-641.

Shedlock, K., Susi, A., Gorman, G. H., Hisle-Gorman, E., Erdie-Lalena, C. R., & Nylund, C. M. (2016). Autism spectrum disorders and metabolic complications of obesity. *The Journal of Pediatrics, 178*, 183-187.

Shivers, C. M., Jackson, J. B., & McGregor, C. M. (2019). Functioning among typically developing siblings of individuals with autism spectrum disorder: A meta-analysis. *Clinical Child and Family Psychology Review,* *22*(2), 172-196.

Siegel, M., & Beaulieu, A. A. (2012). Psychotropic medications in children with autism spectrum disorders: A systematic review and synthesis for evidence-based practice. *Journal of Autism and Developmental Disorders, 42*(8), 1592-1605.

van Steensel, F. J., Bögels, S. M., & Perrin, S. (2011). Anxiety disorders in children and adolescents with autistic spectrum disorders: A meta-analysis. *Clinical Child and Family Psychology Review, 14*(3), 302-317.

Viscidi, E. W., Triche, E. W., Pescosolido, M. F., McLean, R. L., Joseph, R. M., Spence, S. J., & Morrow, E. M. (2013). Clinical characteristics of children with autism spectrum disorder and co-occurring epilepsy. *PLOS One, 8*(7), e67797.

Yamasue, H., & Domes, G. (2018). Oxytocin and autism spectrum disorders. In R. Hurlemann & V. Grinevich (Eds.). *Behavioral pharmacology of neuropeptides: Oxytocin* (pp. 449-465). Springer International Publishing.

Yoo, H. J., Bahn, G., Cho, I. H., Kim, E. K., Min, J. W., & Laugeson, E. A. (2014). A randomized controlled trials of the Korean version of the PEERS parent-assisted social skills training program for teens with ASD. *Autism Research, 7*(1), 145-161.

Zaboski, B. A., & Storch, E. A. (2018). Comorbid autism spectrum disorder and anxiety disorders: A brief review. *Future Neurology, 13*(1), 31-37.

Zheng, Z., Zhang, L., Li, S., Zhao, F., Wang, Y., Huang, L., ... & Mu, D. (2017). Association among obesity, overweight and autism spectrum disorder: A systematic review and meta-analysis. *Scientific Reports, 7*(11697), 1-9.

표, 그림, 참고자료

찾아보기

저자 소개

김붕년 교수(Bung Nyun, Kim)

정신건강의학과 · 소아청소년정신과 전문의

서울대학교 의과대학 정신과학 박사

현 서울대학교 의과대학 정신과학교실 교수

    서울대학교병원 소아정신과 교수 · 분과장

    서울대학교병원 발달장애인거점병원 · 행동발달증진센터장

    발달장애인거점병원 중앙지원단장

    국제소아청소년정신의학회(IACAPAP) 부회장

    대한소아청소년정신의학회 차기 이사장

경력 Australia Queensland Brain Institute(QBI) 방문교수

    보건복지부장관 표창(소아청소년정신보건 발전 공헌)

    교육부장관 표창(학교정신건강 공헌)

현재 서울대학교 의과대학 소아정신과 교수이며, 서울대학교 어린이병원에서 정신건강의학과 및 소아청소년정신과 전문의로서 다양한 정신건강 문제로 어려움을 겪는 아이들을 치료하고 있다.

소아청소년정신의학 분야 세계 학회인 국제소아청소년정신의학회(IACAPAP) 부회장과 대한소아청소년정신의학회 차기 이사장으로 활동 중이며, 자폐를 포함한 신경발달장애 연구개발을 위한 ADHD 중개연구센터, 뇌원천 과제(신경발달장애분야), 뇌질환 극복 연구(신경발달장애) 책임을 맡고 있다.

2019년부터 서울대학교병원 발달장애인거점병원 · 행동발달증진센터장과 발달장애인거점병원 중앙지원단장을 역임하면서 국내 거점병원중심의 자폐치료에 대한 밑그림을 그리고 있다.